问道创新

宋志平 ◎ 编著

中国财富出版社

图书在版编目（CIP）数据

问道创新／宋志平编著 . —北京：中国财富出版社，2019.11（2023.9 重印）

ISBN 978-7-5047-6996-1

Ⅰ.①问… Ⅱ.①宋… Ⅲ.①宋志平—访问记 ②国有企业—企业创新—研究—中国 Ⅳ.①K825.38 ②F279.241

中国版本图书馆 CIP 数据核字（2019）第 243154 号

策划编辑	杜 亮	责任编辑	张红燕 郭 莹		
责任印制	尚立业	责任校对	卓闪闪	责任发行	董 倩

出版发行	中国财富出版社
社　　址	北京市丰台区南四环西路 188 号 5 区 20 楼　　邮政编码　100070
电　　话	010-52227588 转 2098（发行部）　　010-52227588 转 321（总编室）
	010-52227566（24 小时读者服务）　　010-52227588 转 305（质检部）
网　　址	http://www.cfpress.com.cn
经　　销	新华书店
印　　刷	宝蕾元仁浩（天津）印刷有限公司
书　　号	ISBN 978-7-5047-6996-1/K·0228
开　　本	710mm×1000mm　1/16	版　　次	2019 年 11 月第 1 版
印　　张	21.25	印　　次	2023 年 9 月第 6 次印刷
字　　数	347 千字	定　　价	79.00 元

版权所有·侵权必究·印装差错·负责调换

推荐序

《问道创新》这本书是宋志平"问道三部曲"的第三部。"问道三部曲"从企业的角度思考了大家关注的改革、管理、创新问题，很值得一读。

早在宋志平任北新建材厂厂长的时候，我就认识了这位温厚的年轻同志。一晃20多年过去了，通过许多的机缘，我对他坚守实业、埋头苦干，将中国建材和国药集团两家中央企业带入世界500强的创业故事，有了更深的了解，很高兴我能够为他的新著写几句话。

创新是当今世界发展的潮流，是打开中国企业未来生存之道的钥匙。大家都在问：我们需要什么样的创新，怎样来创新？《问道创新》这本书，不仅从企业的视角给出了答案，还用许多鲜活生动的实例，说明了企业创新的确有道可循，其中的许多看法令人耳目一新。

今天的创新非同以往。熊彼特率先提出创新推动经济发展已经100多年了，企业经营环境变化很大。熊彼特提出创新是生产要素的重组，而在信息时代，我们认为信息的重组更加重要。熊彼特强调企业家和发明家不同，但是当下稀缺的是创意，创意是第一步，第二步是创新，第三步是创业。过去贷款对创新十分关键，而现在人力资本才是优势所在。从前产业简单而稳定，今天许多产业链条很长、复杂而又充满变化。《问道创新》开篇就提到熊彼特、德鲁克、克里斯坦森、费尔普斯等学者，他们都有自己的看法，我认为很值得注意。

I

企业的改革需要全面创新。今年是中华人民共和国成立70周年，改革开放也刚刚经历40多个年头。在从农业经济到工业经济、从计划经济到市场经济转型的过程中，由于经济非均衡的特点，我国的改革是从企业改革入手，加速企业运行机制的改造。《问道创新》从实际出发，提出企业要做技术创新，企业也要做有效创新。为了迎接高质量发展的挑战，企业要综合技术创新、管理创新、制度创新、商业模式创新，把自主创新与模仿创新、协同创新、集成创新相结合，把技术创新与商业模式创新、持续性创新与颠覆性创新结合起来。这对澄清迷思、促进实践很有意义。

创新活动需要适宜的环境。好的制度、机制就是创新肥沃的土壤。《问道创新》提出只有体制和制度的改革还不够，还要进行企业机制的改革。这一点我非常赞同。我们的企业一定要做有道德、有文化、懂得分享的企业。在企业里，要通过好的机制打造共享平台，让管理者、技术人员和普通员工都有参与创新的激情和责任意识。这是创新的根本动力所在。

创新需要开放的胸怀。《问道创新》采取了讲座、问答和对话的形式来组织，让思想在交流中发展，从世界的范围来看待创新，与创新的国度携手同行。这一点非常符合本书的主题，也展现出作者思考问题的水平和境界。

企业家精神是我们的时代精神。《问道创新》将企业家精神概括为创新、坚守、责任，很简练地传达了这个概念。创新是企业家的事。我主张企业家精神要和具体的人结合起来。企业家要有新的理念、新的决策方法、利益导向的思考，并要善于利用资本市场。宋志平的系列著作就是一个很好的例子，向我们展现了一位优秀企业家不懈的工作热情与钻研精神。

最后，希望大家认真读一读这本书。

2019年10月于北京

自 序

《问道创新》这本书的出版了却了我一件心事。2018年11月，我们出版了《问道改革》，2019年8月又推出《问道管理》，现在《问道创新》也顺利付梓，形成了"问道三部曲"，概括了我在企业40年职业生涯中的探索和思考。

《问道创新》和"问道三部曲"的前两本书在结构上略有区别。《问道改革》是我和媒体人的对话集锦，《问道管理》是我和商学院师生们的问答集，而《问道创新》则收录了我在商学院的系列授课、互动沙龙以及专家对话。《问道创新》全书分三部分，内容上相互呼应，各有特色。第一部分是以我在北京大学光华管理学院为EMBA（高级管理人员工商管理硕士）学员讲述的"问道创新"课程为基础，补充了我近几年在其他场合讲解的一些关于创新的观点；第二部分是我和北京大学光华管理学院、北京大学国家发展研究院、新瑞学院、清华大学金融学院、浙江大学管理学院的师生、企业家围绕创新创业进行的互动沙龙中的一些观点集结；而第三部分则汇集了近年我和鲍沃、费尔普斯、张曙光、索尔辛格、古德菲瑞德、陈春花等专家学者的对话。三个部分都紧紧围绕着企业创新这个主题，许多讨论都是直击问题，有感而发。

创新是个大题目，牵涉企业的方方面面。像改革本身就是一种创新，而创新也是企业管理的核心内容。这几年我在几所商学院兼职授课，围绕企业的技术创新、管理创新、制度创新和商业模式创新这四大创新开过系列课程。虽然说管理创新和制度创新已在《问道管理》和《问道改革》中进行了深入讨论，

I

但为了保留创新内容的完整性，这本书在重点讨论技术创新和商业模式创新的同时，也介绍了一些管理创新和制度创新的思路和实践。

书中展现了我关于企业创新的若干核心观点，希望厘清科学、技术、创新、创意、创新文化等概念及其关系。我认为科学和技术既有所不同，又相互联系。科学探索未知，寻求规律和逻辑，而技术在于应用落地；两者又紧密联系，重大的科学发现会带来深刻的技术革命，技术又给科学发现提供新的工具，但企业主要还是做技术创新。而创新本身，又不见得都是高科技，大量创新是中科技、低科技甚至零科技，像商业模式创新往往就是零科技的创新，而且也不是所有的企业都能做高科技创新，管理创新和制度创新也很重要。创新源于创意，而创意又离不开有利的文化环境，所以要重视营造创新文化。

书中还有个重要观点，就是要进行有效的创新。因为企业毕竟是个营利组织，不是有什么创新，都一窝蜂去做；企业也不能漫无目的地进行创新，要突出创新的目的性，不能盲目地创新，要减少创新的风险，提高创新的效益，这是我多年做企业所坚持的。企业创新归根结底是为了提高企业的市场竞争力和效益。

我认为创新是有方法可寻的。在书中，我列举了自主创新、模仿创新、集成创新和协同创新等创新模式，探讨了企业在不同发展阶段对创新模式的不同选择。我认为理性地选择适合自己企业的创新模式至关重要。不切实际的、超越企业发展阶段的创新是企业创新的大忌，因为创新需要成本，而且常常需要很长时间和大量投入。

中国已经迎来创新的新时代。创新是风险重重的艰难工作，作为创新的关键主体，企业家是我们的稀缺资源，特别需要保护和激励。做了这么多年的企业，我深深感到真正的企业家要兼具创新、坚守、责任三种精神，全身心投入，着力打造有品格的企业，才能够缔造伟大的公司。

我长期做企业，企业的事可以说一说，但写书这件事我并不是内行，也没有足够的时间，所以近两年的这几本书都是在讲述对话的基础上加工而成，带着"现场实录"的强烈语境，好在书中的一些观点并不因此而受到限制。尤其对做企业的读者来讲，也许这样还更接地气一些。每次有读者说喜欢看我的实践观点，也会让我感到十分欣慰。

真心地讲话、讲真心的话，是我多年坚持的信条。因为真实的讨论才是最可贵的。在这本书所有的内容上，我都力求真实完整，希望通过实录带来现场感，让读者见仁见智，引发自己的思考，这既是这本书的特点，也是我一贯的风格。我喜欢把写出来的东西在最后做一次"大扫除"，不要空话，使它有一种娓娓道来、以理服人的风格。是否达到了这个目的，自然要由读者来评判。

北京大学的厉以宁教授亲自为本书作序，这让我十分感动，他曾先后为我的《国民共进》和《改革心路》作序。厉以宁教授不仅是经济学大师和管理学泰斗，对企业改革和创新更是有许多独到的见解。记得两年前他来到中国建材集团为大家讲解创新的本质，深入浅出地讲解了从创意到创新再到创业的过程，让人茅塞顿开。这次他再为《问道创新》作序，对我来说真是莫大的鼓舞。

本书的写作得到了北京大学光华管理学院等几家商学院的热情支持，也得到了诺贝尔经济学奖获得者费尔普斯等学者的慷慨帮助。经过中国建材集团办公室的年轻人的认真整理，还有中国财富出版社编辑一如既往的热忱工作，希望这本书出得尽善尽美。在此，我向所有参与了这本书写作、出版的朋友致谢，并感谢长期支持我的读者，是大家的包容给了我写作的勇气。

2019 年 10 月于北京

目录
CONTENTS

第一部分　创新课堂

01 创新理论 / 8
创新的四大理论 / 9
企业创新内涵 / 23
创新文化解读 / 25

02 创新模式 / 32
自主创新 / 32
模仿创新与集成创新 / 34
协同创新 / 39
持续性创新与颠覆性创新 / 40
技术创新与商业模式创新 / 42

03 技术创新 / 44
创新需要分工 / 45
要做有效的创新 / 46
技术创新是核心动力 / 59
建立产学研技术创新体系 / 66

04 管理创新 / 71
搞管理靠工法 / 71
开展三精管理 / 78
坚持经营至上 / 81

I

05 **制度创新** / 87
　　形成央企市营模式 / 87
　　探索混合所有制 / 91
　　在新的国资管理体制下成长 / 102
　　推动机制革命 / 105

06 **商业模式创新** / 112
　　从制造业到制造服务业 / 112
　　引入"＋"模式 / 118
　　从竞争到竞合 / 119
　　定价制胜 / 123

07 **创新转型** / 128
　　创新转型的动因 / 128
　　企业创新转型之路 / 134
　　实现高质量发展 / 145

08 **企业家与企业家精神** / 150
　　何谓企业家 / 150
　　何谓企业家精神 / 153
　　迎接企业家时代 / 159

第二部分　**互动交流**

01 **企业的创新实践**
　　——在北京大学光华管理学院、
　　　国家发展研究院与学员交流 / 165

02 **中国企业的创新与创业**
　　——在新瑞学院潜龙班与学员交流 / 200

03 **科技赋能与机制革命**
　　——在清华大学五道口金融学院与
　　　学员的两次交流 / 215

04 **如何进行有效的创新**
　　——在浙江大学管理学院与企业家交流 / 230

第三部分 高端对话

01 中国式并购与整合
——对话哈佛大学商学院鲍沃教授 / 255

02 创新·未来已来
——对话诺贝尔经济学奖获得者费尔普斯 / 262

03 中美产学研创新体系
——对话麻省理工学院媒体实验室院士张曙光教授 / 273

04 创新创业的国度
——对话《创业的国度》作者索尔辛格 / 281

05 谈创新与创业
——对话爱因斯坦博物馆馆长古德菲瑞德 / 290

06 中国企业的"质量革命"
——对话北京大学国家发展研究院陈春花教授 / 312

第一部分
创新课堂 *

01　创新理论

02　创新模式

03　技术创新

04　管理创新

05　制度创新

06　商业模式创新

07　创新转型

08　企业家与企业家精神

---

* 当前中国经济发展迈向创新驱动阶段。对于企业而言，创新贯穿现代企业发展的始终，是企业腾飞的翅膀。中国高校商学院也将创新内容作为重要课程，本书作者多次受邀到北京大学光华管理学院、浙江大学商学院、新瑞学院等就此授课。本书第一部分由其在北京大学光华管理学院讲授的EMBA课程"问道创新"的授课实录整理而成。

* 时间：2019 年 6 月 15—16 日
* 地点：北京大学光华管理学院报告厅

  特别高兴我又一次来到光华管理学院，分享做企业的实践和体会。自 2015 年我应邀为光华管理学院开设选修课，这是我连续第 5 年和北京大学 EMBA 的同学们进行交流。著名管理学家明茨伯格说，"大学是让人反思的地方"。北京大学是我很喜欢的地方，每次来收获都很大。

  我最开始给大家讲的是"穿越迷思做企业"，主要是介绍做企业过程中遇到的迷思以及如何在两难和多难之中做出选择。2018 年我讲的是"经营方略"，梳理了我做企业几十年的经营实践和心得体会。这一次来，是想跟大家讨论企业创新的话题。当然，我讲的创新概念可能有些不一样，我讲的创新是大创新的思路，不仅涵盖技术创新，也有管理创新、制度创新，还有商业模式创新。

  为什么要谈创新？20 年前创新是个新名词，现在已经是一个老生常谈的话题了，但又是每家企业、每位企业家都必须认真研究的重要课题。创新是企业腾飞的翅膀，对创新的探索应贯穿现代企业发展的始终。迈克尔·波特[1]在《国家竞争优势》一书中将经济发展分为生产要素导向、投资导向、创新导向和富裕导向四个阶段。中国经济发展目前正迈向第三个阶段，即从要素和投资驱动转向创新驱动。在这样一个阶段，创新被摆在了前所未有的高度。党的十八届五中全会提出，"坚持创新发展，必须把创新摆在国家发展全局的核心位置"。党的十九大报告中强调，"创新是引领发展的第一动力，是建设现代化经济体系的战略支撑"，提出到 2035 年我国基本实现社会主义现代化，跻身创新型国家前列。习近平总书记多次就创新作出重要指示，他指出："创新就是生

---

[1] 迈克尔·波特，哈佛大学商学院大学教授（University Professor），管理界公认的"竞争战略之父"。

产力，企业赖之以强，国家赖之以盛。"① "不创新不行，创新慢了也不行。如果我们不识变、不应变、不求变，就可能陷入战略被动，错失发展机遇，甚至错过整整一个时代。"② 那么对于企业来说，创新要怎么做？创新的方向和路径是什么？这些都是迫切需要解答的问题。

问道创新，中国人讲"道"，什么是"道"？"道"是从朴素的哲理中提炼出来的，介乎哲学和宗教之间的东西。我们常讲科学的极致是哲学，哲学的极致是宗教，而"道"应该是高过哲学的方法论，又尚未达到宗教核心遵从神明的层级。前不久，我和一个美国人交流，他谈到最近在学《论语》，我说《论语》挺好的，讲中国人的行为规范和礼仪，教怎么做事，怎么做人。不过要学习中国的典籍，第一本应该学老子的《道德经》，全篇5000余字，讲述中国的哲理，实际上是讲"道"的。对于做企业的人来说，经营之"道"是对管理实践和管理理论的高度概括，或许企业经营管理永远上升不到可放之四海而皆准的理论，但中华传统文明讲"道法自然，天人合一"，我想最高境界正是那些各有特色的企业之道，这恐怕正是企业能不断推陈出新，让管理专家们为之困惑而又为之着迷之处。

为什么用"问道"这个词呢？其一，我给大家讲的东西都是经过几十年反复思考和在实践中不断探索修正的内容，没有现成的答案，可以说是一路摸着石头过河，问道而来。其二，我希望我们的课是一个老师和学生共同"问道"的过程，EMBA课堂是经营管理者交流和反思的地方。在管理学里，没有最好的老师，只有最好的学生，学管理不是要给人定型，而是开拓大家的视野，激发思想火花，提供思考问题和解决问题的思路，而最终怎么做，取决于大家的灵感。

创新还是有道可循的。近年来创新热潮持续升温，反而叫人说不清什么是创新了，所以大家有必要围绕着创新来聊一聊。

创新对做企业意味着什么？从我个人的经历来说，迄今为止我做企业已整

---

① 习近平在第二届"一带一路"国际合作高峰论坛开幕式上的主旨演讲。
② 《为建设世界科技强国而奋斗——在全国科技创新大会、两院院士大会、中国科协第九次全国代表大会上的讲话》（2016年5月30日），《人民日报》2016年6月1日。

整40年，可以分为几个阶段。

第一阶段在北新建材①。1979年我大学毕业后被分配到了当时的北京新型建筑材料总厂，在工厂的23年间，我先后做过车间技术员、工厂销售员、股长、副科长、科长、副处长、处长，以及7年的副厂长、10年的厂长，把北新建材从几千人吃不上饭、发不出工资、穷困潦倒的工厂，变成一个绩效优良的上市公司，现在已是全球最大的新型建材企业，2018年营业收入超过120亿元，归属于母公司的税后利润超过24亿元。

第二阶段是在中国建材②。2002年我担任中国建材一把手。在总经理就职仪式上，办公室主任跑到台上来交给我一张要冻结公司全部财产的法院通知单，这很滑稽，但也很无奈，当时公司确实非常困难，那时像这样的国有企业也很多。我接手17年后，中国建材收入从20多亿元增加到2018年的3500亿元，从"草根企业"发展为世界500强企业。2018年利润总额超过200亿元，营业收入近3500亿元，超过法国圣戈班集团，成为全球最大的建材企业，资产总额、营业收入、息税前利润三个指标都位居世界建材企业第一。目前，中国建材的水泥、商品混凝土、石膏板、玻璃纤维、风电叶片、水泥玻璃工程及余热发电工程7项业务规模居全球第一，此外，超薄电子玻璃、熔铸耐火材料、锂电池隔膜、高性能碳纤维、超特高压电瓷5项业务规模居中国第一。中国建材还入选了国资委③国有资本投资公司、发展混合所有制、落实董事会职权、中央企业兼并重组、员工持股5项改革试点。

第三阶段是兼任国药集团④董事长。2009—2014年，我同时做中国建材和国药集团两家企业的董事长，当时是央企唯一的"双料董事长"，这段时期往往上午在中国建材，下午在国药集团，没有休过周末。国药集团的收入在我

---

① 本书作者于1993年1月担任北京新型建筑材料总厂厂长，1996年3月总厂改制后任公司董事长、党委书记兼总经理，1997年6月至2004年10月，兼任北新集团建材股份有限公司（简称"北新建材"或"北新"）董事长。
② 中国建材集团有限公司，本书中简称"中国建材"或"集团"。本书作者于2002年3月任集团总经理，2005年10月起任董事长。
③ 国务院国有资产监督管理委员会，本书中简称"国资委"。
④ 中国医药集团总公司，本书中简称"国药集团"或"国药"。2009年5月至2014年4月，本书作者同时担任中国建材和国药集团两家中央企业的董事长。

2009年去的时候是360亿元，2014年我离开时收入已经做到了2500亿元，2018年收入已经做到近4000亿元，利润总额194亿元，超过美国辉瑞①，成为全球最大的一家制药企业。

这几家企业，我接手时都极其困难，但后来都扭转局势，快速发展起来。所以有时候现实中的故事比电影和电视剧里的还要精彩。怎么看这三家企业的变化？我想来想去，一个是改革，一个是创新，不光改革还要创新，一路改革过来，一路创新过来。可以说，我们的创新是全方位的，从战略管理到企业经营，从公司治理到国有企业改革，从组织建设到文化建设，创新贯彻始终，无处不在。这些年大家常问：你是怎么做企业的？你的企业怎么能快速发展起来？为什么能在充分竞争领域一直保持良好的经济效益？从根本上来讲就是创新，其中既有技术创新，也有管理创新，还有制度创新、商业模式创新等。可以说，没有创新就没有企业的发展，甚至北新建材、中国建材可能早就不存在了。

一个企业的失败往往是因为墨守成规和缺乏创新精神，缺乏创新会葬送一个企业，努力创新则会救活一个企业。从企业家来说，企业家不是按部就班做事的人，而是创新的发动机——在大家都在做同一件事时，企业家应该想怎样做另一件事。企业家必须经常与自己的思维定式作斗争，用活跃思想寻找各种商机和可能性，同时也要承担起伴随创新而来的各种压力和风险。当然，创新是不容易的，创新往往是被倒逼的，但即使在十分困难的关头，做出新的选择也不容易。尤其是国有企业，容易因循守旧，而且每迈出一步都存在不确定性。所以我常对大家说一句话："我们总要向前再迈一步。"

在座的学员对于创新都有自己的理解和看法，接下来的时间，我将结合自己的企业故事，从创新理论、创新模式、技术创新、管理创新、制度创新、商业模式创新、创新转型、企业家精神八个方面与大家进行交流和探讨，回答四个方面的问题。

第一，到底什么叫创新？创新应该包含哪些内容？企业的创新和科技创新是什么关系？企业为什么要创新？企业应该要做什么样的创新？谁来领导创新？

---

① 辉瑞制药有限公司，美国一家跨国制药公司。

第二，什么原因让中国建材和国药集团快速成长为世界500强企业？它们为什么能在充分竞争领域保持良好的经济效益？国有企业的机制能做到赚钱其实是不容易的，尤其这些产业并不是高科技产业，为什么还能够有这么好的效益？这么多年我们围绕着创新，到底学了什么，想了些什么事情，有哪些经验和教训可以给大家交流？

第三，创新的原理是什么？这些原理怎么跟实践相结合？什么叫有效的创新？怎么能够在承担很大创新风险的同时做到有效地创新？如何让创新为企业增加竞争力和产生效益？

第四，企业现在都在转型升级，创新转型的动因是什么？怎么转？往哪转？实现高质量发展的路径是什么？企业家在创新转型里发挥怎样的作用？

这些问题在这次课程中都会涉及，我会通过企业大量的案例和实践给大家讲解。我认为，EMBA的课程里要多一点实践的内容，多一些有实践经验的企业家来跟大家进行交流，这对职业培训是非常重要的。

01

创新理论

本节精选来自熊彼特[1]、德鲁克[2]、克里斯坦森[3]、费尔普斯[4]的创新观点，厘清有关创新的若干基本概念，界定企业创新的基本内涵，倡导建设创新文化。

首先讲讲创新的理论与创新的模式，这能够帮助大家构建思考创新的框架。我国正向着创新型社会演进，企业是创新型经济和创新型社会发展的原动力。在建设创新型国家的进程中，在大众创业、万众创新蓬勃发展的今天，深入分析创新动因，认真研究企业创新理论和创新模式，用创新思维和模式赢得新发展至关重要。100多年来，西方关于创新的认识不断进步，从经济、管理、历史、实践等各个角度给出了很多的分析，创新的观点林林总总，创新体系十分复杂，相关的书也多如牛毛。为此我读了不少书，读来读去、思来想去，要讲到企业创新，有四位代表人物的重要理论对我们比较有用，值得我们深入学习研究。

---

[1] 约瑟夫·熊彼特是一位有深远影响的美籍奥地利政治经济学家，被誉为"创新理论的鼻祖"。
[2] 彼得·德鲁克，现代管理学之父，其著作影响了数代追求创新以及最佳管理实践的学者和企业家们。
[3] 克雷顿·克里斯坦森，哈佛大学商学院教授，著有《创新者的窘境》。
[4] 埃德蒙·费尔普斯，美国经济学家，2006年诺贝尔经济学奖得主，美国哥伦比亚大学教授，著有《大繁荣》。

创新的四大理论

1. 熊彼特创新理论

熊彼特是研究创新理论的鼻祖，大家都知道熊彼特在1912年写了一本书《经济发展理论》，系统地讲述了创新的问题。他在书中用创新理论来解释和阐述资本主义的产生和发展，借以把握资本主义制度的本质。独具特色的创新理论奠定了熊彼特在经济思想发展史研究领域的独特地位，也成为他经济思想发展史研究的主要成就。这本书第一次讲清楚创新的概念，其中有四个主要观点比较重要。

第一，创新是建立一种新的生产函数。也就是说，把一种从来没有过的关于生产要素和生产条件的"新组合"引入生产体系。所谓"经济发展"正是对整个资本主义社会不断地实现这种"新组合"而言的。熊彼特所说的创新、"新组合"或"经济发展"，包括五种情况：①引进新的产品，即消费者还不熟悉的产品；②引用新的技术，即新的生产方法；③开辟新的市场，即以前不曾进入的市场，不管这个市场以前是否存在过；④控制原材料或半成品新的供应来源；⑤实现企业新的组织，比如打破垄断或者形成垄断地位。只有在实现了创新发展的情况下，才存在企业家和资本，才会产生利润和利息。熊彼特100多年前讲的这五个方面的创新，依次对应现在常讲的产品创新、技术创新、市场创新、资源配置创新、组织创新。熊彼特这种关于创新或生产要素的"新组合"的观点很有启示性，现在依然适用，我们现在大力倡导的互联网经济就是指互联网要素和实体经济组合在一起。

第二，创新是一种革命性的变化。这本书里提出了增长和发展的问题，他把经济区分为"增长"和"发展"两种情况，从增长到发展是一种革命性的变化，是一种从旧组合中产生的"新组合"，简单地说就是创新。熊彼特认为增长与发展有本质区别，增长是数量的增加，一万辆马车还是马车，只有马车变成蒸汽机车，实现质的飞跃才是发展，所以发展是质的变化，可以被定义为"执行新的组合"，它永远在改变和代替以前存在的均衡状态。经济发展的实质是创新的积累。经济发展中的长周期波动，主要也是创新驱动的。他的观点是发展才是创新，单纯的增长不是创新。党的十九大报告指出，"我国经济已由高速增长阶段转向高质量发展阶段"，高速增长、高质量发展，从这里就能找到理论根据。

第三，资本的主要功能是用于创新。到底资本是干什么的？我们把钱存在银行，银行把钱弄到哪儿去了？企业家把钱贷出来，贷出来干什么？实际是进行创新，也就是说资本是用于创新的杠杆。企业有了创新活动，赚了钱，把银行的本息都还上了，还带动社会整体实现了财富增长。所以在熊彼特看来，所谓资本，就是企业家为了实现"新组合"，用以"把生产指往新方向""把各项生产要素和资源引向新用途"的一种"杠杆"和"控制手段"。资本不是具体商品的总和，而是可供随时提用的支付手段，是企业家和商品世界之间的"桥梁"，其职能在于为企业家投入创新活动提供必要条件。现在大家创新创业，第一缺的是资本，要先获得资本，有了资本才能做事，所以搞创新要承认资本先天的作用。

第四，企业家是创新的灵魂。"企业家"这个词是舶来品，法国人最早把流通过程中使货物增值的商人称为企业家，后来英国人又将其提升为使资源创造价值的企业主。英国新古典学派经济学家阿尔弗雷德·马歇尔注意到企业家和组织作为生产要素的作用。熊彼特进一步提出创新是经济发展的原动力。到底是谁在领导创新？熊彼特认为是企业家，企业家在做"新组合"，企业家在引导创新，企业家是经济发展的主要组织者和推动者，他把企业家看作资本主义的"灵魂"。《经济发展理论》这本书里针对企业家讲了一句话："企业家是对成功充满渴望的人。"其实这句话就是企业家精神。企业家想不想赚钱？肯定想。但是企业家精神里最重要的是对成功充满了渴望，不让他做就不行。

熊彼特在 100 多年以前对创新做了深刻的阐述，讲得很透彻，我们可以细读这本书以深入理解创新的概念。

2. 德鲁克创新理论

现代管理学之父德鲁克 1985 年出版了一本名为《创新与企业家精神》的书，2016 年我在北京电视台《总裁读书会》节目中推荐了这本经典著作。大家是学管理的，应该都读过德鲁克的书。德鲁克是第一个将管理学引入高校，并将其开创成为一门学科的人，他先后出了 26 本讲管理的书，比如《管理的实践》《卓有成效的管理者》《创新与企业家精神》等，后面这本书主要回答了什么是创新，如何创新以及如何让创新产生效果等重要问题。我读了之后感觉，德鲁克写这本书的意图是想把创新像管理学一样作为一门学科来研究。这本书非常重要，我也概括了四个观点。

第一，进行有目的的创新。盲目的创新会造成很大的损失，而明确创新的目的、树立创新的目标后，有目的的创新可以使风险减少 90%。因为有目的的创新活动，始于对机遇的分析，而且经过了精心策划与周密组织，无论是在所达到的目标还是在可获得的成果方面都有高度的可预测性。我们有时候讲企业家是要有冒险精神的，熊彼特认同这一点，但是德鲁克认为冒险不应该是企业家的选项，企业家主要是要抓机遇，应该很好地评估风险，他不认为企业家一定要去冒险。

我现在一直感觉创新的话题很热，但是也存在很多盲目的创新，有的人听到一些不知真假的消息就要开始创新，结果干得乱七八糟。一些企业和公共部门喜欢追逐风口，不去认真分析风险，盲目做了很大的投资，最后都遭受了损失。所以德鲁克认为创新不应该是盲目的，而是有意识地、有目的地寻求机会的结果。盲目的创新会带来很大的问题，企业家必须有目的地寻找创新的来源，寻找预示成功机会的变化和征兆。

第二，重视商业模式的创新。一讲创新很多人想到高科技，德鲁克在书中澄清了一个误解：只有高科技才能创新。德鲁克说，创新一定要有高科技的观念是错误的，因为它无法解释市场上发生的现象。按经济学家康德拉季耶夫的周期理论分析，欧美经济从第二次世界大战后到 1965 年的 20 年间经历了繁荣发展，1965—1985 年处于经济结构调整期，欧洲经济开始衰退，但美国却出现了繁荣，新增就业岗位约 4000 万个，而在这约 4000 万个就业岗位中，高科技岗位只有约 600 万个。很多时候大家一提起创新就想到高科技，其实高科技的研发创新，无论是新材料、基因工程、芯片、航天、海洋科学等，都需要花很多的钱、很长的时间，不是个简单的事情。德鲁克用大量实例证明，创新不一定都靠高科技，中科技、低科技、零科技也可以创新，而且他认为高科技对于创新的贡献只有四分之一，中科技、低科技、零科技的创新占比更多，尤其是商业模式的创新。

我在国药集团做过董事长，知道研发一种新药一般需要10亿美元左右的资金投入，10年左右的时间。我们现在用的比如降血糖、降血脂的，以及很多全球通行的药品都需要这么大的研发投入。大家心目中是不是觉得大医药公司的药品应该琳琅满目？其实大医药公司重点开发的药品也不多，像美国辉瑞过去几年也没有出什么新药。只要一种药行销全球，其销售收入就有可能达到100亿美元或100亿欧元左右，几种药就能实现四五百亿欧元的营业额。当然，如果公司的药品专利过了20年的解禁期，或者其他制药企业都能够大量仿制，那么这个药的销售收入就会迅速下降80%之多。

所以对于绝大多数的企业来说，创新可能更多是中科技、低科技、零科技和商业模式的创新，尤其商业模式的创新是现在创新的主要形式，麦当劳、肯德基、星巴克、淘宝网都是商业模式的创新，没有太多的高科技。所以我们在研究创新的时候要特别重视商业模式的创新。有的年轻人说要创业、创新，想做高科技，我说要做高科技他的积累和资金不够，中国人多，平台大，如果能找到一个能够复制的商业模式，由小做到大，赚钱多了再考虑投资高科技。所以，创新不一定必须与技术有关，甚至根本就不需要是一个"实物"。一个创意、一个新点子、一个独特的商业模式就可以成为一种创新，前提是能够"创造出全新且与众不同的价值和满意度，试图将一种物质转换成一种资源，试图将现有的资源结合在一种新型的、更具生产力的结构里"。

第三，企业家精神是创新精神。德鲁克在《创新与企业家精神》一书中，发展了熊彼特的创新理论。他用整整一章的篇幅来定义企业家和企业家精神。他认为企业家由两点构成，一个是创新，一个是创造了财富，创新并创造了财富，这才是企业家。如果只创新没有财富，或者只拥有了财富没有创新精神，都不算是企业家。开一个小饭店，经营者虽然也承担了一些风险，但如果没有什么创新，他就不是企业家；而麦当劳或许没有什么高科技，但它创造了新的商业模式和创造了新的价值，经营者就是企业家。在德鲁克看来，企业家或企业家精神的本质就是创新，这跟熊彼特的认识是一样的，创新是企业家的灵魂。

德鲁克还从反方向对企业家和企业家精神做了论述。

一是企业家或企业家精神跟企业的规模、性质没有关系。大企业有企业家，中小企业也有企业家；私营企业有企业家，公营部门也有企业家。企业家精神跟制度、体制和所有制没有关系，只是经营者的一种状态。我从23岁开始做企业，做到今年63岁了还在企业。我到中国建材的时候，中国建材只有20多亿元的收入，17年间做到3500亿元，你说我算不算企业家？开创了事业，积累了财富，按照德鲁克的观点，应该算。但也有的领导是一张红字头任命派下来的，来了就是做一般的管理者，只是管人管事，并不创新创业，没有给行业企业带来重要变化，任职一段时间后又被调动到某地去当官员了，这样按照德鲁克的观点怎么能叫企业家呢？所以说企业家的范畴，跟企业的规模和性质没什么关系，核心在于其是否创新。

二是企业家或企业家精神跟所有者无关。无论是所有者还是职业经理人或者普通员工，都可能是企业家并具备企业家精神。写出《反败为胜》的美国汽车业传奇人物艾柯卡，过去是美国福特汽车公司的总裁，被福特解雇后他到了美国三大汽车公司之一的克莱斯勒担任总裁，成功地让克莱斯勒这家公司扭亏为盈。他是职业经理人，并不是所有者，亨利·福特才是所有者，但显然他也是企业家。所以企业家精神跟所有者无关，就是说有没有股份没关系，只要创新、创造财富，就是企业家。

三是企业家跟人格特征无关。我们可能觉得企业家都是很聪明的人、灵光乍现的人，或者像电影和电视剧里那样是创造奇迹的人、与众不同的人。但是德鲁克认为企业家不是大英雄式的人物，只是因为他成了企业家大家才认为他是英雄。我和马云、刘永好、董明珠都接触过，走近来看，你看不出他们有什么特别，都是普通人，也不专注于冒险。但是听他们的故事，大都是九死一生，好像很冒险，实际上企业家要会回避风险，他们是专注于机遇，并抓住了机遇。德鲁克认为企业家的一个重要特征，是要能够抓住机遇，这是他核心的思想之一。

大家看成功的企业家，大部分是对机遇特别敏感，在很多人认为这不是机遇的时候就发现了机遇，或者是在机遇来了以后很多人还在犹豫的时候就抓住了机遇。为了把握机遇，在可控可承受的条件下，承担适度的风险，这才是风险与机遇的逻辑。后面我们会讲到水泥行业的大整合，十几年前中国建材根本没有多少水泥业务，关键就是在 2007 年、2008 年的时候抓住了水泥行业整合的机遇，如今中国建材成为全球最大的水泥公司，有 5.3 亿吨的产能，全球每生产 10 亿吨水泥就有 1 亿吨来自中国建材。但是中国建材要是现在再来做这件事是肯定做不成的，只有那个时刻才能做成，时机、决心和执行缺一不可，才能成为全球最大。

第四，建设创新型社会、企业家社会。 德鲁克的这个观点也很重要，创新和企业家精神可以让任何社会、经济、产业、机构保持高度灵活性与自我更新能力，避免颠覆性的社会危机。前面提到了美国在 1965—1985 年成功逃过了康德拉季耶夫周期理论的"魔咒"，没有跟欧洲一样衰退反而繁荣了，1965—1985 年的就业人数从 7000 万人增长到 1.1 亿人，在实现大规模就业的同时保持经济长时间的繁荣是怎么做到的呢？经过研究，德鲁克认为能让美国躲避了衰退的原因，是美国由管制型经济转向了创新型经济，是创新使得美国经济持续繁荣。我们国家也是，1978 年开始改革开放，真正大规模的推进是从 1992 年邓小平同志视察南方谈话开始，1992—2012 年，差不多也是 20 年的时间经济高速增长，2014 年提出了"新常态"，经济增速下行，GDP 增长率从两位数掉了下来，开始回调。大家看到现在我们政府鼓励"双创"，大众创业、万众创新，用创新的驱动力来缓解下行的压力，来创造就业的机会，作为经济发展的动力。

1985 年的时候，德鲁克就认识到这个问题，他认为欧洲高福利社会是不可持续的，没有创新做基础的福利社会必然会引发债务危机，甚至会造就懒惰的社会，会坐食山空。一个社会要想持续下去，必须创新，必须有企业家精神，大量企业家创造财富，社会才能维持下去。2009 年，从希腊爆发最终席卷整个欧洲的主权债务危机验证了德鲁克的预言。希腊等国创造的财富没那么多，但福利又那么高，这怎么办？于是出现了亏空，逐步导致了主权债务危机，影响范围扩散。后来让德国去救助，德国也有意见，没有国家愿意将自己人民辛苦劳动创造的财富，以极低的收益去援助其他国家，所以引来议论纷纷，当然最后默克尔还是去"救"它了。

我曾写了一篇文章整版登在《经济日报》，专门讲了创新和企业家精神，其中我也讲到中国将迎来企业家社会，当时认为"社会"这个词不妥，删掉了最后那一部分，实际上最后那一部分是我的主要想法。我们国家应该进入企业家社会，现在我们搞"双创"就是企业家社会，创新也不局限于大企业或小企业，大家都要进行创新。

3. 克里斯坦森创新理论

哈佛大学商学院教授克里斯坦森于1997年推出一本名为《创新者的窘境》的书，提出了颠覆性创新的概念。他的核心理论是，良好的管理可能导致一部分企业衰退。为什么会这样说？因为很多企业过于崇拜管理，尤其是日本企业。美国战略大师迈克尔·波特20年前带领7个博士生研究撰写的《日本还有竞争力吗？》一书中说到日本工厂员工集体升厂旗、唱厂歌，日本企业具备堪称世界一流的管理，但他认为日本企业过分强调管理，而不重视创新。只是单纯地模仿式创新，日本企业总有一天会失去竞争力。当然现在看来，日本也做了很大的改变，创新做得非常好，在工业前沿的十几个领域稳居前三名。2018年11月我专门到日本去做了一个深度调研，拜访了日本东芝、AGC（原旭硝子株式会社）、三菱商社、藤田建设、三菱综合材料和丰田汽车等企业，深入了解了日本企业在"失去的20年"进行的艰难转型，回来后写了篇题目为《日本还值得我们学习吗？》的文章。二三十年前我们国内企业的管理体系大多是学日本的，后来日本经历了"失去的20年"，现在回过头看日本，又发现日本很多方面都改善或改变了，尤其在创新方面做出了大量的成就，很多企业成功地完成了转型。

举例来说，现在白色家电领域做得最好的是海尔、格力这样的中国公司，但三四十年前做得最好的是日立、东芝这些日本公司。当时日本的经济支柱有两个，一个是汽车工业，另一个是家电行业，后来家电行业被韩国、中国的公司打败了，大规模迁移到中国。日立、东芝、夏普、三洋等公司都曾处境艰难，这些年它们进行了艰难的转型，现在大多数企业都成功转型并走出了困境。2018

年东芝的年销售收入2314亿元（但是现在不主营家电了，而是转到能源基础设施等领域，包括氢能源行业，建设氢能源发电站，用氢气直接发电）。东芝做白色家电最好时年收入达到4000亿元，公司的会长说，再过几年他们还能再做到4000亿元。

克里斯坦森的观点是，如果过分看重管理，管理层所做出的合乎逻辑的和强有力的决策，可能会使得他们失去领先地位，原因是领先企业往往太注重现有客户和市场，对原有技术路径过于依赖，在突破性技术来临时可能与之失之交臂，不大重视创新就会被颠覆掉。以硬盘行业为例，硬盘的直径从14英寸[1]先后缩小到8英寸、5.25英寸、3.5英寸、2.5英寸。然而14英寸硬盘制造商全部被8英寸硬盘制造商淘汰，5.25英寸硬盘制造商又淘汰了大部分8英寸硬盘制造商，周而复始。其实领先企业完全具备生产能力，但它们被客户牵绊住了手脚。如8英寸硬盘出现后，大客户仍引导着14寸硬盘领先企业以每年22%的增长向前发展，在决策上犯下了致命错误，给了新兴企业颠覆它们领先地位的可乘之机。

中国企业被颠覆的例子也不少，我给大家举三个例子。

华录[2]是大连的一家录像机厂，是一家中央企业。当年我们家家都买录像机，华录决定搞一套录像机生产装备，跟日本公司提出购买想法，日本公司也同意卖给它。但是刚刚装上还没有投产，市场就开始推出DVD了。大家知道录像机是用磁带的工艺，DVD是数字激光系统，完全不同，所以一下子录像机就没人使用了，这个产品就被彻底颠覆了。华录后来不再生产录像机，转型做动漫，现在做得还是不错的。

彩虹[3]以前是陕西咸阳的彩色CRT（显像管）总厂，有13条生产线，1997年金融危机之前，液晶电视的技术已经出现了，专家们围绕着液晶和显像管到底会怎样发展进行了反复研究，结论是认为液晶有很多毛病，存在拖尾、视角

---

[1] 1英寸=2.54厘米。
[2] 中国华录集团有限公司成立于2000年，是专业从事音视频产品及相关应用技术研发、制造、销售的大型国有企业。
[3] 彩虹集团公司前身成立于1977年，是中国第一只彩色显像管的诞生地，也是中国生产量最大、配套能力最强的彩色显像管生产企业。

和价格高昂等方面的问题，CRT还有相当长的发展时间。结果2008年金融危机一来，液晶大幅度降价，同时液晶技术飞快地进步，把拖尾、视角等问题全部解决，一下子就把CRT给淘汰了，彩虹的13条生产线马上被停掉，后来就被另一家企业兼并了。过程里还有一个插曲，当年大家还研究过是否要跟随着日本、韩国的技术做等离子电视，当时的意见并不一致，赞成做等离子电视的认为等离子像油画，液晶像照片，觉得等离子还是有得做，比如长虹就要发展等离子。为什么我知道这个？因为我是做玻璃的，给家电生产商提供玻璃配件，我们也曾打算过做等离子玻璃，但是当时我得到了消息，韩国的等离子产品已经开始下马，所以我认为不应该再做等离子玻璃了，一定要开发液晶玻璃。曾有一家公司用我们的技术配了一套等离子玻璃生产线，后来也走了液晶玻璃这条路。

现在液晶又被OLED（一种高分子显像材料）所颠覆，OLED更清晰，可以用作手机的面板。我对这个东西有研究，因为中国建材是模组玻璃的供应商。一个模组是由两片玻璃夹着液晶，在液晶前面还有一片触控玻璃，最前面则是耐磨的金刚玻璃，这个玻璃的成分中含20%的铝，所以是高铝玻璃，它的硬度非常高，不怕磨损。当年苹果手机想解决屏面玻璃不耐磨的问题，考虑过用蓝宝石作为屏面原材料。蓝宝石是三氧化二铝的结晶，把它切成屏面，是耐磨的，但问题在于这一材料易碎，一旦掉到地上就容易开裂导致碎屏了。后来苹果没选择用蓝宝石作为屏面玻璃，但是手机上照相镜头的玻璃用的蓝宝石，因为这么一小块不怕摔。当时国内也上了不少蓝宝石生产线，包括我们中国建材也进了蓝宝石材料，苹果不用后，一下子很多蓝宝石生产线就停产了。

为什么我比较了解这个情况？原因不仅仅在于中国建材是这些模组玻璃的供应商，更是因为中国建材所属研究院最近发明了一个新东西：生物光导识别芯片。这是一种由300万根光导纤维压缩成的再切片，也就是300万根光导纤维的断面组成的一块玻璃，光导纤维之间又加上了吸光材料，所以它是黑色的。它的作用是什么呢？过去这个东西是装在军用夜视仪上的，配备在狙击枪、坦克夜视镜上，来识别夜晚很黑环境中肉眼看不到的微光。后来发现这个可以识别指纹，放在手机面板的后部，在这块玻璃片的后面再装置感应的元件。因为它跟普通玻璃不一样，用普通的玻璃是利用其透视原理，而用这种玻璃是利用其传导原理，这种玻璃的传导性非常好。我们把这片玻璃放在 OLED 的液晶板和四片玻璃下面，指纹可以透过并被识别，哪怕是在微光环境下，全屏上任何一个地方都能实现，所以这就是它特别好的一种功能。一个普通人的指纹的识别率是五万分之一，只有五万分之一的可能你的指纹与其他人重复；两个指纹重复的可能性是二十五亿分之一，如果设置两个指纹密码，则该手机基本上不可能被其他人解锁；如果设置三个指纹密码，则世界上任何一个人都无法解开这个手机，未来通过添加这个玻璃片就能实现。所以大家可以看到中国建材不光是做水泥的，它也在研究开发生物光导识别芯片这些产品，而且都能够量化生产。在创新驱动的产业里，中国建材如果不做颠覆者，就随时可能被别人颠覆。

除了上面讲的华录、彩虹外，还有一个乐凯[①]胶卷的例子。大家知道胶卷时代的品牌国外有柯尼卡、柯达、富士，国内有乐凯，很著名。在柯达研发出数码技术后，围绕着乐凯到底上不上更大规模的胶片生产线的问题，国家相关技术委员会组建了专门的班子，请了大量专家研究数码究竟意味着什么。柯达的人不相信数码的未来，乐凯的人也不信，因为当时数码相机只能达到100万、200万的像素，索尼拿它做小薄片，生产袖珍相机，只是一个拿着玩儿的东西。最后大家达成一致看法，数码照相机不行，小孩当玩具玩儿可以，照相不行，不可能取代胶片。因为胶片技术是卤化银成像技术，有一百多年的历史，从黑白发展到彩色，已经非常成熟了，于是乐凯又引进了一条更大规模的胶片生产线。后来大家知道数码相机的像素越来越高，现在照相机一般是 1 亿、2 亿的像素，我们手机也能到达一两千万的像素，而且不像过去拍照那么复杂，简单易操作，所以几乎人人都会拍照。结果乐凯一下子就被颠覆了，后来被另一家中央企业收购了。这就是变化。

其实克里斯坦森讲的是，企业应该关注身边的变化。如果你跟不上变化，不进行创新，就有可能被颠覆。他提出了颠覆性创新和持续性创新的概念，持

[①] 中国乐凯集团有限公司是中国航天科技集团公司全资子公司，前身是始建于 1958 年的保定电影胶片制造厂。

续性创新是根据主要市场的主要客户一直以来所看重的产品属性，来提高成熟产品的性能，而颠覆性创新具有截然不同的价值主张，指的是利用技术进步效应，从产业的薄弱环节进入，颠覆市场结构。颠覆性创新的技术特点是：更简单、更方便、更便宜；其市场特点是：利润率通常不高，较难实现超额利润；领先企业中能带来最大利润的客户通常不会使用，也不接受，往往首先在新兴市场或是不重要的市场投入商业化运作。正是由于这些特点，管理者难于找到充分的理由开展新项目，他们更愿意进入那些市场需求看来最有保障的项目，这也为他们日后的失败埋下伏笔。颠覆性创新有两类，一类是从低端市场开始的颠覆，一类是从全新市场开始的颠覆。低端市场存在机遇，因为领先企业往往着眼于为最有利可图和要求最高的顾客提供日臻完善的服务，使得它们对要求相对较低的顾客关注不足，由此在低端市场形成了竞争真空。而在另一种情况下，颠覆者创造出前所未有的新市场，锁定现有产品没有服务到的顾客群体，将非顾客转化为顾客。如汽车产业的薄弱环节是尾气的污染，而电动汽车就是对传统汽车的颠覆性创新。

目前全球汽油车的保有量是 15 亿辆，2018 年全球电动汽车销量达 2 018 247 辆，中国占据其中 49% 的份额。① 现在怎么办？大家也在研究这个问题，一方面，到底要不要做电动汽车，进行颠覆性创新；另一方面，到底汽油车的持续性创新要不要做，该怎么做。这就是克里斯坦森所谓的两难。企业处在技术发展的过渡期，我刚才讲到 DVD 取代录像机用了很短的时间，但是电动汽车要取代汽油车，不会那么快，会是相当长的时间，汽车行业的企业家就面临着两难，一方面，汽油车持续性创新还要做，继续改进，推出新的款式、更加节油等；另一方面，电动车也要做，如果不做，被颠覆了怎么办？克里斯坦森认为，企业不能坐等新技术突破的出现，采取一成不变的技术战略是不明智的；相反，企业需要主动出击，开展颠覆性创新，寻找那些发现了这些新技术属性价值的客户。所以他建议这两个都要做，但是做电动汽车的团队要用一批新的人，不要用做汽油车的那伙人，因为颠覆性技术跟原来的技术和思路完

---

① 数据来源于电动汽车网站 EV Sales。

全不同。电动汽车和汽油车都是四个轱辘，但是揭开引擎盖看看，是完全不同的构造。数码和卤化银的成像技术，一个是数字，一个是化学成像原理，也是完全不同的。如果用原来技术的大专家做颠覆性创新的东西，十有八九做不成，所以要用新人在新的地方另起炉灶。一汽集团的领导曾跟我聊这个问题，我说你要做电动汽车最好别在长春，在大连，或者到深圳、上海弄块地，从特斯拉[①]挖几个人来，这样干往往能干成，你要在长春还是原来的那伙人干，十有八九干不成。他问这主意从哪儿来的，我说从书里学来的，克里斯坦森就是这样建议的，德鲁克那本书也讲了这个，创新要用新团队。

综合来看，克里斯坦森的两个观点非常重要：第一，提出颠覆性创新，我们只重视企业管理不重视颠覆性创新，有可能被颠覆；第二，持续性创新和颠覆性创新之间，我们在两难的选择中，应该怎么去选择。尽管对付颠覆性技术的方案，不可能在良好管理的标准工具箱里找到，但实际上，应对这一挑战的明智方法是有的。当颠覆出现时，领先企业需要采取一定的应对措施，但没有必要反应过激，比如解体仍在盈利的业务。应继续通过投资持续性创新，来加强与核心顾客的联系，同时要开展颠覆性创新，跨越创新的两难。基于对新技术导致成功企业衰落的原因和条件的理解，克里斯坦森提出解决两难的管理方案：一方面要保证企业近期的健康运行；另一方面要动员足够多的资源，关注那些可能导致企业走下坡路的突破性的技术进展，保证自身的产品不会被新的技术挤出市场。

颠覆性创新的观点很有启发性。我们常讲，市场竞争有红海战略和蓝海战略，红海战略是在过剩产业中通过低成本进行竞争的模式，蓝海战略是通过创新另辟蹊径进入无人竞争领域。从红海进入蓝海有两种途径：一是改变竞争思路，使现在的红海变为蓝海，红海里有不少产品市场巨大，值得长期做下去，关键是怎么做；二是开展颠覆性创新，努力创造新的蓝海。当然这并非易事，因为市场中发现哪种产品赚钱，大家往往一哄而上，蓝海迅速变为红海，所以企业要不断寻找蓝海。

---

① 特斯拉（Tesla），是一家美国电动车及能源公司，产销电动车、太阳能板及储能设备。

4. 费尔普斯创新理论

诺贝尔经济学奖得主费尔普斯所著的《大繁荣》是一本畅销书，不少人读过，他提出了一些与创新有关的新观点。

费尔普斯从历史角度着手分析人类社会繁荣的原因。他截取了18世纪到20世纪这两百年间的西方经济史，详细展现了现代社会是如何在经济繁荣中孕育成熟的。费尔普斯认为，人类社会最持久的一段繁荣期在19世纪初首先从英国开始，这种繁荣此后在一个世纪内蔓延到了欧洲大陆以及北美。这样一种现象，可以称之为"大繁荣"。他认为大繁荣来源于创新活力的现代经济，跟经济环境有关系，而反对将西方资本主义经济的起飞简单地归因于大航海时代和文艺复兴时期的科学发现。在他看来，知识经济在19世纪爆炸式增长，其主要推动力不是科技进步，而是现代主义观念下形成的现代经济。只有后者才有可能带来"大繁荣"的历史奇迹。何谓现代经济？指的是"具有高度活力，充满创新的意愿、能力和抱负的经济形态"，而这种现代主义和现代经济的核心则又来源于草根的创新和活力。所以他认为中国也有成为创新国度的潜力，中国的改革开放为创新建立了经济基础。中国的确是这样，浙江杭州、广东深圳就有大的创新环境，创新活动蓬勃发展，也就是费尔普斯认为的创新跟经济社会的大环境有关系。

第一，创新和制度无关，主要跟文化有关，创新的文化是基础。 费尔普斯认为大范围的创新活力只能由正确的价值观激发，比如提倡创新和探索、促进个人成长的现代价值观，这些价值观点燃了草根经济的活力，激发了英国和美国现代社会的崛起。态度和信仰才是现代经济活力的源泉，主要是指保护和激发个性、想象力、理解力和自我实现的文化，它们促进了一个国家的自主创新。因此，他对中国应如何建设具有高度活力的经济提出建议：必须确立现代价值观的主流地位，他讲的这一点也是有道理的。《世界是平的》一书的作者经济学家弗里德曼讲过一句话：你们中国人什么都可以拿走，但是有一招儿你们没学会我们就不怕，那就是美国民间的创新能力、创新文化。像硅谷的创新非常强，其中的创新项目并非都是政府支持的，而是由一些企业自发形成。美国许多著名的公司像惠普、微软、谷歌、苹果、优兔（YouTube）、戴尔等都是从车库这样简陋的地方孕育出来的，很多人戏称"车库是美国IT业的摇篮"。

第二，创新不是靠大企业，而是靠草根创新，即大众创新。他认为创新是一个基于大众的、草根的、自下而上的过程。现在讲大众创业、万众创新，也开始讨论大企业和小企业创新的问题。在2014夏季达沃斯论坛上，李克强总理首次提出了"大众创业、万众创新"的理念，后来被列为经济发展的"双引擎"之一。2015年2月，在与外国专家座谈时，李克强总理对参会的费尔普斯讲了这样一段话："我说的是'大众创业'，而不是你所用的'mass innovation'（大众创新）。因为中国就业的压力是巨大的，我们每年新增城镇劳动力有一千五六百万人。大家都知道经济增长首先要保就业，所以我们首先鼓励'大众创业'。同时，在新的形势下，冲破固有的利益藩篱，再力促'万众创新'。"

德鲁克的书里也讲到了这个问题，他赞同中小企业在创新方面确实更突出，认为大企业在创新方面往往滞后。因为在美国汽车时代来临的时候，大型的铁路公司一股脑儿地都去做汽车，但是最后造出汽车的却是福特公司，并不是铁路公司。后来航空时代来临的时候，汽车公司又一股脑儿地去做飞机，但最后成就飞机帝国的却是麦道、波音，而不是福特这些公司。虽然如此，大企业在创新上也大有所为，比如美国3M[①]、强生等公司靠不断创新得以持续发展。费尔普斯先生比较坚决，认为大企业不创新，是中小企业在创新。我也跟他讨论过这个问题，说中国建材有8000个专利。他说：8000个专利有什么用，不就是大企业装门面用的吗？还是得靠草根创新。这是他的基本观点。

我个人认为，大企业、小企业都创新，草根创新和企业创新相辅相成，关键是看在哪个领域里、什么样的创新。大企业顶天立地，如果要开展大型的科研项目，比如神舟飞船，小企业就承担不了；但是小企业铺天盖地，很多新的东西确实是小企业创新发展起来的。现在我们讲的大众创业、万众创新，实际上主要是指草根创新、中小企业的创新。在国家创新体系中，应把大众创业、万众创新与大企业创新融合起来，企业创新归根结底是企业科研技术人员及广大员工共同参与的全员创新，离不开科技知识的社会积累与传播，离不开大众

---

① 3M公司，全称明尼苏达矿业及机器制造公司，著名的多元化跨国公司。

创业汇集的创新。我们要从创新的实际规律来看待各类主体在创新中的不同作用和相互融合。我们开展大众创业、万众创新，不是否定大企业在创新体系中的枢纽地位，而要建设一个"万类霜天竞自由"的生态系统。

以上是我专门挑选的四个很重要的、对现代创新有启发的理论。我们可以从中概括出关于创新的一些基本观点。

（1）创新是生产要素的新组合。

（2）只有创新才能带来经济的发展。

（3）创新可以是技术创新也可以是商业模式的创新。

（4）要重视颠覆性创新。

（5）创新依赖于创新文化。

（6）企业家是创新的灵魂。

（7）创新经济和企业家社会可为社会带来持续繁荣。

（8）创新既要靠万众创新，也要靠大企业创新。

（9）企业创新着眼于变化和不同，目的在于创造出全新且与众不同的价值和满意度。

企业创新内涵

上面讲的都是西方的创新理论。实际上，改革开放以来，中国企业取得了举世瞩目的发展成就，在这个过程中，我们基本是向发达国家学习，学习他们的管理理论，读的也都是外国的大企业家的书，像美国的哈默[1]、艾柯卡[2]，日本的松下幸之助[3]、稻盛和夫[4]等。当前中国已成为全球第二大经济体，正在建立创新型国家，在这样一个时代，我们既要学习发达国家的先进思想，也要树立文化自信，加强对中国企业创新活动的研究，建立中国的新商道。

---

[1] 阿曼德·哈默，著名企业家，美国石油公司主管。
[2] 李·艾柯卡，著名企业家，曾先担任福特汽车公司的总裁，后又担任克莱斯勒汽车公司的总裁。
[3] 松下幸之助，日本著名跨国公司松下电器的创始人。
[4] 稻盛和夫，著名实业家，创办京瓷、第二电信两家世界500强企业。

2017年3月，我和北京大学陈春花教授一起讨论了这个话题：新商道，新从何来？我觉得有三个来源：一是中华5000年古老而灿烂的文化。我们可以从孔子、老子等先贤那里继承智慧，用于现在的企业经营。比如，我们大力提倡的协同创新，归根结底是一种兼容并蓄的包容性创新。二是结合实际，学习发达国家的创新理论和企业家实践。像前面说的那些创新理论，值得我们认真学习和思考。三是从今天鲜活的市场经济、企业实践中高度概括成功的经验。中国有世界一流的企业和一流的企业家，他们在实践中摸索总结出的发展经验，为时下企业创新与转型提供了宝贵参考。商学院应该很好地去挖掘和总结这些经验。

古人讲，"苟日新，日日新，又日新"。结合西方理论、中国国情、企业实践，这些年来我们对创新的理解逐步深入。20世纪90年代，国家提出了科教兴国战略，后来提出创建"国家创新体系"，党的十八大做出了"创新驱动发展战略"的重大部署。我们所说的创新已不是科技术语，而是全方位的。创新包括哪些内容呢？2016年5月起实施的《国家创新驱动发展战略纲要》提出：创新驱动就是创新成为引领发展的第一动力，科技创新与制度创新、管理创新、商业模式创新、业态创新和文化创新相结合，推动发展方式向依靠持续的知识积累、技术进步和劳动力素质提升转变，促进经济向形态更高级、分工更精细、结构更合理的阶段演进。而对于各种创新类别之间的关系，习近平总书记多次强调，"实施创新驱动发展战略，就是要推进以科技创新为核心的全面创新"[①]。这就进一步说清了科技创新与其他领域创新的关系。

企业的创新指的是什么？我理解的是，企业创新着眼于变化和不同，目的在于创造出全新且与众不同的价值和满意度。广义的企业创新具有丰富内涵，我们讲的战略创新、经营哲学、管理进步、供给侧结构性改革、国有企业市场化改革等，都是创新的内容。企业的创新表现在哪些方面呢？我认为，既不能把创新理解"小"了，仅限定于科技领域；也不能把创新理解得过"大"，眉毛胡子一把抓，目标就会太过分散。企业的创新主要包括四方面：技术创新、

---

① 2014年8月18日在中央财经领导小组（现中央财经委员会）第七次会议上的讲话。

管理创新、制度创新、商业模式创新。技术创新，解决竞争力的问题；管理创新，解决效益和成本的问题；制度创新，解决活力和持续发展动力的问题；商业模式创新，解决发展规模的问题。以上这些在后面会一一详细剖析。

创新文化解读

前面讲了创新的基本观点，这一节想跟大家再谈谈创新文化，这也是我经常思考的一个问题。

1. 创新文化是一种民族精神

创意是创新的基础。现在大家基本认同创新开始是由创意产生的，厉以宁教授讲创意、创新、创业，先有创意后有创新，再有创业，是这样的一个逻辑。李克强总理讲创新、创业、创造，在"双创"后面又加了创造。

说到创意，有神话的民族都是有创意的民族。《西游记》是神话故事，能够突发奇想，是从0到1，无中生有的东西，其实这也是创意。不光是《西游记》，在《封神演义》甚至金庸先生的小说里，仗打不下去了就冒出来各种各样神奇的宝贝，这其实就是创意，是无中生有想出来的。中国古典文学中很多是可以和企业问题结合的，比如《三国演义》是研究战略的，三分天下等。像中国建材做水泥，就是三分天下，中国建材水泥5亿多吨的产量不是全国均匀分布的，而是占领一些关键地区，也就是说有所为，有所不为。《水浒传》是讲联合重组的，宋江本领不高，但是他把林冲、鲁智深、卢俊义这些有本事的人全都弄到他手底下。就像我不懂水泥，却将做水泥的能手全都重组到中国建材。《红楼梦》是讲管理的，主要是大企业病的问题。宁荣二府曾经家大业大，但是逃脱不了没落的命运。大企业也一样，企业做大了以后容易失去活力，开始走向没落，中小企业是有活力的，但当企业越来越大的时候，就容易得大企业病，像中国建材这种大企业就容易染上官僚主义、形式主义的大企业病。

有创意，这个民族就能创新，中华民族是勇于创新、善于创新的民族。我国古代在天文历法、数学、农学、医学、地理学等众多科技领域取得举世瞩目的成就。16世纪以前世界上最重要的300项发明和发现中，我国占173项，远超同时代的欧洲。但近代以来，我们错失了多次科技和产业革命带来的巨大发展机遇。改革开放以来，中国人奋起直追，整体科技水平有了明显提高，但在创新实力、创新文化等方面与以色列、美国等国相比，还有待提高。

说到这一点，瑞士和以色列有着优秀的创新文化。瑞士被誉为"创新之国"，连续多年蝉联全球创新指数榜首，并在全球竞争力排名中位居前列，很值得研究。2019年1月我去瑞士参加达沃斯论坛，会后我到ABB[①]和施华洛世奇等公司参观，去研究它们的创新。瑞士这个国家很小，一共800多万人口，全境以高原和山地为主，到处都是隧道和桥梁。过去瑞士是一个出雇佣兵、马夫的国家，现在到罗马、梵蒂冈游览还能看到瑞士雇佣兵，如今居然成了这样一个发达国家。很多大公司的总部都在瑞士，瑞士人均GDP高达8万多美元，超过美国，这确实让大家有很大的兴趣。日本《朝日新闻》的一位记者写了一本书，研究为什么日本比不过瑞士。比如手表，日本石英机芯是全世界手表机芯主要供应商，日本有精工、卡西欧等手表品牌，却卖不出高价，而瑞士用几年时间推出一款名牌表就能行销全球，售价动辄几十万元。我心里常想这到底是怎么回事，为什么别人做不了，瑞士能做得那么好。瑞士人的创新体系和创新文化确实值得研究。大家可以读读詹姆斯·布雷丁写的《创新的国度》这本书，领略一下瑞士的创新文化。

我近期要去以色列，处理业务方面的事情。一直以来，我对以色列犹太人的创新活动有很大兴趣。犹太民族1800多年以前被打散了，散落在全世界，保留了民族的特点，最后犹太复国主义者在耶路撒冷附近重新聚集起来。虽然犹太人总人口数不到2000万人，只占世界人口的约0.2%，但在自诺贝尔奖设立到2016年的881个得主中，至少有196个是犹太人[②]。以色列这个国家人口数仅800多万，却在耶路撒冷荒芜的沙漠地带创造了繁荣的经济。他们到底是怎么创新创业的，很值得我们研究。最近我在北京和一位以色列人聊了聊，他在北京工作了20年，获得了中华人民共和国友谊勋章。我问他："你说我为什么要去以色列？"他想了想说："美国人不给你们技术，欧洲人也快这样做了，

---

① ABB公司，世界500强企业，集团总部位于瑞士苏黎世，是电力和自动化技术的全球领导厂商。
② 丹·拉维夫，尼西姆·米沙尔. 犹太人与诺贝尔奖[M]. 施冬健，编译. 北京：清华大学出版社，2019.

所以你想到以色列找技术，找新的平台。"这一位真是脑子挺好用的，我真有这个想法，以色列这个地方将来是我们的一个技术来源，我想在以色列建立平台和技术中心，这是我盯着的一个地方。其实，我最近去了好几个地方都跟寻找技术来源有关系。我之前也去了法国，发现在巴黎周边有50多个国家实验室、公司实验室和学校实验室，除了德国有发达的汽车工业外，欧洲的主要核心技术例如核电、高铁、飞机等，大多来源于法国。我还去了美国的麻省理工学院，后面也会跟大家分享我去那里的体会。

以色列有两个鲜明特征：一是人与人之间说话直截了当，无恭维，观点直率，思想开放，课堂上师生非常平等；二是人人创业，万众创新，大学里的学生、老师、校长都在校外开公司，而且数量还不少。有人拿中国、美国、以色列的家长做比较：中国家长一般考完试了问孩子排在第几名，我也问这个，过去问我女儿，现在又问我两个刚刚上学的小外孙；美国家长一般问最近学了点什么新东西；而以色列家长会问孩子最近在学校问了什么问题、难倒老师了没有。犹太人是个善于提问题的民族，跟他们坐在一起交谈，他们经常能把我们问倒，这说明他们有创新的基础和创新的文化。费尔普斯讲创新跟文化有关，确实，创新文化非常重要，文化是创新的基础。

比如说，创业就需要一个特殊的文化氛围。创业是一个酝酿过程，有它的规律，思想的交会、人才的集聚、组织的活力，文化在其中起到很重要的作用。美国硅谷附近聚集了很多在创业的学生或社会人士，斯坦福大学的学生们在咖啡馆里面讨论，当有了创意，大家就去创业了。厉以宁教授说，现在北京大学周围的咖啡馆、茶馆也有不少学生在那儿讨论，讨论出创意后就合伙创业去了。从这点看，是很相似的。我认识台湾远东集团的董事长，他在台湾是第三大富豪，姓徐，我们叫他徐大董，70多岁了。我去台湾时他接待我，他问我想见一见谁，我说想见两个人，一个是傅佩荣，他是讲国学的教授，解读过《论语》《老子》等诸多国学典籍，也来北京大学讲过课；另一个是邱于芸，这个人在北京大学做过演讲，长期在英国留学，后来回到中国台湾，曾任台湾"文化事务主管部门政务次长"。她有一本名为《用故事改变世界》的书，是用文学故事的逻辑讲创新创业的。徐大董说我找的这两位挺有意思的，等于是两位作家。中午我们共进午餐，他俩一人给我们带来几本新的作品，于是我背了一大摞书从中国台湾回来。

邱于芸的《用故事改变世界》这本书中就讲到英雄创业的四个阶段，对在座创业者也许会有所启发。第一段，英雄上路，英雄想通了或者想明白了要创业，要干点事，要打天下了。第二段，途遇师傅，要创业得遇到个师傅，师傅教一教领进门。第三段，历经艰险，创业中要历险，在创业中找到了女朋友、找到了搭档，在历险的过程中组织了一个自己的团队。最后一段，英雄归来，创业成功了，英雄回来了，像马云创业成功了就归来了。我常常想这四段，总结得挺好的，我们大部分创业者都是英雄上路了，学EMBA课程就像途遇师傅，看看在这儿能不能找到老师听他讲讲，创业里需要师傅，需要向别人学习。但是光学习也没用，学了还得干，所以还必须得去历险，最后才能创业成功。由此我们也可以看到，从创意到创业，成功落地和发展壮大，每一步都离不开创新文化。

一个民族的繁荣取决于创新活动的广度和深度。要让创新文化根深蒂固，要让创新渗透到每一个社会阶层，中国还有很长的路要走。创新应成为一种人生态度，一种民族精神，一种文化风尚。费尔普斯曾提出一个担忧：中国亟须进行高速的本土创新，但到底中国是否有这样一个文化能够去推动大规模的本土创新呢？这个问题是需要全社会来共同关注的。

2. 创新文化是企业创新的源泉

对于企业来说，创新文化同样至关重要。文化是企业发展的基石，是一个企业的集体记忆和共同信奉，用我的话说就是"文化定江山"。创新文化是形成创新的环境和土壤，既是吸引人们进行创新活动的精神条件，又是激发人们参与创新活动的原动力。创新文化服务于创新实践，它以追求变革、崇尚创新为基本理念和价值取向。前面我们讲过《大繁荣》，英国和美国现代社会的崛起，同文艺复兴[①]、启蒙运动[②]等文化背景息息相关。创新文化是阳光雨露，一

[①] 文艺复兴指发生在14—16世纪的一场反映新兴资产阶级要求的欧洲思想文化运动。
[②] 启蒙运动指发生在17—18世纪的一场资产阶级和人民大众的反封建、反教会的思想文化运动，是继文艺复兴后的又一次反封建的思想解放运动。

旦形成，就会对各类创新群体产生影响，触发他们的创意并进而形成创新活动。仅仅有创意的人还不是企业家，既有创意又能围绕创意开展创新投资的人才是企业家。有些企业保守地维护既得利益，对创新创意重视不够，从根源上讲就是缺少创新文化。

创新文化是创新型企业的灵魂，是一切创新的前提和源泉。建立创新文化对企业具有重要作用：第一，创新文化具有导向作用，能够激励或激发人们进行创造，保持创新思维，提高创新效率，从而实现创新目标。第二，创新文化具有引领作用，能够促使人们保持锐意创新的勇气、敢为人先的锐气、蓬勃向上的朝气，极大地增强企业活力，推动企业不断破旧立新，改进提高。第三，创新文化具有凝聚作用，是整个创新团队团结一致的精神动力和核心价值。杰斯帕·昆得在《公司精神》一书中讲，"在未来的公司内，只有信奉者生存的空间，却没有彷徨犹豫者立足的余地"。大家因为共同的愿景、共同的事业走到一起，不信奉企业价值观的人不在此列。创新文化能够把乐于创新的人聚集到一起，潜移默化地陶冶他们的思想、性格、情趣，培育他们的创造能力，这是构筑企业核心竞争力、提高效益的基础。第四，创新文化具有辐射作用，能在企业里产生浓厚的创新环境和氛围，进而以企业创新推动社会进步和经济发展。

3. 企业创新文化的特点

一个创新型企业，一定是以创新为核心价值观的企业，一定是一个大力培育和激发创新意识、弘扬和保护创新精神的企业。我认为，企业要建立的创新文化有以下几个突出特点。

第一，科学精神。创新不是凭空杜撰，不是异想天开，它根植于客观实际，必须从实际出发，按客观规律办事，因而要以科学态度和科学精神对待一切事物。包括解放思想、实事求是的求实精神，尊重规律、崇尚科学的理性精神，追求真理、敢于质疑的探索精神。亚里士多德有句名言"吾爱吾师，吾更爱真理"，就是科学精神的体现。现在社会上的创新创业热情迸发，很多年轻人都希望成为第二个、第三个马云。据统计，我国日均新设企业超过1.8万户，市场主体总量超过1亿户。但坦率来讲，创新创业不是一件碰运气的事，不是一种大概率事件，也不是人人都有创新创业的灵感、性格或耐力。创新创业不像大家想得那么奇妙和浪漫，需要科学规划、扎实工作、埋头苦干。如果说过去创新创业是靠"胆商、情商、智商"，那么现在的排序应是"智商、情商、胆商"，也就是说，科学精神要放在首位，之后是艰辛的实践，而情商和胆商体现在对创新的热忱和坚守的毅力上。

第二，敢为人先。创新意味着突破和变革，创新文化提倡和促进一切以新的理论、技术、方法、制度改变旧观念、旧秩序、旧规范、旧事物的创新行为。这里需澄清两个误区，一是认为敢为人先就是敢冒别人不敢冒的险。德鲁克认为，企业家最大的特点是创新和把握机遇，冒险不应是企业家的选项。创新从不应盲目冒险。孔子讲"知者不惑，仁者不忧，勇者不惧"，但同时也说"暴虎冯河，死而无悔者，吾不与也。必也临事而惧，好谋而成者也"。现在的市场竞争异常激烈，创新时应认真思考、评估和把控风险，任何创新都要量力而行，打有准备、有把握之仗。二是认为敢为人先就是独自打出一片天。其实，创新是合作的、全面的、开放的，创新必须和各方面的创新配套、协调进行，还要实现不同创新主体之间的沟通借鉴、交流合作。如果把创新仅仅看作技术领域的事情，创新是很难取得重大成效的；如果把创新局限于一个人、一个企业、一个国家，创新效果也会大打折扣。

第三，价值导向。创新的本质是超越，而超越的动力来自对新价值的期待和创造。创新是一种具有鲜明价值目标的创造过程。人们对创新的热衷，主要并非源于创新本身，而是创新所带来的价值。拿技术创新来说，企业创新不是一般意义上的发明创造，最终目的是要能带来实际效果，产生一定的商业应用。我原来做厂长的北新建材，主产品有石膏板、轻钢龙骨、岩棉等，这些产品看起来很简单，但实际上要想满足各种要求就需要大量的技术创新。反过来，也只有创新才能提高产品附加值，企业才能盈利。企业不是为了创新而创新，而是为了解决客户的问题而创新，为了给客户创造价值而创新，这是企业创新的根本理念，也是我做企业一直坚持的重要准则。

第四，宽容失败。创新是个破旧立新的过程，这就意味着未知和不确定性，甚至是失败。常言道："失败是成功之母。"因而无论是社会，还是企业本身，都要增强包容心、宽容度和承受力，敢于承担创新的风险和责任，营造不怕失败的宽松氛围。创新伴随着巨大的风险和压力，因此既要鼓励创新也要宽容失败，给失败者热情的安慰与关怀，鼓励失败者东山再起。要营造尊重和支持创新的浓厚氛围，认真研究和落实"三个区分开来"①的原则，建立和完善容错纠错机制，给予正能量、正激励，让创新者越挫越勇。

第五，以人为中心。习近平总书记在中国科学院第十九次院士大会、中国工程院第十四次院士大会上讲："创新之道，唯在得人。得人之要，必广其途以储之。要营造良好创新环境，加快形成有利于人才成长的培养机制、有利于人尽其才的使用机制、有利于竞相成长各展其能的激励机制、有利于各类人才脱颖而出的竞争机制，培植好人才成长的沃土，让人才根系更加发达，一茬接一茬茁壮成长。"这段话讲得很深刻。人是创新活动的主体，企业创新文化归根结底要以人为中心，充分尊重每一个人的创新主体地位和主人翁意识，最大限度调动人的积极性和创造性。企业要通过各种途径，启迪、引导、激励和鼓舞创新活动，形成激发创新热情、鼓励创新行为和提高创新回报的环境，搭建事业平台、人生舞台，真正让人才引得来、用得好、留得住，使他们有满足感、获得感、幸福感。

---

① 出自习近平总书记在省部级主要领导干部学习贯彻党的十八届五中全会精神专题研讨班上的讲话。"三个区分开来"，即把干部在推进改革中因缺乏经验、先行先试出现的失误和错误，同明知故犯的违纪违法行为区分开来；把上级尚无明确限制的探索性试验中的失误和错误，同上级明令禁止后依然我行我素的违纪违法行为区分开来；把为推动发展的无意过失，同为牟取私利的违纪违法行为区分开来。

02

创新模式

本节立足实践，归纳了自主创新、模仿创新、集成创新、协同创新、持续性创新、颠覆性创新六种有效的创新模式，讲解了这些模式的内涵、特点与联系，主张企业既要重视技术创新，也要重视商业模式创新，对上述创新模式企业可以根据自身的状况和发展阶段灵活借鉴。

提到创新，很多人觉得很难，感觉摸不着边际，无从下手。实际上，创新不是天才人物的专利，也不是靠个别人的"灵光乍现"。创新并不神秘，是有规律可循、有模式可探索的。企业在发展过程中，应结合国家经济和企业发展所处的阶段进行选择创新方式，充分发挥好不同创新方式的优势。接下来我们谈谈创新模式。通过实践，我总结了几种有效的创新模式。

自主创新

现在社会上自主创新讲得比较多，有的理论把集成创新和引进消化吸收再创新也都放在了自主创新里，我个人认为自主创新还是指原始创新和独立创新，是用自己的力量进行创新的活动。自主创新比较难，投入很大，所需时间也比较长，以前大多是由发达国家的大学和大企业中央研究院完成。但是自主创新这一关我们躲不过去，只能迎头赶上。

经过改革开放40多年的发展，中国企业的不少技术和产品已由过去的"跟跑型"变为"并跑型"，甚至是"领跑型"。但同时也应看到，中国企业基础性创新研究不够，科技发展水平特别是关键核心技术创新能力同国际先进水平相比还有很大差距，存在很多"卡脖子"技术，所以我们越来越提倡自主创新。

过去在我们建材行业里，完全自主创新的东西不是很多，浮法玻璃是其中之一。当时的玻璃都是拉伸出来的，那种玻璃不平，大镜子呈现的影像往往是歪的。后来英国人和美国人研究出了用锡槽做的浮法玻璃，却对我们进行技术封锁，于是我们靠自主创新把浮法玻璃做出来了。由于锡的比重比较大，熔化了以后在锡槽上拉伸玻璃，这样生产出来的玻璃就会很平，这种技术被命名为"洛阳浮法"[1]。我们的洛阳浮法被称为与英国皮尔金顿浮法、美国匹兹堡浮法并驾齐驱的世界三大浮法工艺之一，这是我们国家自主创新的技术。

我总讲自主创新不那么容易，但是又势在必行。中国的青蒿素研究之所以能获得诺贝尔奖，归根结底是因为以屠呦呦为代表的科技人员长期集体攻关的成功。像"中兴事件"[2]就表明我们在芯片制造上受制于人，中国创造依然任重而道远。这一次中美贸易摩擦，我们又发现如果只是模仿创新、集成创新，我们还是有压力、有风险的，有些东西是买不来的，一些发达国家宁愿违反商业道德都不卖给我们，我们必须加大自主创新的能力。我们老讲"卡脖子"，现在"卡脖子"的东西非常之多，如果我们核查一下，列个清单，就会感觉到自主创新形势非常严峻。

2019年5月17日，美国商务部工业和安全局（BIS）把华为列入"实体清单"，禁止美企向华为出售相关技术和产品。华为旗下的芯片公司海思半导体多年前就做过极限生存的假设：假如有一天美国的芯片和技术不可得怎么办？为此，数千研发人员走上了"悲壮的长征"，为公司生存打造"备胎"。美国宣布禁售芯片后，海思这些"备胎"从"保密柜"里"一夜转正"。这一事件也说明，只有坚定不移地自主创新，大企业才有发展的底气和生存的空间。所

---

[1] 1971年，"洛阳浮法玻璃工艺"生产线建成投产。1981年10月，"洛阳浮法玻璃工艺"获国家发明二等奖，成为新中国成立后，继万吨轮、万吨水压机后的第三个获国家发明奖的重大项目。
[2] 2018年4月，美国商务部发布公告称，禁止中兴通讯向美国企业购买敏感产品，使这家成立于1985年、全球四大通信设备供应商之一的企业的主要经营活动无法正常进行。后双方达成协议，解除禁令。

以自主创新是我们重要的创新方式,是提升企业核心竞争优势、摆脱受制于人局面的根本途径,也是我国企业应该非常认真去做的一件事。

中国建材这些年加大自主创新力度,在新材料领域攻克了一批"卡脖子"技术,例如研发出了世界最薄电子触控玻璃,这种玻璃是电子信息显示产业的核心材料,用来做手机、电脑、电视显示屏基础材料。在起步较晚没有经验可以借鉴并且连材料都要受制于人的情况下,中国建材所属蚌埠玻璃工业设计研究院开始了长达30多年的探索。功夫不负有心人。凭借完全自主知识产权的成套先进技术及装备,蚌埠院相继拉引出0.2毫米、0.15毫米、0.12毫米厚度的超薄玻璃,实现了从"超薄"到"极薄"的跨越,接连刷新世界纪录,打破了国外对电子信息显示行业上游关键原材料的长期垄断,为我国玻璃产业发展提供了有力支撑,也使得超薄玻璃的国际市场价格降低了三分之二。其实,0.12毫米厚的玻璃是可以弯折的,如果做到0.1毫米厚就能卷起来,国外做折叠屏的手机是用美国公司0.12毫米厚的玻璃,国内做折叠屏的手机用的是塑料,折叠几次中间就开裂了,所以还是得用柔性玻璃。这也是美国对我们封锁的技术产品,现在中国建材正加快研制,已经做到0.12毫米厚,正在开发0.1毫米厚的玻璃,可以用在折叠手机上。这就是自主创新,但是投入确实是非常大的。过去我们国家制造业喜欢大规模引进很多生产线,然而大工厂里没有一个像样的实验室,这是我们的短板。如果想要自主创新,就要有大型的实验室,要有大量科技人员在实验室里,才能做出全新的东西,不然只能是在后面学。今后我们的大企业都要在自主创新方面加大投入,长期奋斗。

模仿创新与集成创新

模仿创新,是企业在特定经济发展阶段选择的一种创新模式。改革开放这么多年来,中国企业依托模仿创新,极大地缩短了我们在技术水平上和发达国家的距离。模仿创新不丢人,后发国家都要经历这样的一个学习阶段,像日本近代工业的发展大多是建立在对美国技术的模仿式创新上,的确节约了大量研发成本,造就了日本经济在第二次世界大战后的发展奇迹,当然现在日本人也在改变。中国过去提倡的引进消化吸收再创新,实际上是模仿创新的具体方式，基本上是这样走过来的。在当时的情况下我们也只能这样走，因为差距太大。硅谷的天使投资人彼得·蒂尔在《从0到1》中指出，技术进步有两种形式：第一，水平进步，是照搬已取得成就的经验——直接从1跨越到N。第二，垂直进步，是要探索新的道路——从0到1的进步。今天大家都在谈"从0到1"，而模仿创新是从1到N。彼得·蒂尔还特别指出，过去10年中国企业只有5%的创新是"从0到1"的垂直进步，现在这个比例已经上升为15%，但大量的创新仍停留在"从1到N"的水平进步层面。模仿创新并不是落后的创新方式，要客观看待这种创新方式。就如同人类成长的过程，我们在婴儿时代得先学会爬，然后再慢慢学会走路，之后才能稳健跑步。模仿创新门槛较低，而且技术、资金和管理能力也需要一个积累的过程。自主创新常常具有很强的溢出效应，但需要大量的投入。刚一开始企业没有财力，也没有实力进行自主创新，往往会经历模仿创新这一过程。

但现在我们的模仿创新遇到很多的问题。第一，我们的技术水平提高了，还能模仿的东西不太多了。第二，现在知识产权法律法规越来越严格，再模仿很容易"踩雷"，像美国"301条款"[①] 等，就会惹麻烦，所以单一地靠模仿在中国目前经济水平下是做不下去的。同时，国内整体知识产权保护意识在增强，比如企业利用专利和商业秘密手段保护自己的技术不被抄袭滥用。另外随着保护技术的提高，以前企业常用的反向工程进行模仿创新的难度越来越大。这就鼓励大家用创新去创造更多的财富，而不是简单地获得这些技术。第三，随着我国经济的发展，我国企业有了一定的创新能力和资金实力，可以进入下一个阶段的创新。不模仿了怎么办？20世纪70年代西方人提出集成创新的概念，集成创新就是把各种创新要素结合起来，既有借鉴的，又有企业自己的，或者把别的行业一些创新的要素放在本行业里集成起来，就如同"把做面包的技术用在蒸馒头上"，是介于自主创新和模仿创新之间的一种创新形态，是一个知识重组、资本推动、加速创新的过程。

---

① "301条款"是美国《1974年贸易法》第301条的俗称，是美国贸易法中有关对外国立法或行政上违反协定、损害美国利益的行为采取单边行动的立法授权条款。

对于集成创新，有人把它误解为"拿来主义"。其实，集成创新不是模仿、抄袭或是简单复制，而是一种新的创新模式。广泛吸纳海内外资源为我所用，把各种单项的技术要素和技术思路有机地集成在一起，取得"1＋1＞2"的效果，这才是集成创新的真正价值所在。现在全世界几乎没有什么技术是由某个企业单独开发的，各企业在创新的过程中互相借鉴、互相学习，寻找资源配置的最佳方式来开发新技术，实现各种要素的有效集成和优化组合，这就要运用集成创新。全球化新时代，能将分散创新的研发效率、大规模创新的协同效应和大规模应用的市场效应高度紧密地结合在一起的企业，才能够占据主动。

电动汽车特斯拉在做，宝马在做，比亚迪在做，北汽也在做，原理是一样的，可以但是款式总有一些不同，电池的型号和里面的元件安装也都是不一样的，这就是集成创新。如果企业要闭门造车，造一个跟特斯拉毫无关系的电动汽车，这是很难的。大家的技术本质逻辑上是一样的，可以互相借鉴学习，但是不能简单复制。过去我们也有过教训，把从某个国家买来的装备仿造出来，装备进出口公司又将其稀里糊涂地出口到那个国家，别人看连尺寸都一样，就开始打官司。西方人把这种现象叫"飞去来器"，飞到中国又回去了。过去西方人卖给我们装备的时候，除了装备本身的成本，还增加了一大块技术的费用。你模仿了我的技术，那我预先把你的钱赚了，很多国外企业是这样的思路。我们现在提倡集成创新，中国建材在集成创新上做出了不少成绩，给大家举两个例子。

一个是在风力发电叶片领域。我们现在都提倡风力发电，风力发电的叶片是奇大无比的东西，一个叶片有七八十米甚至上百米长，叶片是玻璃纤维和树脂做的，技术很复杂，涉及流体力学或空气动力学领域，既要使之在高空中转动，又不能被折断，实际上是高科技产品。这个产品过去我们自己做不了，只能从德国买模具回来做，买一套模具大概要3000万元，有了模具才能做叶片。中国建材在德国买的模具属于NOI公司，位于德国北豪森市，这家企业鼎盛时期曾是欧洲第二大风电叶片供应商，德国风力发电走入低谷的时候，由于股东方撤资，这家公司撑不下去就破产了，进入破产保护程序以后，我们得到了消息，就抓住时机，成功收购了这家公司。这家公司全套的工厂，占地4万多平方米，包括核心厂、实验室、设计室、检测室等各种各样的设施，我们花了2000万元将其收购了。其实在欧洲收购工厂等有形资产并不贵，关键是公司的100多位工程技术人员，我们还要继续雇用他们，不能裁减，这是当时的条件，而我们恰恰需要他们，所以一拍即合。我去了两次谈收购，当地人很热情，收购也很顺利。这场收购开创了中国本土企业收购国外风电设备公司的先河，成为"中国学生"收购"洋师傅"的典型案例。通过此次重组，中国建材一跃成为全球第一大风电叶片厂，有16GW的能力，在连云港和全国各地布局，全是自己工厂做的模具，单个模具费用从3000万元降到500万元，一下子大大降低了成本。中国好的风电叶片都是中国建材供应的，我们把国外的技术和自己的技术结合在一起了，就风电叶片这部分业务，估计2019年能挣15亿元左右的利润。

另一个是在铜铟镓硒太阳能领域。德国的Avancis公司最早隶属于西门子股份公司，后来由法国圣戈班集团和荷兰皇家壳牌集团各出资50%成立，2009年成为圣戈班的全资子公司，位于莱比锡附近。圣戈班在欧洲主权债务危机后，不得已放弃了铜铟镓硒业务，2014年这家公司被中国建材收购了。我们知道太阳能过去是单晶硅，现在是多晶硅，也做过非晶硅，非晶硅是薄膜的，衰减太快，转化率太低，只有7%。德国人做了一种铜铟镓硒金属化合物半导体的薄膜太阳能电池，我们一直很羡慕。几年前欧洲主权债务危机的时候这家公司真的没钱了，处境很困难，而且被中国的赛维①、尚德②用超低的模组价格打得一塌糊涂，周围的太阳能工厂全都停产了，哀鸿遍野。收购这家企业我们用了3000万欧元，实际付了2000万欧元，其实这块地的地契就值2000万欧元，不行把地卖了也可以保本。关键这家公司在慕尼黑有个研发实验室，有50位科学家，这个实验室就在西门子公司的楼里，设备没法搬出去。我去实验室后，被科学家们围着，给他们做了动员报告，关于被收购后成了中国公司，大

---

① 赛维太阳能科技集团，从事高纯多晶硅、硅锭、硅片、电池、组件产销及光伏电站建设、运营为一体的国家高新技术企业。
② 无锡尚德太阳能电力有限公司，全球知名的太阳能光伏制造企业，专业从事晶体硅太阳能电池片及组件的研发与生产。

家应该怎么做。这个实验室的员工们都很职业化，他们认同我们是世界 500 强企业，立即在衣服上戴上了中国建材的司徽，每个人做了一张中国建材的名片，是很自豪的。中国建材做大水泥等业务，重组了上千家企业，比较喜欢设备、工厂，不大重视实验室，我当时想，怎么收个工厂还带个实验室？后来德国人告诉我，如果没有实验室这家工厂就做不了，一切都是靠这个实验室。现在一想确实是，倒抽一口冷气，当时差点不要这个实验室，因为这 50 位科学家一年需要很多费用。我们现在依托慕尼黑这个实验室，平行地在安徽蚌埠也做了一个实验室，两边一起完成了原材料国产化、光伏建筑一体化设计等工作，同时把慕尼黑实验室的技术复制到了中国，建设蚌埠的铜铟镓硒生产线。整个厂是个无人工厂，生产世界上最好的太阳能电池，在玻璃上涂一层膜就可以发电，转化率也很高，在 18% 左右。所以我们可以看到，中国建材全世界最好的铜铟镓硒薄膜太阳能怎么来的，是收购德国核心工厂和实验室，再加上中国的技术，通过集成创新做出来的。

我们在成都还做了另一种薄膜电池，叫碲化镉太阳能薄膜电池。美国最好的太阳能电池叫碲化镉，美国的第一太阳能公司是全球最大的薄膜太阳能组件生产商，它的股价也很高。我们要做这个业务，可是没技术，美国进行技术封锁，不来中国设厂，碲化镉电池也不卖到我们国家，想买个样品都买不到。我们在德国找到一个团队，围绕团队的核心哈博士投资了一个研发中心，但是把这些人从德国带到国内也不现实，费用很高，我们就在德国成立一个研发中心，全是德国人。其实华为也一直是这样干的，在全世界建研发中心。最近我们在成都建了一条碲化镉生产线，一次成功，2018 年投产赚了 5000 万元利润，2019 年马上扩展生产线，利润会超过 1 亿元。我也给哈博士的研究团队每个人涨了 20% 的工资。我问他计划什么时候超过美国的第一太阳能，他说三年时间，我说可以，三年超过美国，再给德国团队涨 50% 的工资，大家欢欣鼓舞。所以我们的集成创新视野要更大，不见得只在中国集成，也可以在全世界集成。我 2019 年 3 月去 MIT，想在波士顿建一个平台，跟 MIT 签了协议。我们也想在法国、瑞士、以色列、德国等国家找些合适的平台，建立研发平台进行集成创新。

协同创新

除了集成创新还有协同创新。协同创新，就是突破创新主体间的壁垒，不仅吹响"冲锋号"，更要吹响"集结号"，汇集各路精英，吸纳各方资源，组成攻关的突击队、特种兵，在继承中实现新发展、新突破。习近平总书记指出："我们同国际先进水平在核心技术上差距悬殊，一个很突出的原因，是我们的骨干企业没有像微软、英特尔、谷歌、苹果那样形成协同效应。"[1] 他强调，在核心技术研发上，强强联合比单打独斗效果要好，要在这方面拿出些办法来，彻底摆脱部门利益和门户之见的束缚。抱着宁为鸡头、不为凤尾的想法，抱着自己拥有一亩三分地的想法，形不成合力，是难以成事的。

协同创新主要有三种方式。

第一种是企业间的合作方式，这种协同创新往往属于市场自发组织起来的，一般是大企业作为创新平台，中小科技企业进行技术外包服务。例如医药领域，美国辉瑞等大药厂的很多新药开始都是由一些中小企业或"夫妻店"研制出来的。大制药集团可以以下定金的方式进行委托，最后再受让成果，下订单、做临床。

第二种是现在我们说得比较多的，产学研结合方式。我们跟合肥工业大学合作建立了一个智能化联盟。现在企业都在兴起智能化，20年前一个日产5000吨的水泥厂需要2000人，后来是200人，再后来是100人，现在只需要50人；一条大规模石膏板生产线只需要30人，全是智能化的。过去我们水泥厂里有个中控室，一人一台电脑，前面坐着操作员，已经很现代化了，而现在新的工厂没有中控室，完全是智能化操作，把工厂里的人撤出去，工厂照样可以生产。智能化现在很重要，合肥工业大学有智能化学院，利用师生的科研力量和成果，跟我们的产业平台结合起来，这个非常好。我最近去大连理工大学和郭东明校长会面，他说他们有一大批新材料专家，希望和我们建个联合实验室，研究新材料。我现在作为企业的领导者经常到大学参加活动，大学里还是

---

[1] 2015年12月16日国家主席习近平在第二届世界互联网大会上的主旨演讲。

有一些创新成果的，美国很多科研是在大学里开展的，不少项目是靠大学做起来的。北京大学的刘忠范教授是做石墨烯的，跟我们也有合作，所以产学研协同非常重要。过去我们国家的研发是独立于企业的，学校、研究院所和企业这三块是分开的，由政府统一。现在政府不管，市场化以后研究院所并到企业，中国建材有26家研究院所，3.8万名科研人员和专家，1.1万项专利，中国建材拥有这么大的创新能力，但是还不够，还要把大学拉进来，产学研协同起来一块儿干。研发应该围绕企业平台，为企业提供服务，解决企业遇到的问题；企业也应该拿出资金反哺研发机构，真正形成创新体系，实现深度融合。

第三种是政府组织的各种部门的联合创新方式。过去我们很多重大技术研究，往往是举国之力的"大会战"，许多发达国家也有类似的联合创新项目。现在，我们的企业虽有竞争和独立性，但是也可以有组织地，采用资源整合的方式，把人才、资本、信息、技术等各类创新的要素汇集在一起，联合攻关，迅速形成创新成果。例如，工信部联合9家企业投资5亿元组建动力电池研究院就是一种联合创新。2018年，我国新能源汽车全年累计产量127万辆、销量125.6万辆[①]，但车用动力电池和发达国家相比落后一代，如果各个汽车企业"背靠背"投资难免造成低质重复建设，这个研发平台就是资本、技术和应用市场的联合，目的是加快实现动力电池的革命性突破。实际上，面对中国政府主导创新的强大压力，美日欧都在加强国家在创新中的组织作用。2018年5月开始，日本经济产业省将与丰田、旭化成、松下等企业展开合作，推进高效率全固体电池的开发。

创新并非一个企业的孤立运作，而是形成一个链条，大企业、中小企业协作会更有效。未来科技的发展应该在更大的平台上实现整合，最终打破所有藩篱，趋向于一种"无界"协同的创新状态。我国近14亿人口中有1.7亿人接受过大学教育，还有大量的具有国际视野的海外归国人员。利用这强大的智力资源协同创新，是我国科技创新"弯道超车"的捷径。

持续性创新与颠覆性创新

关于持续性创新和颠覆性创新前面已经有所提及，企业中大量的创新都属

---

① 数据来源于中国汽车工业协会。

于持续性创新,颠覆性创新在一个行业中大多是 15 年左右发生一次,也不是所有企业都可以进行颠覆性创新,这取决于企业的战略以及资金、人才、技术等资源条件。大多数企业还是要立足于现有产业进行持续性创新。做企业不可能一天换一个新产品,关键在于对产品不断进行技术革新,使之产生更高的价值。前面我提到了北新建材的石膏板、轻钢龙骨、岩棉等产品,这些产品的创新点很多,像净醛石膏板、相变石膏板就是把普通的石膏板"做出花来",受到客户欢迎。北新建材是一家专业化公司,多年来一直坚持持续性创新,也因此成为世界级的"隐形冠军企业"[①]。

再如水泥行业,不少人把水泥当作传统业务,其实水泥是个好东西,虽然只有 180 年历史,但市场空间巨大,如果没有水泥,我们的城市建设和日常生活都是无法想象的。在国际上,钢材、木材和水泥统称建材三大材,中国 90%的铁矿砂靠进口,木材也大多靠进口,而水泥原料石灰石在中国的贮藏量有 9 万亿吨,在中国水泥是性价比最好的建筑材料,目前也是一种无可替代的胶凝材料。水泥的发现是一项伟大的发明,现在我们要做的不是弃之不用,而是加快结构调整和深度整合,进一步提升市场集中度、淘汰落后和节能减排,深入推动行业供给侧结构性改革。

但是企业在做好持续性创新的同时,也应积极尝试颠覆性创新,如果一直沿用过去的思维和商业模式,不做颠覆性创新,很容易被新入场者淘汰。企业应该用新的团队和人才去开发新的业务,既造"矛"又造"盾"。例如,惠普公司的激光喷射打印技术做得非常成熟,喷墨打印技术出现后,惠普成立了一个完全独立的部门负责喷墨打印机的开发,而且工作地点也不同,原有的打印部门位于爱达荷州的博伊西,新的部门位于华盛顿州的温哥华市。由于在不同的机构中同时发展了两种业务,惠普在退出高端市场的同时还能赚个盆满钵满。

中国建材在做传统产业的同时,大力发展新材料、新能源和新型房屋等新兴产业,引领了行业技术进步和转型升级。有一位水泥企业一把手曾跟我说,

---

[①] 赫尔曼·西蒙在《隐形冠军——谁是最优秀的公司》中提出,"隐形冠军企业"是指在国内或国际市场上占据绝大部分份额,但社会知名度很低的中小企业。

用新型建材建造的楼房非常好，可是如果大家都用新型建材，水泥就卖不出去了。这正是我们发展新型建材用全新团队的原因：传统产业仍大有可为，而原有团队对传统业务更是很难割舍。我们按照平台专业化的思路，用不同的专业团队，打造出了北新建材、中国巨石[①]等世界级的"隐形冠军企业"。像在新型建材领域，中国建材旗下的泰山石膏公司多年来自主研发了上百项先进技术，石膏板发泡技术可降低10%的石膏用量，每年节约成本达2亿元。发泡技术是石膏板技术的持续性创新，而石膏板的发展对水泥业务来说则是颠覆性创新。现在中国建材的传统产业和新兴产业齐头并进，发展得都很好。从这个角度来看，大集团的好处是，只要战略不发生方向性的错误，通过多个支点的逐渐转换，"鱼"与"熊掌"并不是不可以兼得的，从吃鱼为主改到吃熊掌为主，可以是一个流动的关系。

技术创新与商业模式创新

人类每次工业革命的发生都源于重大的技术进步：第一次工业革命有多锭纺织机、蒸汽机、生铁冶炼技术等一系列发明；第二次工业革命有发电机、电灯、内燃机等一系列发明；第三次工业革命有克隆技术、生命科学、航天科技、互联网、3D打印等技术创新；现在我们正经历第四次工业革命，物联网、机器人、智能工厂等成为代表性技术。尽管技术革新对推动社会发展和人类进步起到了巨大作用，但创新却不完全依赖于技术，还要重视商业模式创新和一些看似不起眼的创意。

前面的创新理论部分提到了商业模式创新的重要性，商业模式创新就是发现新的价值创造方式，为企业、客户、社会创造价值，从而淘汰旧的商业模式。环顾全球跨国公司，商业模式创新的成功案例比比皆是。老福特说："我不过是把汽车的技术组合在一起而已。"老福特其实做出了令人震惊的发明，但他最成功之处是他天才级的创意：每个人都应该拥有一辆汽车。苹果公司之所以深受年轻人喜爱，也不是因为有什么重大科技成果，而在于成功集成了新

---

① 中国巨石是中国建材玻璃纤维业务的核心企业。

技术，同时融入了流行元素，让产品变成一种时尚。像麦当劳、肯德基、星巴克等知名企业，以及淘宝、滴滴打车等新业态公司，都没有特别高端的技术，但通过探索新的商业方法、商业组合，取得了成功。

我们身边也有很多商业模式创新的例子，其中许多和技术根本不搭界。我曾在中央电视台的一个创业大会上遇见一位"米线哥"，他做米线没有多少技术含量，却开了很多家连锁店，成了当地知名的创业者。我曾去济南参观"阳光大姐"家政服务公司，这家公司也没有太多高科技，但创新点不少，解决了超过8万名女性的就业问题，很了不起。生活中也有很多例子，比如现在有些餐馆的筷子，后半截是传统筷子，前半截是一次性筷子，用过后只换前半截即可。这个看似不起眼的点子，极大地减少了木材浪费。再比如男士的新式三接头皮鞋，外面鞋带是固定的，里面是松紧口，这样就省去了系鞋带的工夫，穿起来很方便。

创新是发现新的价值创造方式的过程。创新的生命力在于创造价值。我们在创新时，不能只盯着高技术创新，而是要紧紧围绕创造价值这个核心进行，着眼于变化和不同，用不同以往的方式来达到增值的目的。像老福特、乔布斯、马斯克，他们真正的贡献并不是创造了什么技术，而是让我们看到了商业模式创新的价值和创意的巨大力量。

技术创新和商业模式创新后面会作为专题再细讲。这里我们主要讲创新理论和创新模式。建立起一个框架，让大家对创新有一个基本的理解，创新到底是从哪儿来的，到底颠覆性创新指的是什么，自主创新、模仿创新、集成创新、协同创新、持续性创新与颠覆性创新、技术创新与商业模式创新之间的关系，把这些东西说清楚。

上面讲的这些模式，企业究竟选择哪一种或兼而有之，取决于企业自身的状况和发展阶段。企业往往是从模仿创新做起，进而发展为集成创新，再发展成自主创新，如遇到重大创新也要汇众之力开展协同创新。而在创新方向上，既要以现有业务为基础开展持续性创新，又要未雨绸缪进行颠覆性创新，还要以技术创新的领先、商业模式创新的成功确保可持续发展。

03

技术创新

> 企业主要是做技术创新。企业的创新活动存在商业约束，要做有效创新，其中关键是要建立产学研技术创新体系。中国建材技术创新的实践说明，技术创新应成为企业发展的核心动力。

前面我们讲的是创新的理论和模式，主要讲了创新的四大理论、创新内涵与创新文化以及创新的主要模式。那创新究竟怎样与实践结合呢？这是我们接下来要探讨的内容。我一直认为，做企业是一项实践性很强的工作。如果创新理论和创新模式在实践中无法得到验证，或和常识相违背，那它一定是错误的。2019年3月我去德国斯图加特，在奔驰汽车的一家配套企业的培训中心，看到了美国教育家约翰·杜威先生的一段话，"一克实践远比一吨理论更加重要"，我认同他的这个观点。

中国建材是一家富有创新精神的企业。我们始终把创新驱动作为战略之首，通过持续创新，不断培育新的发展动能，夯实了企业核心竞争力的基石。可以说，中国建材由小变大、从弱到强的发展过程就是企业战略、商业模式、经营管理、技术研发、内部机制不断创新的过程。创新力决定企业的竞争力。我们在创新里究竟做了哪些工作？前面我们提到了企业的四大创新——技术创新、管理创新、制度创新、商业模式创新，接下来我们会结合实践，逐一探讨。

先说技术创新。我们平时讲的创新，虽然也包含管理创新、制度创新和商业模式创新，但主要还是指技术创新。

创新需要分工

我们在讲技术创新之前,要厘清这么几件事:首先要说清楚科学技术和技术创新之间的关系。传统上我们可以把科技分成三个层面。

第一,基础科学。主要是研究基础理论,回答未知的问题,比如有没有黑洞,有没有引力波。这个往往不是企业的着眼点,当然企业员工喜欢也可以,爱因斯坦年轻的时候就是兼职搞研究。其实我也订《奥秘》《科学画报》杂志,没事翻一翻,但企业一般不可能给员工配备一个哈勃望远镜去观察天文,企业不会投这个资。员工要是有能力并且实在喜欢的话可以到中科院去,中科院有分支部门专门研究黑洞和引力波。

第二,应用科学。这是回答如何把科学原理应用到现实中的问题。这类科学离我们做企业的就比较近了,不过坦率来讲还不完全是我们的范围,所以有应用科学研究院、应用科技大学,由他们来专门搞应用科学研究。

第三,技术创新。企业研究什么问题?研究生产经营、产品、品种、成本、质量等范围内的问题。发明水泥可能真的不是我们的事,但是要把水泥做好是我们的事,所以你看近20年水泥的技术完全不同了,这就是我们技术创新要解决的事。在企业里面我们更多的是研究技术创新的问题,我常常跟我的干部们讲,要分清楚,我们是在企业技术创新的范畴里,研究生产经营过程里怎么能够增加品种,怎么能够降低成本,怎么能够减排,怎么能够提高质量等,企业的实验室研究这些东西。当然现在也有从工厂或企业实验室里面出的成果得诺贝尔奖,日本就有一个,但这是很少的,绝大多数诺贝尔奖得主是在研究基础科学。

举个例子来说明,热力学里有一个节流原理,是讲气体状态函数关系的,气体被压缩的时候就会放热,突然膨胀就会吸热。我们可以将节流原理应用到制冷制热上。如果应用到技术创新层面就可以做空调和冰箱,空调和冰箱的原理就是靠压缩机,通过膨胀吸收热量,压缩的时候把热量给放出去,靠这个反复的压缩,实现制冷或制热功能。这个例子就是我们把基础科学、应用科学和技术创新三个层面结合实现的创新。我们做技术创新的,制造冰箱或空调的,想不出这个节流原理来，是因为这是一个科学问题，是由物理学家们研究的。我想说明一件事情，其实不是所有的科技、所有的科学成果都能在企业里应用，企业里运用的是和企业相关的技术部分。当然我们很希望基础科学能够有所发现，一个重大的基础理论发现有可能带来无数的科技成果。当年电磁波被发现后，出现了电磁产品，现在又发现了引力波，只是现在我们还不知道怎么用。大家说：会不会有了引力波我们以后能够上天，到月球上去？有可能，但眼下还不知道。所以说创新需要分工，企业就要发挥技术创新的所长，我反复跟企业技术人员讲，要把这个层级分清楚，这样大家的创新才更加有效。

要做有效的创新

有效的创新才是好创新。我以前在北新建材的时候制造了一种石膏板，有位领导去参观，参观完了跟我说："志平，你这个企业没有多少技术。"我跟他说："但是我们企业赚好多钱，能赚钱的技术就是最好的技术。"石膏板也是一个挺好的东西，有了石膏板，隔墙吊顶变得很简单。现在我们还有相变石膏板，热的时候可以吸热，冷的时候可以放热，也有净醛石膏板，可以吸收房屋里的甲醛。最近北新建材又开发了新型绿色建材——鲁班万能板，实现了"个性化设计、工厂化生产、装配式施工、即装即住"，彻底解决甲醛问题，APEC（亚洲太平洋经济合作组织）会场里面都用这个板。所以石膏板也是有很多新技术的，不要说它没技术。企业里的创新一定要有效益，不能带来效益的创新尽量别做，这是我的原则。创新活动高投入、高风险、高收益、外部性的特点常常使创新者陷入窘境，而企业是一个营利组织，受到严格的商业约束，应该特别重视创新的有效性，进行有效创新。简而言之，就是提高创新效率，节约创新成本，减少盲目和不必要的风险。

1. 创新要突出效益

企业要坚持创新的效益导向，没有效益的创新会拖累企业的发展，这样的教训不少。大家知道摩托罗拉公司，曾经是非常了不起的一家公司，曾研发出一个创新成果——铱星电话，发射了 66 颗卫星构成铱星卫星移动通信系统。大概 20 年前我去印度尼西亚的时候，发现当地有钱华侨的两个特征，一个是大企业家都穿着花衬衫，保镖前呼后拥，这是基本特征；另一个是坐着奔驰车，车顶有根很高的天线，干什么用呢？是接收铱星电话信号的。那时候我就知道铱星电话很厉害，可以在全球任何一个地方通话。但是铱星电话存在科技跳蛙，无法解决信号屏蔽的问题，室内使用受限，一定要去室外才行，虽然说在山顶上、草原上等人迹罕至的地方都能打，却不能在屋子里打。因为替代性不强，所以没能竞争过现在的蜂窝电话系统，摩托罗拉公司因此亏损严重，受到很大的拖累。摩托罗拉这家公司失败就在于最开始在铱星电话项目投了几十亿美元，却没有产生效益。当然后来摩托罗拉没有迅速转向平板手机，也是一个问题，但是它最初的问题就是铱星计划的失败。

铱星电话毫无疑问是个创新，它比我们现在铁塔发射的方式要创新得多，可是发射了66颗卫星，非但没效益，还给摩托罗拉带来致命一击。所以说，不是所有的创新都能拿来用，而是要思考这个创新怎么样，是否能有效益。于企业而言，赚了钱的技术才是好技术。在企业里面我衡量创新项目的标准比较简单，我就要你告诉我能赚多少钱，如果画了半天图，做了半天模型，赚不到钱，这个事还是先别做了。

2. 怎样有效创新

那么，我们怎么才能降低风险，开展有效的创新？企业家应多思考企业创新的目的是什么，上下游是谁，创新者是否熟悉这些领域，能否得到有力支持，从这些角度认真思考，就能在创新过程中降低风险。总结起来有四个方面。

第一，要有目的地创新。大家知道创新是有风险的，按照德鲁克的观点，有目的的创新能够使得创新风险降低90%。我是算不出来能减少这么多的风险，但是我认同他不要盲目创新的逻辑。创新活动开始之前，要明确是想解决什么问题，提前分析创新的机遇、目标和路径，细致谋划组织，这是创新的一个基本逻辑。有的放矢、谋定而动，这样才能减少创新的盲目性，使之更加有效。但是在我们的企业里面，这种盲目创新的例子也有不少，有些企业偏离主业或者偏离解决问题的正确方法，听了一耳朵，立马就干起来，造成非常大的损失。做企业是个漫长的过程，着急不得，也冲动不得。有时我们会看到一些新事物在发展，该进入时进入，不要失去机会，但也不能在条件不成熟时盲目进入或在成功遥遥无期时过早进入，把大量的财力和精力甩到里面，这就是经营之道。

企业不是兴趣小组，企业的创新要有方向，有好的问题意识。例如，前面我讲的中国建材生产的厚度仅有 0.12 毫米的世界最薄的电子触控玻璃，就是在认真分析产业形势、市场需求、自身优势的基础上，锁定目标，进行长期技术攻关的结果。中国建材在碳纤维、风电叶片、薄膜太阳能电池等领域的成功，也都是有目的的创新的结果。

碳纤维是高档复合材料的重要原料，因其国防工业用途，一直是美国和日本对中国严加封锁的技术，中国建材一直想攻克它。碳纤维是很有意思的一种东西，它是用丙烯腈拉成化纤，化纤在碳化炉里碳化，把有机成分都烧掉，就剩下碳，碳原子一个个环构建在一起，居然有这么大的强度，而且耐高温。这种绝佳的新材料，用在哪儿呢？用在火箭和飞机上，像美国的波音 787、法国的空客 A380，碳纤维结构件占了 70%。导弹如果用钢和铝制造都不行，也要用碳纤维，它很轻，耐高温，很结实。而且它的强度还在逐步发展，从 T300 到 T700、T800、T1000，现在中国建材做到 T1000，美国做到 T1000，日本做到 T1100，我们也正在攻克 T1100 技术。

过去这个东西我们做不了，但是必须攻克这个技术难题，具体我们是怎么做的呢？2007 年我到连云港出差，当地政府工作人员跟我说他们市有一个做碳纤维的企业家，我便马上托人邀他见个面，第二天早上我去他的工厂参观，巧的是他正在门口放鞭炮庆祝第一根碳纤维下线。我进去看了，和他交流了很久。这位企业家叫张国良，说起来也是我上工商管理硕士的学校——武汉理工大学毕业的校友，学机械的，曾在连云港化纤机械局任局长，他是从做化纤机械的角度去做碳纤维的。我一听这个逻辑是对的，因为我是学高分子化学的，我们学工艺的人怎么做呢？我们先在实验室小试做一点点，但是我们不会用大型装备做，中试和大生产线上不会做，这是我们很大的坎。而张国良是从机械这块去做的，我觉得有道理，而且这个人能够 48 小时蹲在车间里不走，我一想有这个精神什么都能做了。我就问他碳纤维在全世界的生产情况，他说日本做到1万吨，美国做到1万吨，中国台湾做到3000吨。我跟他说，我来支持他做，因为这是烧钱的事，我们合作也能做到1万吨。1万吨的目标把他吓坏了，他原来的想法只是要做200吨。

12年过去了，我们真的就做到了1万吨。前10年都不赚钱，这两年开始有微利，所以这是很不容易的。2018年，中国建材的高性能碳纤维产业化技术得了国家科技进步一等奖，填补了我国碳纤维高端技术的空白，现在又在攻克T1100。我们的大型客机C919、C929，以及很多航天项目都在用这个产品。碳纤维的创新目的性极其明确，就是必须要做，因为不做不行，这是外国卡我们脖子的一个项目，所以中国建材作为中央企业一定要做。

第二，要有组织地创新。创新需要要素聚集，重大创新需要长期投入、精心管理。创新不能靠单打独斗，任何创新都在一个系统组织中进行，形成功能互补、良性互动、开放共享的创新格局。创新需要战略勇气，而有效创新更需要系统支撑。有组织的创新队伍是创新的正规军、主力军。大企业要通过内外部资源的多元协同，充分发挥好组织化创新的优势。例如，现阶段不少人热衷于动力电池，你做，我也做，其实这样的做法并不合理，企业之间应该合作，协同创新。北京有色金属研究总院就建了一个开放性的组织，由工信部[1]组织，大家都可以投资。因为中小企业受资金实力所限，可能不得不做中下的产品，最后成品出来是一堆"废铜烂铁"，倒不如把财力结合起来组织一下，做一个好产品。我们有这样的实例。过去电信行业的三家中央企业每家建一个铁塔，铁塔都互相挨着，何必呢？后来新组建的铁塔公司把三家的铁塔统一起来集中运行，三家各出资30%，大家共用，不但节省了巨额投资，还聚集了很多资源。这就是有组织。我们再看日本，它的超大规模集成电路（VLSI）计划也是在国家和大企业组织协调下取得成功的。

坦率来讲，我们国家创新组织得不够好，而我们国家地大人多、资源不均，组织不好会带来巨大的浪费。过去我们发展纳米技术，哪儿都是纳米工业园，后来互联网兴起，哪儿都是互联网产业园，现在追捧石墨烯，又哪儿都是

---

[1] 中华人民共和国工业和信息化部，本书简称"工信部"。

石墨烯企业，这样是不行的。2018年我到江苏的一个地方，市委书记说先带我看看石墨烯工厂。到了一看，这个工厂原来是做云母的。云母的技术也来源于中国建材。云母是干什么的？绝缘材料，电子管时代的变压器里用这个东西。天然云母被用完后，中国建材总院的科学家发明了一种人造云母，就和云母配方一样，原料均化以后放在砖窑里烧，烧完了以后打开就是一片一片的云母。云母也是二维结构材料，和石墨烯一样可以无限制、一层一层地去分。后来我不让他们做了，我觉得弄一个砖窑，烧云母这个事太土了。这家公司就把我们几个工程师挖过去做云母，结果做成全球最大的云母供应商，还赚了不少钱。后来一听石墨烯有前景想要做石墨烯，我就问公司的负责人想做多少，他说做5000吨。我说5000吨多得有点离谱了，5千克就不得了，能把地球涂好几遍。我问他是什么文化水平，他不吭声，市委书记碰碰我，说他是小学毕业。我认为英雄不问来路，不影响他做石墨烯，但后来他失败了。

其实中国做石墨烯的很多，到处都在做，我觉得这样会造成很大的浪费。上市公司也这样，大家看到一有烯股票就涨停，就都去做烯，你有烯王，我也有烯王。于是投资者这儿投点，那儿投点，最后全是窟窿，因为没有几个人能做成石墨烯。石墨烯是单层或多层碳原子构成的，单原子是非常薄的，没法衡量，所以是很不容易做成的事情，一定得有组织地去做。有人说要成立石墨烯研究院，我说可以先叫石墨基材料研究院，先别叫石墨烯，因为我不确信一定能弄出石墨烯来，中科院、北京大学能做出来就相当不简单了。现在能做成石墨超细粉，它也有一定的性能。因为物质一旦超细了以后比表面积变大，物理、化学性能会发生很大的改变，就像纳米一样，到了纳米级的细度很多性能就发生了改变。因此，创新一定要有科学、理智、冷静的头脑，不要一听宣讲脑子发热就立刻去创新。

我做过国药集团的董事长，清楚细菌是在细胞外的，所以我们能用抗生素杀死它，但病毒在细胞内，没有一种药能够到细胞内杀死病毒，所以我们对抗病毒的方法是免疫。有的人说某种药是抗病毒的，比如"非典"来了吃达菲（磷酸奥司他韦胶囊），其实并不行，因为病毒小到进入每一个细胞，进入细胞就不太好治了。办法只有一个，就是免疫，产生抗体。我们生活中经常提到

PM2.5（细颗粒物），PM2.5 就是直径小于或等于 2.5 微米的颗粒物，它小到像病毒一样进入我们的细胞。普通的尘土再多也不怕，因为人的防御能力很强，从鼻子吸入后有各种各样的器官阻挡它，但是 PM2.5 是具有穿透性的，无法阻挡，所以就容易致病、致癌。总的来讲，微观的物质不那么容易控制。高精尖的创新活动，应该进行必要的资源人才集中，有组织地进行，有组织不一定就没有竞争，也可以有良性竞争。

第三，要在熟悉的领域创新。相比而言，企业在熟悉的领域创新更容易成功。做企业，业务选择很重要，但选对了业务只是开头。业务选好后可能需要一二十年或二三十年甚至更长时间，企业才能做到一流。在创新的过程中，如果我们放着熟悉的业务不做，反而进入一个完全陌生的领域，一切从零开始，犯下颠覆性的错误的风险就会很高。当年美国为刺激房贷推出的次级按揭贷款，是中国年轻人把数理模型做成了金融产品，到各个银行推销，很多银行就买了，但也有的银行怎么也没听懂这个东西，没买这个产品。后来次级按揭贷款出了问题，有的银行就倒闭了，而有的银行却因为没听懂没买而未受损失。我讲这个是什么意思呢？就是不熟悉就别做，如果管理层班子里没有一个人真正熟悉这个产品，来了一个推销的，听他说东西好，大家就干了，这十有八九会出问题。这不是否定跨领域的创新，外部的某些创新也可能对行业产生很大，乃至颠覆性的影响。现在大家喜欢跨界，因为杂交容易产生新品种。我去美国哈佛大学、麻省理工学院访问时得知，他们也鼓励学生跨界，不设限制。但是教授必须从市场获得资助，而且教授通常都是在一个领域里深耕多年。实际上，杂交成功的偶然性很大。通常来讲，重要的创新一般需要对行业有着深刻了解，大多数创新要走在行业的前沿，不是多年积累的内行，根本不知道风险何在，哪些路是走不通的。

第四，要吸取别人的经验。创新是关键的一跃。丰富的经验基础有时候比投资还重要。在创新领域里，我们要更多地思考现在大家已有创新的一些基本情况，有哪些经验我们可以吸取。我们就说爱迪生做灯泡，其实在他发明灯泡之前，前人已经做了灯泡 90% 的研究工作，他是在 90% 的基础上又进行 6000 次实验才把灯泡做成了，也就是前面的人做了那么多的投入不见得成功，但如果没有前人的经验，爱迪生也很难把灯泡做出来。所以，我们做创新的时候切入点很重要，选择也很重要，要很好地总结归纳前面大家所做的工作，不要去做过多的重复性工作。

就像中国建材做碳纤维，我们选择张国良，是因为他之前做碳纤维已经好多年，虽然做出的第一条线不那么理想。我们在他的基础上嫁接，到现在做了12年，有了成果，还在继续做，所以我们要在前人的经验上去做。像前面我提到的铜铟镓硒、碲化镉，也是人家做了好几十年，做到最后由我们来收购整合，现在把它们做成了。有趣的是，做铜铟镓硒的时候，我们收购的德国公司曾先后属于三家世界500强企业，第一家是西门子，后来被转让给壳牌石油，壳牌石油将其转让给圣戈班，最后转让给我们，我们也是世界500强企业。我们为什么愿意接手呢？我当时就想，接力棒的第四棒是最后一棒，接过来应该就跑到终点了。果然我们接过来，现在跑到终点了，我们把这个东西做好了，而且赚钱了。那么多科学家前赴后继做这个东西，之前一直都没赚到钱，所以创新有的时候切入点很重要。有人说：宋总，如果没有西门子当年的投入，那还有今天吗？确实可能没有，但是，从另一个角度讲，如果没有我们接棒跑到终点，这个技术可能就被放弃了，那么前面的所有投入也就归零。所以这个逻辑是对的，作为商人，我们不希望自己先牺牲，而是希望前面的人烧到99℃，我们再烧1℃就开锅了这样的一个理想状态；如果前面点位烧开了，那么也就没我们的机会了，所以把握进入时机非常重要。

3. 创新要把握机遇

前面其实已经举了一个怎样把握机遇的例子。抓住机遇是创新的巨大推动力。创新的机遇无处不在，但又转瞬即逝。敏锐的创新意识来自长期实践观察，做企业要用心，才能把握创新机遇。以下五种情况可带来创新机遇。

第一，结构调整带来的创新机遇。当前我国正处在转变发展方式、优化经济结构、转换增长动力的攻关期，其中既有严峻挑战，也蕴藏着大量创新机遇。例如，结构调整带来的创新机遇。每次大的经济结构调整中，总有企业因不适应变化而销声匿迹，也总有企业因敏锐捕捉并抓住创新机遇而获得快速发展。在我国经济迈向高质量发展的新阶段，企业在供给侧结构性改革、联合重组、技术创新、节能减排、"一带一路"走出去等方面都大有可为。我们前面讲水泥是好东西，我还想跟大家讲石头子和沙子也是好东西，学名叫骨料。在座的肯定没人愿意做，甚至想都不愿意想，但是你知道石头子毛利率是多少？知道以后恐怕你就想做了，有50%。为什么有这个机会呢？前面讲了水泥一年需要22亿吨，而中国一年需要200亿吨骨料，这一数量是水泥需求量的近10倍。过去都是民营小企业在做，现在不让随便开采了。中国建材本来不需要做这个东西，但现在市场很散很乱，就帮助政府整理一下，把整个地区石头子整整齐齐地开发和复垦。其实这是一个奇大无比的生意，这就是结构调整带来的创新机遇。

赚钱我们要赚高科技的钱，也要赚零科技的钱，赚两头的钱，这就是我这么多年的逻辑。大自然的科技不可思议，铜铟镓硒那几个元素都是天工开物的造化，所以我们得敬畏大自然，发现其中好多固有的科技，然后用这种天然的高科技产品，即自然资源，赚了钱再反哺我们人造的高科技，比如去做碳纤维，不然12年前钱从哪儿来？钱就要从沙子和石头子上来，赚了钱投到碳纤维里去，把它做起来。这也是经营之道，不是说一定要都弄高科技，也得弄点低科技、零科技，自然资源不见得没有科技，只是这种科技来得太容易，不用我们合成，大自然给我们合成，刚才讲到云母和石墨烯，天然的就比人工做得更好。我希望给大家注入点新的逻辑，大自然的科技也是高科技，而且是我们人类都无法合成的科技，自然科技能赚很多的钱。结构调整带来的各种机遇，特别是资源、市场都是我们的创新点，零科技一样有大创新。

第二，市场需求引发的创新机遇。中国的市场需求现在正处在持续的转型中。我们熟悉的高铁、支付宝、共享单车、网购这"新四大发明"，就是因为满足并挖掘了人们在出行和消费等方面的深度需求而广受欢迎。

前面我们讲了中国建材攻克碳纤维技术的例子，实际上这些年我们在民用市场也研发出不少新产品。2016年3月，在三亚举行的澜沧江—湄公河国家合作展上，李克强总理亲自体验了我们制造的碳纤维自行车，给予充分肯定和好评。现在，中国建材还在研究碳纤维折叠电动自行车。这种电动自行车重12千克，根据个性化需求还可以适当减轻重量。我国很多城市都有地铁，但有的地方乘客从出发地到地铁口、从地铁出口再到目的地往往还有一段距离，使用这种折叠电动自行车可以解决上述出行问题，非常便捷。自行车一块电池可供体重90千克的人行驶30公里，每公里电费2分钱。

我这次带来了中国建材获中央企业熠星创新创意大赛一等奖的产品——药用玻璃。我们小时候打针用的叫安瓿瓶———一种用于盛装药液的小型玻璃容器，可以注入药剂储存，医生拿针管再把药剂吸出来给我们打针。别小看这么一个玻璃瓶，这个玻璃瓶以前做不了，因为我们的玻璃都是钠玻璃，熔制过程中加入含钠、钾盐的助熔剂，加了水以后就会溶解、析出，所以把药液贮存在玻璃瓶里面性质容易改变，很多药就不合格了。我们贮存高端药物都是从国外买玻璃管，再做成玻璃瓶，但始终做不好，生产了一大堆都是低端的，都不符合欧盟标准，不得出口。现在中国建材攻克技术难关做了这种玻璃瓶，大的医药公司生产头孢、青霉素用的都是这种玻璃瓶，石药集团、哈药集团都要用。2018年中国建材在国资委一个扶贫县里做了这种玻璃，国务委员王勇在中央企业熠星创新创意大赛展位上了解了这个小玻璃瓶。我介绍说这也是百亿级的产业，中国一年需要40万吨，我们准备做20万吨，20万吨就是100亿元的销售额，至少赚50亿元的利润，这就是高科技赚高利润，是应市场需求而生的高科技产品。

如果仔细理一理，我国还有很多方面的技术都在被"卡脖子"，大路货会做，但离最好差一点，最好的还要靠进口。现在我们科技创新要重点攻克这类高精尖技术点，不能再是简单地从1到N的累积。普通玻璃我们都会做，高端玻璃则要专门集中精力去做，这是我们正在干的事。除了做水泥、沙子、石头等传统建材，中国建材还做了很多新的，填补国家空白的，被人"卡脖子"的产品，像工业陶瓷轴承。钢珠的轴承转快了就发热，再加润滑油的话，转快了润滑油会着火。大家知道军用飞机在飞的时候引擎是暗红色的，2000℃的高温，用钢珠不行。那用什么呢？陶瓷轴承。陶瓷轴承是氮化硅，强度比钢还结实，而且不用加润滑油，普通钢珠轴承1分钟2万转，陶瓷轴承1分钟60万转。这也是中国建材开发的，高端需求都用中国建材山东工厂做的轴承。这些产品都是用来解决市场需求的。

第三，新知识新技术带来机遇。 新知识新技术是企业创新的拉动力，例如互联网技术让传统制造业发生了深刻变革。2014年阿里巴巴成功在美国上市后，我们中央企业几位老总跟马云一起搞了个小沙龙，就问马云，互联网时代国有企业遇到最大的问题是什么。马云说是观念和商业模式的问题，以前都是B2C（商对客电子商务模式），企业的流程是做流水线的统一标准产品，客户去选，思考的是怎样让客户买产品，像我们买鞋到商店试一试，选择合适的款式和尺码。但现在讲的是C2B（消费者到企业）、O2O（线上到线下）等，有了大数据互联网，工厂可以掌握消费者的相关信息，每个客户的数据就会指导着生产。比如鞋厂知道客户的脚码，只要客户需要，鞋厂就给他定做。这种思维和模式的改变会带来根本性的变革，改变制造业流程。马云说这可能是对国有企业最大的挑战。当年沃尔玛进入中国，就用这种为客户提供定制服务的思路改变了许多供应商企业的经营模式和业务流程。淘宝这种互联网企业也会引发中国制造企业的变革，他给我们上了一课，让我想了很多。

中国建材其实有一个改变流程的产品，就是"私人定制"房屋。做公寓或者私人住宅的，过去我们做房子是用砖、水泥，现在房子是轻钢龙骨结构，不是H型钢，这个结构用钢量每平方米不到30kg，而砖混结构用钢筋的用钢量每平方米超过30kg。这是日本新日本制铁公司做的一种结构，当年日本阪神大地震之后一片火海，为什么？房子都是木结构，不见得倒，但是煤气管道裂了以后就着火了。当时日本通产省就要求新日铁做一种结构，解决木结构的问题，新日铁做了这种轻钢龙骨结构。我们就跟它合资，把这个技术引入了中国。

这种轻钢结构，采用蜂窝纸的原理，里面石膏板，外面水泥墙板，非常漂亮，轻质而且保温效果非常好。举个例子，如果室外温度-20℃，室内24℃，把暖气都关了，关上门24小时之后屋子温度只降低4℃，能够保持在20℃。屋顶上是太阳能光热和光电设备，基本上能达到零能源。光热设备吸收热能后就把热量储存到一个储热罐，热水储存起来供地热和洗澡用。光电设备就是发电的，供应着家庭用电，同时还可以发到大电网上去，一家一年可以有4000元的电费收入，过去你是要交电费的，现在是电网要给你钱。院子里还放一个风电葫芦，不是大的风电，是小的家庭用的，阴天刮风的时候风葫芦就发电，还有地热、沼气。我们叫"加能源5.0房屋"，有太阳热、太阳能、地热、沼气和风电五个措施，都是增加能源的，把房屋变成了能源工厂。

密云有个地方叫石城镇。当时农民旧村改造，是中国建材盖的，房子每平方米建造成本约2200元，里面是精装修的，拎包入住，并不贵。后来当地居民都住到这里面，很享受。本来我们计划做一个静谧的小镇，打造欧洲小镇风情，但一年以后发现当地人做成了农家乐，张灯结彩，车来车往，一帮年轻人边唱歌边喝啤酒。大队支部书记说，一年下来一户人家150平方米的房子租金收入15万~20万元。入住的多数是城里人，星期五去，住两个晚上，星期天回城。他们不愿意到老宅子去，也不愿意花费太多住高档别墅，就喜欢住我们这种价格便宜且干净的改造房。这种房子有点像家庭旅馆，往往一层住的是村里人，城里人住在二层，可以跟农民在一起体验生活，晚上吃点饭，配着煎小鱼喝点啤酒，白天爬爬山，很快乐，房子供不应求，全是回头客。这个创新也挺有意思。

中国建材建这些房子可以根据大家的需求进行个性化定制，几千套设计图纸里点一下选定就行了，或者客户也可以自己画个图输进去。中国建材的房屋工厂根据客户的要求，在机器里把钢结构、外墙板统统做出来，再把这些零件拉运去一组装就得到了想要的房子，也就是说把工业化大规模生产和私人定制靠互联网、大数据和智能化结合在一块。过去要造这么一个房子非常麻烦，现在都是套材的，用计算机控制生产即可快速完成，这就是C2B。就像织毛衣一样，过去织个性化毛衣很麻烦，现在根据客户需要的花纹，机器可以自动编织，把个性化需求和大规模生产联系在一起，做房子目前也能这么做了。

第四，竞争压力倒逼出的创新机遇。企业获得市场竞争优势的重要手段包括：一是创新，做新产品；二是降成本，而降成本也需要创新，单靠减员是行不通的。面对市场竞争压力，企业更需要靠创新来解决各种问题，才能在市场中捷足先登。在竞争压力倒逼下，企业奋力求生，也可以带来一些创新的机遇。

像北新建材做的轻质高强石膏板就是一个例子。过去发泡剂不行，石膏板很重，用石膏板的成本就高。现在工人们发明了新的发泡方法，做到石膏板既轻又强,而且节约了大量石膏。只此一项创新,北新建材每年就节约2亿元成本。

第五,时尚潮流带来创新机遇。时尚流行也可以带来一些机遇。其实我常想苹果手机的创新秘诀究竟是什么,我认为它得益于两点:一是把电脑搬到手机上去。2007年我到美国,那时苹果电脑做不过IBM,发明了iPod随身听,我到体验店去给小孩子买了一个。体验店员工告诉我说马上要出iPhone了,我问:"什么叫iPhone?"店员说是苹果手机,我就很惊讶:"你们还做手机?有一个iPod就不错了,手机也是诺基亚、摩托罗拉的按键式吗?"体验店员工说不是,是平板式,又可以当手机,又可以当电脑,是智能化的。我当时听了不大信,过些日子果真iPhone就出来了。

不光我不信,诺基亚也不信,其实把电脑搬到手机上,诺基亚和摩托罗拉也能做,这不是复杂的事,他们都有这个方案,但是当时大家认为手机就是按键的,就是接打电话用的,要用电脑的话,办公室有电脑,为什么非在手机上操作?诺基亚和摩托罗拉都是这么想的。诺基亚是迷信拇指族,觉得按键式手机很好、很过瘾,没想到苹果真的弄出平板手机,很快就把诺基亚打败了。诺基亚手机的总裁说:好像我们什么也没做错,但我们倒闭了。他指管理上都做得很好,但诺基亚没有做正确的战略选择,没有赶上这一轮潮流,所以就倒闭了。

苹果手机成功的另一个原因就是把时尚概念引入手机,符合市场流行趋势,满足年轻人的喜好。苹果的营销理念,包括提前发售、让大家排队——这哪里是做手机的打法?这是做奢侈品的打法——而且把很多软件应用嫁接进去,构建移动应用平台,让买苹果手机成为一种时尚潮流。

特斯拉汽车CEO马斯克设计的电动汽车广受欢迎,而他公布的旨在向全世界提供电力的"特斯拉能源"计划也备受全球关注。马斯克改变了人们过去对蓄电池的认识,特斯拉把蓄电池做成流线型,外观美观时尚,可以像画一样挂在屋内,称为能量墙家用电池;他们还有一款能量包产品,可以像小冰柜一样放在墙角,储存100千瓦·时电量,工艺很精致,市场供不应求。既然时尚潮流也会创造很多新的机遇,带动市场风云变化,也就确实值得我们来研究。

4. 创新要讲究方法

创新要讲究一些方法，这些方法我前面都跟大家说过了，自主创新、模仿创新、集成创新、协同创新、颠覆性创新、持续性创新、技术创新、商业模式创新，企业要知道自己应选择什么样的创新方式，这很重要。企业要根据自身状况和发展阶段，在实践中认真研究，活学活用。例如，商业模式就是企业赚钱的"秘密武器"。前面讲到在企业创新里，像新材料、芯片、生物医药、航天等高科技领域，任何一项创新都不容易被突破。有些中小企业找我交流，我说创新最好是做商业模式的创新，因为中国市场很大，卖任何一个东西或者搞任何一个商业模式，一旦有市场都可能赚到钱。做商业模式的创新比做高科技的创新更安全一些。

5. 创新要加强管理

在创新中，管理的作用也不容忽视。这涉及企业和管理学院，有些人确实有头脑做技术创新，但不见得能做好企业。以前我在中关村给创业板的老总们做一个讲座，我问他们搞创业板到深圳上市拿了钱做什么，他们说做工厂。我说做了工厂干什么，他们说生产产品。我又问生产了产品怎么办，他们说卖。我说生产产品卖了收货款，那不是科学家干的活。我的想法是，作为科技公司不见得都要做产品，而是应该做出科技成果后就把它卖了，再创造第二个科技成果，也就是说技术才应该是科技公司的商品。如果掉过头来做产品，和我这个企业家做差不多的事，有什么优势呢？做科技他们比我厉害，但是做企业他们肯定做不过我。这是我当时跟他们提出来的观点，我认为他们在做企业上面的管理不到位。

德鲁克就讲，对普通企业来说，"企业家管理"一词的核心是"企业家"；对于新企业来说，核心是"管理"。在现有企业中，业已存在的东西是企业家精神的主要障碍；而在新企业中，主要障碍是什么都缺乏，因而必须重视管理的作用，否则无论多么聪明的创意，无论吸引多少资金、产品怎么好，甚至无论市场需求有多大，企业最终都无法存活。大家回头看当年热门的很多高校科技公司，包括科研院所办的那一批公司，现在没有几个存活的，原因是他们不会做企业。他们有一定的创新能力，但是做企业是一件麻烦事，要买原料，进行生产，生产完了要卖，卖了以后还要收货款、还贷款利息，以及管理工人等各种问题，何其复杂！有几个科学家能干得了这个事？就说爱迪生创建的电灯公司，也就是后来大名鼎鼎的 GE（通用电气公司）。爱迪生认为做公司就是技术加上资本，他当年创建了六七个小公司，他很会引资并不缺资金，创新也很厉害，发明一大堆，但是爱迪生不会管理，也不请职业经理人，就自己干，结果干得一塌糊涂，被逼入破产境地，最终不得不放弃对公司的掌控。爱迪生是一个创新者，但是他不相信管理，更不相信职业经理人，最终由于管理不到位而失败。

所以我讲这些是什么意思呢？创新需要管理。做创新不仅要会管理，还得加强管理，让创新能够产生效益，不然不能带来新的价值。到底我们是做一个创新的技术公司，还是做一个创新的产品公司，也要定位准确。其实很多搞创新的人，技术方面很厉害，但是对怎么让创新转化为产品和商品，怎么成为企业，怎么盈利，却没有经验，所以我们在研究创新的时候，还得重视管理，创新做得再好也不能替代管理。

技术创新是核心动力

技术创新是企业创新中相对前端和基础的部分，是通过引入新技术、新工艺，降低成本，增加产量，提高质量，创造新价值，带动企业甚至行业技术进步的现象。几次工业革命，其标志都是重大的技术创新，所以我们常说，科技是第一生产力，企业要高度重视技术创新。

1. 企业要培育核心技术

一个企业集团要有核心企业、核心业务、核心产品、核心技术，其中核心技术又是核心中的核心。有无核心技术、能否在战略性和前瞻性领域取得关键核心技术的突破，决定着企业能否持续保持核心竞争力，关系到经济发展质量和国家安全。关于怎么让技术创新成为企业的核心动力，如何培育企业的核心技术，我认为有四点。

第一，创新要秉持扎实的创新态度。改革开放以来，我国企业的竞争力日益增强，取得了举世瞩目的成绩。在建材领域，几十年前我国水泥玻璃的装备技术都是从国外购买，现在我国建材工业已处在全球领先水平，跨国公司都来买我们的装备技术。但即使这样，我们仍要始终保持忧患意识，秉持扎实的创新态度，既不妄自菲薄，也不妄自尊大，以客观务实的态度，对标美国、德国、日本等发达国家的科技前沿，寻找差距，攻坚克难，努力抢占科技竞争和未来发展制高点。创新需要长期坚守，久久为功。我们谈论了日本"失去的20年"，但这些年来日本一大批企业埋头苦干，执着坚守，在工业前沿的十几个领域稳居世界前三，应该引起大家深思。

第二，创新要加大投入。要想有产出，必须有投入，这是很简单的道理。企业要获得持续的创新优势，必须在人力、物力、财力等各方面加大投入，才能提高创新效益。坦率地讲，中国企业创新文化还普遍不够，国内一些企业不太愿意加大创新投入，更乐于购买装备、新建生产线，可是现在很多行业出现过剩，企业不再需要新建太多生产线，而是需要在原有基础上进行技术改造，加大研发力度。企业的竞争是创新能力的竞争。要获得持续的竞争优势，不能靠在过剩领域搞新建或者收购，而是要在原有基础上进行技改，用传统产业的利润反哺研发，推动新兴产业科技成果的孵化，提高科研产出效益。

中国建材的创新技术投入大概占4%左右，2018年华为做到了6000多亿元的销售收入，投入800亿元做研发。虽然跟华为相比我们的投入比例小一些，但是对于建材这种传统产业，4%左右的投入在中央企业里面属于中上游。中国建材有1.1万个专利，在中央企业中排名第20。目前，我们要搞大量的实验室，要大力增加创新投入，包括建设国际一流实验室、企业创新中心和工程装备试验中心、高水平海外研发中心以及引进一些国际一流的科学家等。我们在蚌埠已建好国际一流的玻璃实验室，也计划在合肥建国际一流的水泥实验室。同时，我们还建议国家出台支持科技研发的相关政策。在德国，企业技术研发一半的费用是由国家补贴。因此，无论从国家还是企业角度来看，都应加大对技术创新的投入。

第三，创新要建立健全激励机制。前面我在企业创新文化里讲到了以人为中心，其中重要的一点就是建立健全激励机制。创新需要机制，对于企业来说，精神鼓励和激励机制缺一不可，精神鼓励要提倡，激励机制也要跟上，只有精神鼓励和激励机制并重，才能保证企业长久健康运行。突破关键核心技术，关键在于有效发挥人的积极性。我们要进一步解放思想，保障科研人员的收入待遇，建立激励机制，吸引国际一流科研人才，培育核心团队，激发科研人员工作热情。符合条件的科技型企业要积极开展股权和分红权激励，使专利的发明者共享科研成果带来的收益。

创新应该得到保护和激励，这是市场的选择。不能让创新的人、有专利的人，和不创新、没专利的人是一样的待遇，那样做肯定不会起到鼓励聪明才智的作用，这应该是企业高度重视的事情。搞好分配制度是最重要的，越是优秀的企业，越要在分配问题上向市场看齐，各种激励方法要综合起来，加大激励，以吸引最优秀的人才。前面讲到，2018年世界第一条大尺寸碲化镉发电玻璃生产线在四川成功投产后，我立即要求给德国实验室工作人员提高20%的薪水，同时承诺如果研究成果超过其他国家可比公司的水平，他们的薪水会再提升50%，这极大地调动了德国工作人员的积极性。

最近，我们在学习中国科学院西安光学精密机械研究所，这个所的创新机制特别好，创新的技术产品有三种出路：一是在本院转化，自己创业；二是用创新产品作为股本去投资民营企业，持有股权，也不见得一定要控股，到时候分红；三是把技术作为商品卖掉。它创造的技术价值居然达到180亿元，它就是把创新和机制连在一起，让科技人员能够享受利润分配，院里收入越来越高，科技人员自身积极性也越来越大。

2018年6月13日，习近平总书记到山东万华化学集团股份有限公司考察。万华这家公司是国有企业，它做了几件事，其中一件是技术分红，如果科技人员创新产生了效益，提成15%，一提5年，因此那些技术人员全力投入创新。树脂眼镜片世界上只有三家企业能做，其中之一就是万华。40年前，万华从日本引进人造革生产线，其中有套年产1万吨的叫MDA聚氨酯树脂生产装置，现在聚氨酯还是它的主产品，但是它还做很多其他东西。后来我也去万华参观学习，万华廖增太董事长接待我。我问他上一年科技人员收入最多是多少，他环顾了一下四周，说这个事单独说。我临走的时候他把我拉住，说最高的收入是多少，具体数字不好透露，但是可以说一个数量级。万华的激励机制是真抓实干，正是这样才能激发出好的创新。

前两天我陪着国资委主管改革的副主任到中国建材所属合肥院调研，合肥院是做水泥装备的。中国建材做水泥装备的有四大院：天津院、南京院、成都院、合肥院。合肥院原本是最小的一个院，2000年的时候混饭吃混不下去了，就提出来"大船搁浅，帆板逃生"的市场策略，以小科室为单位组成了一些搞员工持股的小型公司，后来发现这些持股小公司做得都很好。那时大家时兴大背头，头上抹摩丝，一人提一个大黑包，开一辆桑塔纳，但是院里穷得叮当响。就是我们老讲"富了和尚穷了庙"，小和尚们每个人都赚了很多钱，拿麻袋分钱，庙里却没有钱。我是2002年做中国建材总经理，当时就认为要解决这个院的问题。我那时到合肥院发生了一个"舌战群儒"的故事，去了以后我跟几十名技术人员进行了讨论。我说：你们现在做得不错，我很赞成，但是你们用的是院里的无形资产，大家要先把院搞好，否则你们小公司也没有根，所以要规范一下持股比例，你们不能都拿走，做一个模型出来，院里占70%，你们占30%。我刚说完就一下炸锅了，技术人员全都不愿意，说这样的话他们就走了。一个设计院就是靠科技人员，人力资本和技术都掌握在他们手里，如果人走了，就剩下一个楼，怎么办？我经过一天的时间，把大家说服了，6家员工持股公司都做成了7∶3的股权结构。结果合肥院一直发展到现在，变成我们四大院所里最大最挣钱的院，为什么？是因为有机制。靠这30%的持股，科技骨干也赚了不少钱，当年跟我"舌战群儒"的带头人，现在既成就了事业，个人也赚了很多钱，所以创新机制非常重要。

我们在南京有一家南京凯盛国际工程有限公司，是当初从南京院分离出来的20多个人，自己要求成立的一家小公司。公司员工从20多个人慢慢发展到现在的上千人，从过去租用三室一厅的居民房办公发展到有一栋非常漂亮宏伟的办公楼，而且最关键的是这么多年这家公司没有一个项目亏损过，而有的公司亏得一塌糊涂。它的业务主要是做水泥工厂EPC（工程总承包），成立至今承接的200多个国内外大大小小项目全都没有亏损，做项目如果要亏的话就不签合同，现金流很充沛，一路做过来很精细。就是因为这家公司有机制，49%是骨干持股，51%是中国建材集团持股，这样不用集团为他们着急，他们自己就做好了。

可见，在创新里面激励机制是最基础的东西，没有机制很难创新。包括华为，它的成功原因究竟是什么？我认为就是两点，任正非的企业家精神，加上机制。华为对利润的分成是1∶3，所有者是一份，经营者和技术人员是按三份来进行分配。2018年我专门到华为拜访任正非，也是因为机制的问题去找他请教。这家公司太神奇了，原因是什么呢？就是有钱分给大家，一定要有健全的激励机制，才能有创新，科技人员才会拼命干。

国务委员王勇在中央企业熠星创新创意大赛上讲到，为什么中央企业没有一家像样的互联网公司，为什么大数据都是在腾讯这些公司。本来三大电信公司都是中央企业，手上都具备大数据基础，但是因为两点：第一，大家鸡头凤尾互相封锁不搞协同；第二，没有机制，没有腾讯、阿里巴巴的机制，就失去了那些机会。这些中央企业有资源，又最早办公司，互联网公司的创业者好多都是从这些中央企业出去的人，但是前5家互联网公司里面却没有1家中央企业，因为中央企业没有机制。这也是我们现在遇到的问题。

第四，创新要重视开放性创新。在坚持创新发展的过程中，要实现自主创新和开放性创新的辩证统一。开放带来进步，封闭只能落后。企业创新不是自己"躲进小楼成一统"，而是要"走出去""请进来"，以开放的视野积极融入全球创新网络，充分利用全球创新资源，加快构筑支撑高端引领的先发优势，形成关键核心技术攻坚体制和强大合力。美国的创新优势就在于汇集了全世界最优秀的人才，营造出浓厚的创新氛围。要在激烈的竞争中赢得优势，必须有开放的研发系统。我给大家举个例子，有一家医药公司叫作药明康德新药开发有限公司，它是一家上市公司，创始人叫李革，这个人在北京大学毕业后赴美深造，在美国创立普林斯顿组合化学公司并上市，2000年放弃在美的成就，回国在张江高科技园区重新创业，成立药明康德。我原来在国药集团时，就很想收购这家公司。药明康德的创新能力很强，它就是开放性创新，即医药研发外包模式，在全世界有不少的合作点，也为全世界大药厂提供医药创新的服务，很多科学家在它的平台上。我跟大家讲过一种新药的研发周期很长，环节很多，所以有时就把某一个环节或者某一个周期外包给药明康德这种企业，药明康德可以在高起点上接触到大药厂的一些医药创新。

我很重视这家公司，从国药集团出来专门拜访了这家公司，去了以后我看墙上的标语写着"激情工作，快乐生活"，怎么这么熟悉？李革就跟我说，他曾听我讲过课，"激情工作，快乐生活"就是我讲的，现在把它作为公司文化贴在墙上了。

国外的辉瑞制药等大型制药公司，往往是在网上实施外包。很多小公司是夫妻店，两口子是化学专家，在网上接受外包和定金就开始做，做到一定程度再给酬劳。这个模式就是把一个完整链条的创新分成若干个片段，然后分包出去。创新不再是简单地在一个实验室里面闷头干，而是说我们要动员全球的力量，构筑云平台，吸引人才都上这个平台，这样的话能够集大家的智慧协同创新，这非常重要。华为的创新平台很多在国外，在以色列、俄罗斯、白俄罗斯等国都有比较大的创新平台，让全球的优秀技术人才为它工作，这个方法是很好的，所以要重视开放性创新。

2. 中国建材的技术创新思路

当前全球新一轮科技革命和产业变革蓄势待发，从中国建材的实践来看，我们的技术创新应更加关注高端化、产业化、集成化、相关化。这个创新思路也是我们自己探索出来的，在这里跟大家分享一下。

第一，坚持高端化。中国建材坚持高端化。在建材领域里，中国建材已经在全球位于中高端，各个领域都在向着高端迈进。举个例子，万吨线、5000吨线的大型水泥线、大型玻璃线中国建材做EPC交钥匙工程占了全球市场的65%。一家公司在某一个大的领域能达到65%的市场占有率是不容易的。30年前我们买跨国公司的装备，现在跨国公司都是买中国建材的装备，中国建材不光是制造商，还是技术、设备服务提供商，它在诸多领域已经达到中高端。

中国建材多年来依靠自身力量成功研发出E8高模量玻璃纤维配方、T1000碳纤维、锂电池隔膜、超薄光伏玻璃、TFT-LCD超薄玻璃基板、高性能防火玻璃、特高压用混合绝缘子、加能源5.0房屋、CIGS薄膜太阳能电池等行业顶级技术和产品。从我们来讲，技术创新就是要朝着高端发展。

第二，加快产业化。创新要确保产品能量产，能结合市场出效益，能与资本市场对接。如果新产品做不到量产，无法转化为现实生产力，企业就很难有效益，更谈不上持续发展，在资本市场也形不成影响力。中国建材做的科技一定要能量产，只做小实验室的一点样品是不行的，每一个产品要大规模生产，有一定合格率，最后一定要有效益。中国建材的每一次展览会，党和国家领导人看了以后，都会问我们产量是多少、合格率是多少、赚不赚钱，我们要回答这几个问题。有时别人说他也能做碳纤维，但问他做多大的规模就不吭声了。实验室或者小中试线产量只有一点点，但中国建材都是千吨级生产线，合格率97%以上。中国建材作为制造型企业做创新，一定要能够做产业化，不能量产、没有规模效益的创新坚决不做。

第三，突出集成化。在创新路径上，既要强调自主创新，也要突出集成创新。前面讲过了，集成创新是开放式的、平台式的创新，我们要善于把创新的要素和自己的专长结合起来，或者把一些看似不相关的技术移植过来。集成创新能够充分发挥我们的综合优势，中国建材今后的创新方式要以集成创新为主，逐渐进入到自主创新。

第四，注重相关化。创新要紧紧围绕企业战略和企业实际，解决企业和行业生产工艺、环保等问题，同时基于强大的核心技术和创新能力，技术研发要围绕优势产业，顺着产业链进行延伸升级，规避创新风险。也就是说创新之间最好是相关的。

我们都知道，以色列农业的发展是得益于节水滴灌技术的发明和推广。以色列最早发现滴灌是一家房子后面有棵树，周围的铁管子漏了洞有水滴渗透，这树长得就特别好。滴灌种植有其精准和科学之处，尤其适合缺水的以色列，因此这一技术被全面应用到农业上。中国建材也发展了智慧农业，是从荷兰引进的技术。荷兰这个国家很有意思，围绕着到底是发展工业还是发展农业曾有一场争论，最后决定发展农业，持续了100多年，现在去荷兰遍地都是高约7米的玻璃大棚，采用的都是白玻璃。普通玻璃里面含铁，光伏玻璃是白玻璃，里面不含铁。中国建材是最大的光伏玻璃供应商，这些玻璃只在光伏上用不了那么多，怎么办？后来参考荷兰的做法，我们在国内就开始推广玻璃大棚。中国建材在山东德州建设了玻璃大棚,引进荷兰的技术,无土栽培,种西红柿,京津冀都可以买到我们的西红柿。

这种西红柿非常好吃,原因是大棚里面有大黑蜂。西红柿一定要有昆虫授粉,不授粉的西红柿是没籽的,有籽就会香很多,有点像小时候吃的西红柿,有西红柿的味儿。大黑蜂也是从荷兰引进的。有人说蜜蜂也要引进吗?是的,蜜蜂也不一样,荷兰的大黑蜂能够识别,授过粉的植株就不再去了,这样就能保证每一棵植株都授上粉。植物生长靠光合作用,在光合作用下吸收二氧化碳放出氧气。普通塑料大棚里不放二氧化碳,阳光一晒里面缺二氧化碳,植物长得就很慢,每亩只有20kg产能。我们的玻璃大棚里放二氧化碳,是一般空气里二氧化碳浓度的4倍,每亩产能可达120kg。而且晚上还有光照,光合作用需要红光和蓝光,其他光没用,所以把电转变成LED红光灯和蓝光灯,比例是5∶3,5分红光,3分蓝光,照着西红柿,让它晚上也生长,用电也不多。将来把水泥窑产生的二氧化碳处理干净了,再输到大棚里来供应蔬植生长,这样把碳也减掉了,而且种成了西红柿,就形成了一个循环。在西红柿大棚工作会觉得特别舒服,因为这里面氧气特别足,植物吸收了二氧化碳就释放氧气。

你看就这么一个西红柿,里面包含很多科技,西红柿还很好吃。我们现在还在成都种黄瓜,全是带刺的黄瓜;还种彩椒,彩椒最贵了,一盒两颗27元。这次在北京世界园艺博览会门口做了一个2000平方米的大棚,谁来参观先尝尝西红柿。这个就是相关性,中国建材发展智慧农业,是因为这些产业是玻璃产业链的延伸,而我们在玻璃领域具备强大的技术优势。

建立产学研技术创新体系

前面讲过技术创新不能关门单干,我们有集成创新,开放式创新,面向产业前沿。作为企业,我们还要从源头上把握科技前沿,关注基础领域和应用领域的新变化,吸收培养优秀的专业人才,为企业的创新提供高质量资讯,加强研发合作,加快成果转化,这就需要与科研机构、学校建立长期的联系。我们现在经常讲国家创新体系,大企业的产学研技术创新体系是这个国家创新体系的关键组成部分。

1. 把产学研拧成一股绳

企业创新的关键在于建立起一套创新体系。在这一点上，不同的国家有不同的特色。欧美等国家的创新体系主要源于一些大学，日本、韩国多是由企业的中央研究院和技术中心在负责，中国则主要靠产学研结合或产研结合。在计划经济年代，我国的技术创新主要靠部委的一些研究院所，其中不少是数千人的大院大所。那时候，企业引进设备由研究院主导谈判，引进、消化、吸收也都是由院所完成的，企业只掌握生产技术。后来随着企业市场化的改革，企业成了引进、消化、吸收的主体，院所被边缘化了，再加上院所和政府的脱钩，使得院所制的研究体系再也无法运行下去，后来不少院所相继进入了企业集团。

所谓产学研，要以企业为主体，以市场为导向，核心是"产"，"学"要保、"研"要好，最后都要作用于"产"。学校要发挥基础科学研究能力，研究院所主要解决应用科学的问题，而工厂要解决好制造技术的问题，这样三者结合才能形成资源与优势的互补。产学研结合的目的是促进技术进步和产业升级，而不是让"学"和"研"统统都去搞企业。

在产学研结合方面，中国过去的研发与产业长期是两张皮，经历这么多年，现在融合得还不错，但产学研结合总体效果还有待提高。我到著名的研究型大学麻省理工学院访问时，对那里浓郁的创新精神和独特的创新模式感受颇深。麻省理工学院是全球顶尖的创新基地，校友创建了3万余家活跃的公司，共雇用450万名员工，这些公司每年总计收入为2万多亿美元，相当于位列世界第十大经济体。回国路上我写了一篇文章《从麻省理工看产学研创新体系》，其中着重介绍了三点。

一是教学、研发与市场紧密结合。麻省理工学院作为世界名校，只有1000多名教工、4000多名本科生，这样却可以更加专注地进行教育和创新，这颠覆了我对大学规模的看法。在教学方面，他们的教授带学生必须要自己找到经费支持，而经费的取得往往来源于企业和市场需求，得不到经费就无法开展研究，这样就让教学紧紧结合了未来市场和实际应用，使研究选题更加精准。对于获得企业资助和支持的项目，知识产权仍归高校所有，但出资方有优先使用权。

二是着眼于开放交叉和前沿科技。在研发合作方面，实验室有很多来自军方、政府机构、企业界和学术界的赞助或合作单位，建立了独特的产学研模式。赞助者参与创新研究的协作，开阔了眼界，了解了新趋势；实验室则可从赞助者那里了解市场动态，得到必要的财力和物力支持。这种典型的双赢模式，使麻省理工学院媒体实验室[①]等研发机构成为美国著名的创新机构。

三是创新创业与产业界互相融合。麻省理工学院的全球产业联盟连接着1700多家创新型初创企业和260余家联盟会员企业，架起了创新源头和产业转化间的桥梁，平均每年有600个接洽项目。麻省理工学院通过学校知识产权事务办公室、风险投资服务机构和企业互信机构的合作，将企业的需求和学校的人才、技术资源紧密结合起来，把学生创新创业、教授帮助指导和社会的应用推广紧密结合起来，形成活跃互动的创新平台和融合纽带。反观我们的大学，虽然这些年也在搞产学研合作，但缺少创业孵化的环节，很难形成产业转化，使得产学研合作常浮在表面，流于形式。

创意、创新、创业的融合，教育、研发、企业的融合，创客、实验室和资本的融合，是创新动力和创业发展的源泉。支持学生创业发展，不仅是学校鼓励学生自我就业的途径，更为大企业和投资人培育了最新的产业创新的种子，而麻省理工学院这片沃土提供了创新创业的雨露阳光。我们的北京大学、清华大学等高校应该很好地向麻省理工学院学习。我们的很多教育其实和企业是分开的，这样搞产学研是不成功的。最后还是老师只管上课，学生学习远离实践。企业跟学生之间更没有关系，也不知道学校在教什么，毕业了才发生关系，而在麻省理工学院不是这样的。麻省理工学院为什么会出那么多诺贝尔奖获得主？他们的教学和人才培养与我们的区别是什么？我们的产学研合作创新应从中学些什么？这些问题值得我们认真思考。

[①] 麻省理工学院（MIT）走出了66位美国工程院院士，79位美国科学院院士，31位美国医学院院士，以及75位诺贝尔奖得主。麻省理工学院的校友们创建了3万余家活跃的公司，每年的总计收入为2万多亿美元，相当于"世界第十大经济体"。麻省理工学院媒体实验室（The MIT Media Lab）是一个致力于将各类科技、媒体、艺术和设计融合的跨学科、全球闻名的研究机构，从这里诞生了3D打印等众多前沿技术，也给美国的英特尔等高科技企业、中国的搜狐等公司的崛起提供了强劲的支持。

2. 中国建材的产学研合作

企业是技术研究开发投入的主体、技术创新活动的主体、创新成果应用的主体，但创新本身却需要企业、研究院所和学校联合起来，建立产学研合作联盟，充分利用企业产业平台的优势，让科技从成果库里走出来、从象牙塔里走出来，更好地为产业平台服务，真正转化为生产力。

中国建材原来是一家单纯的产业集团，研发实力是个短板。2005年2月，中国建材集团与同为中央企业的中国建筑材料科学研究院（简称"中国建材院"）实施战略重组，之后整合集团原有的12家科研院所，组建成立中国建筑材料科学研究总院（简称"中国建材总院"），形成行业内规模最大、技术水平最高、最具权威性的科研开发和工程服务机构。以往，科研院所转制要么直接进企业，要么转成企业独自下海。而中国建材与中国建材院的重组模式，既发挥了转制院所的科技优势，又增强了企业的自主创新能力，真正实现了产业与科研两大要素的结合。这一重组被称为科研院所转制的"第三种模式"，国资委领导说，"中国建材院进入中国建材集团，使中国建材集团发展成为国际一流企业成为可能"。

我们把院所放到企业里，掌握了几个度：第一，要保留院所体制，不要简单地将其当成一般的下属企业看待，有的院所简单地改制成公司，我们认为不妥。经历60多年的发展，这些院所都有自己的历史积淀、技术积淀，一定要保持。第二，要促进产业转化，像中国建材总院里的瑞泰科技做耐火材料，做成了上市公司，现在CTC国检集团（中国建材认证集团股份有限公司）也做成了上市公司。第三，要和集团产业之间进行合作，把技术应用到产业里来。我们把这些问题都解决得很好，既没有让院所散掉，也没有让它因循守旧，而是让它市场化、企业化，同时与集团之间互相借力，形成这样一种结构。

中国建材总院重组后，确定了"六大平台"的定位：第一是国家级建材与新材料重大科学技术的研发平台，因为院所是国家的，要承担国家任务。第二是建材行业共性、关键性、前瞻性技术的研发和服务平台，要促进整个建材行业技术进步和产业升级。第三是建材与新材料高科技成果的产业化平台，把成果转化了。现在建材总院一年收入80多亿元，利润10亿元，刚并进来时收入才2亿元，利润就更少。第四是中国建材所属企业技术创新的支撑平台。第五是建材行业高素质科技人才开发和培养的平台。第六是国际建材与新材料学术和技术的交流平台。现在建材总院的"六大平台"做得很好，在中央企业里也是发展最好的院所。

中国建材与科研院所的重组，为集团内部开展产研结合创造了条件。以特种水泥研发为例，中国建材总院研制发明了6大体系、7大类共60余种特种水泥，满足了我国国防、石油、水电、冶金、化工、建筑、机械、交通等众多行业工程建设的需要。我们有一家水泥公司叫嘉华水泥，它就依托中国建材总院的这些科研成果，发展成为国内最大的特种水泥生产企业。除了特种水泥，我们在新型房屋、PM2.5治理、节能环保等领域，通过产研结合也取得了丰硕成果。

中国建材还与大学高校积极合作，充分利用社会资源进行创新。我们与济南大学、西南科技大学等签订了战略合作框架协议，与武汉理工大学、西安建筑科技大学、安徽科技学院、安徽理工大学等高校共建实验室，成立创新联盟，针对建材行业亟须解决的重大共性、关键性、前瞻性技术难题开展联合攻关，形成新的合作创新机制和科研成果转化机制。

实践证明，产学研结合是科技创新的重要驱动力和提高核心竞争力的重要途径，对于加快转变发展方式、促进可持续发展发挥了不可替代的作用。我们要加大技术创新，强化产学研合作，积极开发适应市场需求、技术含量高、附加值大的新产品，在激烈的市场竞争中找到新的发展空间。

04

管理创新

本节聚焦管理"工法",以中国建材八大工法、六星企业、增节降工作法、格子化管控等一系列管理创新实践说明管理创新是构成企业创新的重要内容,是企业做强做优、迈入高质量发展的重要一环。在当今充满不确定性的商业环境中,企业家要眼睛向外,紧盯市场,把重心从管理转向经营。

一般讲的创新主要是指技术创新和商业模式创新,我之所以加上管理创新和制度创新,是因为觉得这很有必要、很值得同学们关注,所以就把企业管理和企业的机制放在管理创新和制度创新里给大家讲一讲。实际上,是否有活跃的管理创新是一个公司活力的晴雨表。韦尔奇对通用电气公司的改革为大家熟知,它向我们验证了管理创新的重要意义。

搞管理靠工法

我这么多年做企业,做得比较多的还是管理工作。我学了很多管理理论,但却并不痴迷于管理理论。我比较偏爱日式管理,日式管理的核心是"工法",就是日本人总结的一些具体的管理方法。比如打扫卫生,日本叫"5S",就是整理、整顿、清洁、清扫、素养,在日语中都带"S"这个音,所以叫"5S";又比如零库存,适时生产(Just In Time)[①] 和零库存实际上是一个概念,只是

[①] 适时生产 JIT 是保持物质流和信息流在生产中的同步,实现以恰当数量的物料,在恰当的时候进入恰当的地方,生产出恰当质量的产品。这种方法可以减少库存,缩短工时,降低成本,提高生产效率。

叫法不同；还有看板管理、TQC（即全面质量管理）等。30年前我们引进推行过西方尤其是日本的管理，叫"管理十八法"，后来很多企业放弃不做了，只有一些企业坚持了下来，最终有了成效，比如我原来做厂长的北新建材。今天日本的企业里还是在坚持按这些工法做，日本的管理很值得研究。

中国建材这些年也是边干边学，创造了不少自己的管理工法。大家可能会想一个问题：中国建材到底有多少家企业？说出来可能吓大家一跳，有1200家，这还是减了将近500家企业后的数量。1200家企业能够安安稳稳都很难，还要赚到钱，谈何容易？所以一定要有一套方法，中国建材就围绕着这些企业怎么赚钱搞了一套管理工法，有的还获得过国家级奖励。

我介绍的《八大工法》《六星企业》《增节降工作法》《三精管理》四本书，都是中国建材的"武功秘籍"，大家从中可以看看实践中的管理创新是什么样的。这四大本工法工人也能看得懂，车间里直接可以用，对企业的实际管理非常有帮助。我原来在北新建材推行工法，推行了20多年。我在中国建材搞整合也是用了一些工法，整合效果还是挺好的。当然不见得到处都能用，因为管理还是因时因地而变化的，主要想让大家看看是怎么做的，将来在企业里该怎么归纳一些原则，只是想告诉大家一个门道。我在这儿讲课，关键是大家一起研究一下管理的逻辑、思考问题的方式方法，这是有用的。不见得要把我们讲的"三精管理"套到大家自己的公司，但是"三精管理"的想法是有用的，希望大家在学习过程里活学活用，创新课一定要这样来理解。

1. 八大工法

"八大工法"是一套综合的工法，是中国建材在联合重组中，结合企业内部管理与市场营销经验，总结出的八种管理方法，里面既有生产管理，也有外部经营，既有内控成本，又有外抓市场。其中，"五集中"、KPI（关键绩效指标）管理、零库存、对标优化和辅导员制属于内部管理；价本利、核心利润区和市场竞合属于外部市场建设，侧重的是对行业价值的重构和竞争生态的重塑。这里我给大家简单列举一下。

"**五集中**"是指市场营销集中、采购集中、财务集中、投资决策集中、技术集中，主要是针对重组企业过去各自为战，采购、销售、融资成本都很高，技术资源不全面，管理基础参差不齐的问题，还存在着市场交叉、内部竞争等隐患，我们就对症下药，将重组进入的企业聚合为一个整体，解决组织的分散性，实现规模效益、协同效益。

KPI 管理是中国建材的一大特色，就是关键指标的数字化管理，用数字说话。中国建材每个月召开经营分析会，企业的干部压力会比较大，KPI 关键指标他们得倒背如流。

零库存是学习借鉴了日本丰田汽车公司的适时生产，我们是将原燃材料、备品备件、产成品库存降至最低限，并加快周转速度，从而减少资金占用、避免资源浪费、降低生产成本。

对标优化就是反复地优中选优，具有集团效应，是自身不断提升的优势和动力。国药集团实现了内部企业互相学习，石家庄和郑州的企业在没有被重组进入国药集团时，相互之间没关系，他们没法学习，但进入同一个体系之后就有关系了，彼此之间就会交流，就可以把好的方法复制。中国建材也是跟内外部企业开展对标，逐步优化业务指标。对外要跟别的企业对标，谁做得最好，就跟谁对标。比如在水泥行业，我们与海螺集团、拉法基集团等优秀企业对标。集团内部也对标，把做得最好的选出来，就像袁隆平选稻种一样，从大量的稻子中选一个最好的稻种，再去培育更多更好的稻种。当众多管理方法放在一起时，就会发现谁更优秀，集团在众多企业中优中选优，不断发现并将优秀的管理经验与方法迅速在同类企业内复制推广，从而实现整个系统的不断改善、不断优化。

辅导员制其实是丰田汽车公司的一种方法。大部分的大汽车厂造汽车，在不同国家生产出的产品质量是不一样的，只有丰田在全世界，不论是在中国还是在非洲国家，造的汽车质量是一样的，这很奇怪，为什么？我有一次在飞机上读《哈佛商业周刊》，里面有一篇文章专门介绍了丰田辅导员制。丰田培养了3000多个辅导员，假如丰田要在天津建一个工厂，就派去300个辅导员跟中国工人一起干，教会了中国工人他们才走。我们重组了那么多水泥厂，水泥厂到底怎么管理，可能一厂一个方法，没有对过标。中国建材就学了丰田的打法，培训辅导员，然后派辅导员到工厂里教大家。通过派驻辅导员，将集团先进的技术工艺、管理理念和企业文化准确快速地复制到重组企业中，而且这种制度让辅导员更有责任感、荣誉感和成就感，也是管理兴趣化的一种实践。很多企业都是上半年亏了5000万元，下半年中国建材辅导员进入后赚了5000万元，差距就有这么大，所以工法非常重要，很奏效。

价本利是中国建材提出来的一种新的经营理念，是与"量本利"相对的一种经营模式，不同于我们常说的"薄利多销"，而是围绕稳价、以销定产、降本增效，维护区域市场供需平衡。

核心利润区是我们在重组水泥时提出的，就是细分市场，针对某一区域提高产业集中度，增强在区域市场的话语权。

市场竞合是一种新的市场竞争理念，在市场中，竞争不应是零和博弈，竞争者不仅是竞争对手，也是竞合伙伴，竞争方向应该是从红海到蓝海到绿海，做到适可而止、适得其所，这才是过剩经济下应有的经营智慧。

2. 六星企业

"六星企业"，即好企业的六个标准，包括业绩良好、管理精细、环保一流、品牌知名、党建先进、安全稳定。原来没有党建先进，叫先进简约，什么叫先进简约？就是一个工厂里面该有的有，不该有的统统不能有，经理大办公桌上摆个大鱼缸，里面养几条银鱼这是不允许的。中国建材非生产性开支一切从简，不能乱花股东的钱，但是装备和技术要舍得花钱，要一流的。2016年10月10日，全国国有企业党的建设工作会议召开以后，六星企业要突出党建，所以就加了党建先进。

以业绩良好和管理精细为例。我做过多年上市公司董事长，深知业绩良好对企业来讲是第一位的，作为企业领导者要千方百计做好业绩。管理精细也是好企业的重要标志，做企业时间长了，只要到企业里转一遭，大体上就知道这个企业管理水平如何，企业员工的表情就是一面镜子，管理好的企业员工表情一般是幸福和友好的，而管理差的企业员工表情往往比较木然。另外，现场管理也透射出企业管理的好坏，现场干干净净，产品码放整齐，这样的企业一般都不会差。

中国建材每年都要评六星企业，名额在总数的20%左右。如果能进六星企业，中国建材会给该企业颁发一个做得很漂亮的大牌子，证明其是中国建材的六星企业。食宿行业有六星饭店，中国建材有六星企业，就是这么来的。

3. 增节降工作法

"增节降工作法"，即增加收入，节约支出，降低消耗，基本做法是将当期成本与上年同期进行比较，通过管理、技术等各种创新手段，实现增收、节支、降耗，并计算出金额，进行考核兑现的一种精细化管理方法。这套方法始于1997年的亚洲金融危机，经过十多年的积累和积淀，不断地提炼优化，成为我们精细管理的特色工具和提高市场竞争力的撒手锏。

4. 格子化管控

企业大了以后，到底该怎么管控，这是我们常常想的一个问题，中国建材采用"格子化管控"。什么是格子化管控？我们买的盒装巧克力，如果没有塑料格子，巧克力容易粘在一起，如果有格子，黑巧克力、咖啡巧克力、白巧克力就分开了。企业也一样，必须打格子，不然中国建材1200家企业就会乱了套，怎么能赚到钱？格子化管控有下面几条主要内容。

第一，治理规范化。按照《中华人民共和国公司法》建立规范的法人治理结构，包括董事会、监事会、管理层在内的一整套规范的治理体系。

第二，职能层级化。我们做企业要有层级，集团总部和股份公司这个层级是决策中心。底下的平台公司，比如中国建材有9家水泥公司，中联水泥、南方水泥、北方水泥、西南水泥、中材水泥、祁连山水泥等，这些水泥公司是利润中心。平台公司是集采集销，负责采购和销售价格，但是没有投资权。水泥公司底下的工厂是成本中心，没有定价权，更没有投资权，任务就是降成本。3个层级分别需要"投资高手""市场能手""成本杀手"。

投资权一律在集团，下属企业是没有投资权的。其实跨国公司的分公司可能运营很大的资金，但是在投资方面是没有权力的，中国建材也是这么做的。企业乱关键在两点，一是行权乱，二是投资乱，如果这两点乱了，这家企业就彻底乱了。行权乱就是不知道谁是头儿，不知道谁说了算，那一定不行。企业一定要有一个"班长"，大家要知道"班长"是谁，由"班长"管理其他人。再一个是不能乱投资，中国建材重组了一些企业之后，有一些规模很大的工厂过去喜欢做投资，不投资感觉很难受。我说如果你们特别愿意投资，就来集团工作，因为集团缺会投资的人，但是在工厂里面，就只能控制成本，提高质量，提高效率，保证安全。中国建材这么多年就这样管住了投资，这是大企业弊病，很难管理，但必须要坚定原则立场。

第三，平台专业化。每一个平台都是专业平台，做水泥的只做水泥，做石膏板的只做石膏板，做玻璃的只做玻璃。打个比方，集团是体委，各投资企业是专业球队，要么打乒乓球，要么打篮球，要么踢足球，但不得有多面手，只能是专业的。有时有人也不愿意，说也可以干那个赚钱，我说那个赚钱就去负责那个平台，这个平台不做那个事。所以，中国建材的下属企业全是专业化公司，没有一家综合公司，没有西南建材、北方建材这类的，要么做水泥、要么做玻璃、要么做石膏板、要么做玻璃纤维，都是很专业的。因为现在市场细分，竞争异常激烈，我们的人才、知识和能力都是有限的，专业化都打不过对手，还要做多面手，这肯定更不行。恰恰因为这一点，中国建材每一个专业平台竞争力都很强。因为它们一直专业地打下来，一打几十年，像北新建材做了40年，在浙江的上市公司中国巨石也做了40年，久而久之就做精了。如果它是一个综合性平台，既做水泥，又做石膏板，还做玻璃纤维，它肯定乱了，也做不好。

第四，管理数字化。为什么叫管理数字化？过去国有企业绝大多数干部不太习惯讲数字，讲的都是大概其定性的话，但现在做企业就是无数数字的堆积，如果数字搞不清楚，就很难搞好经营和管理。为了克服大家对数字不敏感的问题，我从北新建材开始，到中国建材，都是要求员工生活在数字里，赚了赔了都要说道说道。中国建材开月度经营会时，区域经理要上来报数字 KPI，别的不讲，就讲数字，几十年如一日讲下来，为什么？因为一个企业的经营业绩、价格、毛利、成本等都是由数字构成的，如果不知道数字，管理一定是盲目的，所以管理必须数字化。

我们的月度经营会有三个程序：一是由各位经理上来报数字；二是由总经理归纳总结数字，然后再安排下一步的工作；三是我给大家"布道"。我讲的一般是三段话：肯定和表扬大家的工作，讲讲形势，讲讲下一步工作的思路。

我经常跟我的干部说：我们这么多年讲了多少次，反反复复地讲一些观点，你们要读博士也都毕业了。将来我和同学们越来越熟悉，你们也可以选几个代表参加我们的月度经营会，EMBA 课上有些话不能讲，而我们自己人什么都能讲。企业里非常重要的一点，就是管理要在这个点位上，领导真的要有思维，真的要给大家讲清楚一些问题。

第五，文化一体化。企业的文化得一致，一个企业必须有上下一致的文化和统一的价值观。如果集团内各企业，各唱各的调，各吹各的号，随着企业的盘子越来越大，加盟的公司越来越多，企业就会越发危险。

这是关于格子化管控，一直是我比较坚持的。怎么把这家公司管好？一定要画格子，让大家知道边界在哪儿，该怎么做，不能乱了。

5. 破除谷仓效应

现代社会是个专业细分的社会，在企业里也是如此。分工带来了巨大的效率，但分工是以协调成本的增加为代价的。格子化管控解决了大企业集团纵向管控的问题，那横向沟通协作如何开展呢？怎样杜绝企业部门之间互相掣肘和下属企业恶性竞争的问题呢？美国《金融时报》专栏作家吉莲·邰蒂提出的建议值得重视。她在《谷仓效应》一书中将社会组织中的一些各自为政、缺乏协调的小组织叫作谷仓，把这些小组织之间的不合作行为称为谷仓效应。

谷仓效应有点像我们常讲的山头主义和本位主义，后者更关注传统的行为动机和权力平衡，而谷仓效应则是从现代信息经济学角度对大企业病的诊治提出了新的视角。比如谷仓只有垂直性管理，而没有水平性协同。即使垂直性管理，也常因看不清谷仓内部情况而忽视问题，一旦打开谷仓才发现问题，悔之晚矣。试想，如果一个大型企业集团的各个组织单元都是在一个个封闭的谷仓里运作，坚固高耸的谷仓隔离了内外联系，大家彼此看不到，也不知别人在做什么，这样各自为政往往会造成资源的巨大浪费，使企业面临巨大的风险。

破除谷仓效应首先是解决认识问题。要从战略层面认识谷仓存在的客观性和谷仓效应的危害性。在企业工作中既要看到部门的局部利益，又要看到企业的整体利益，树立甘愿为全局利益牺牲局部的大局观。

防范谷仓效应要在企业制度层面精心设计。在战略布局和组织设计中，要取得集团统一管控与所属单元自治活力的最佳平衡。要通过强化垂直纽带和关键部位确保集团必要的战略控制和信息掌握。各单元间要归并联合相关业务，减少部门间过度分工，通过部门业务适度交叉和分工合作体制建设来减少复杂度，增加协同性。此外，企业还要通过加强横向协同机制和信息共享平台建设，以减少信息壁垒和消极竞争。

破除谷仓效应的最佳办法是建立强大的企业合作文化。像脸书公司采用开放式办公和开放式网上沟通，使融合度大大增强。大型企业集团要重点加强管理层的团队意识。通过团队学习、人员交流、机制建设，强化各单元的文化纽带。中国建材每年举办下属企业干部培训班，增加了集团企业间干部们的交流和友谊，培训班微信群的建立对于破除谷仓效应是十分有效的。另外，通过人员适当流动，换换谷仓，也有利于大家转换角度，增加企业协同。

开展三精管理

一个企业要想真正实现降成本、提质量、增效益，必须在经营管理上真抓实干、持之以恒。再跟大家讲讲"三精管理"，这是我提出推行的，旨在构建精干高效的组织体系、成本领先的生产管理体系和效益优先的经营管理体系，使企业实现从数量到质量、从速度到效益的转变。国资委和中央企业都在学习这一管理模式。"三精"主要有以下内容。

第一，组织精健化。组织精健化来源于日语，聚焦减机构、减层级、减冗员。怎么全是减？因为企业在发展过程中会不自觉地持续膨胀，人员和机构越来越多，就是常说的"大企业病"。大企业病是企业发展中绕不过的坎。我把大企业病的特征概括为"机构臃肿、人浮于事、效率低下、士气低沉、投资混乱、管理失控"这六种现象，或兼而有之或全部有之。怎么防范大企业病呢？就是要通过管理，向相反的方向推动，有意识地控制膨胀、缩小规模，使企业向组织精健化不断推进。所以企业在成长膨胀的过程中就得不停地减。我以前插队的时候在公社做过农业技术员，学会两件事：一个是剪枝，一个是杂交，没想到这两件事做企业全用上了。组织在发展过程中要不停精健化，要剪枝打分叉，才能长得好，才能结果实，不能让它疯长。其实企业成长过程就是盲目疯长的过程，管理就是干预的过程。我们种西红柿的过程中，发现荷兰的办法就是不停地剪枝，把没用的枝全剪掉，因为这些枝会争夺水分和肥料，无土栽培就那么点肥料，让枝叶够光合作用就行了，要把更多的养料供给西红柿，而不是用于长无用的枝和叶，道理是一样的。

党的十九大以后我们要高质量发展，从速度到质量，从规模到效益，不再是简单地追求长高长大了，而是要主张瘦身健体、提质增效，这就是精健化。中国建材这几年在组织精健化上做得特别好，前不久在国资委开大会，我们介绍了经验。在减层级方面，中国建材管理层级从七级减到了四级，过去有的中央企业层级很多，十级以上的公司怎么管，就很难了。在减机构方面，中国建材过去三年减了470家公司，在工商局销号了，压减比例达20%，未来要继续压减20%。在减冗员方面，集团总部以下采取"533"定员，即业务平台公司定编50人，区域运营中心定编30人，日产5000吨水泥熟料生产线定编300人并进一步精减精干，智能工厂已做到定编50人。精健化一定要减，但是营收要一直增，利润要一直增，企业要越来越精健，越来越健康。

第二，管理精细化。管理精细化是指聚焦降成本、提质量、增品种。精细管理是围绕降低成本、提高利润形成的一套管理理念。"精"质量，"细"成本，管理要精细到每一个过程和工作岗位，这是精细管理的核心内容。

降成本方面，中国建材有一批管理优秀、业绩优异的企业，中国巨石就是个例子。过去十几年间，中国巨石产业规模从几十万吨提高到110万吨。与之形成鲜明对比的是，中国巨石大力开展成本控制和技术创新，员工人数从1.2万人降至8000人，生产成本更是降低了1/3。近年来，尽管能源价格、劳动力成本上升，反倾销影响加剧，但中国巨石的经营业绩逆势增长，每年节约成本超过2亿元。公司高端产品比重超过50%，国内市场占有率近40%，全球市场占有率超过20%。自主研发的高性能玻璃纤维配方E6、E7、E8以及ViPro系列产品，均属于全球玻璃纤维领域的重大技术突破。中国巨石还大力推进智能化，生产线上的不少环节都使用了机器人作业。我曾经陪同一位海外同行的CEO参观中国巨石，他对中国巨石生产线的先进水平感到十分震惊。

提质量方面，我一直认为，质量是做企业的根本态度，做企业、做产品、做服务，从根本上讲做的是质量。北新建材是行业里质量管理的标兵，很早就开展了"全面质量控制（TQC）管理活动"，车间班组都成立了"TQC 小组"，后来主动加压率先推进质量体系认证，近年来又引入卓越绩效模式。这一模式源自美国波多里奇奖评审标准，包括领导、战略、顾客和市场、测量分析改进、人力资源、过程管理、经营结果七个方面。北新建材通过持之以恒的努力，产品质量、技术性能指标均超过外资品牌产品，2016 年荣获"中国工业大奖"，2019 年又获得第十八届"全国质量奖"。

增品种方面，以水泥为例，像日本特种水泥有 100 多个种类，包括用于修桥、修隧道、修路的水泥。有了这些不同用途的水泥，产品附加值自然会不一样。近年来水泥产品还出现了艺术化倾向，就是让厂房设施和水泥产品成为艺术品。所以说，水泥企业不能只围着窑炉转圈，要想办法把水泥做出花样来，不仅磨面粉，还要做包子、馒头、花卷等，要增加其附加值。

第三，经营精益化。经营精益化是指聚焦价本利、零库存、集采集销。让企业有更多盈利，这是企业经营管理真正的目的。

一是价本利，也是"八大工法"之一。管理学里学的是量本利，产品生产过程中多增加产品销售数量，减少单位产品的固定费用，从而取得竞争优势。但是在过剩的情况下，想多卖却卖不掉了，产品堆在库里，或者堆在经销商那里，不但没有实质性地降低单位产品固定费用，还占用大量的流动资金，这肯定是不行的。在经济下行和过剩的情况下，不能用量本利，就得改用价本利。什么是价本利？就是稳价降本，我们一般是六字方针：稳价、保量、降本。稳住价格，保住销量，降低成本，获得利润。精益化就是多赚钱，精细化降成本，按照这样一个思路去做的。

二是零库存，这是丰田汽车公司的经营方法。我 20 年前去过丰田，2018年又去了丰田，去参观皇冠生产线，它还是用 20 年前的方法在做，看板管理、零库存。生产线旁边只有二三米过道，这就是它的仓库，汽车把零件推进来在 2 个小时内用完，新的再推进来，所以没有零件仓库。汽车组装完直接开到港口，装到船上发走，如果卖不出去就不生产，没有积压。丰田能做到零库存，而且做得非常好。过去我们的水泥厂恨不得提早把半年的煤买好了，堆在煤厂里自燃，另一边是生产大堆骨料，堆在库里的还没卖出去。现在中国建材不是了，仓库只够一周生产所需的煤，生产出的骨料只够卖一周，不允许多堆放。推行零库存的过程中干部们也不愿意，他们会说最近煤便宜我们多储存点，我说不要储煤，就是高进高出，贵了也没关系，总比押着很多资金好。骨料卖不出去就停产，不要再生产，生产了卖不出去等于掩耳盗铃。两边都堵住，压低企业的库存占用。压低库存占用本身就赚了利息的钱，不这么做反而占用大量的资金。我们推行零库存的具体做法有两个：一是发布库存指引，各基层企业严格执行，原燃材料、备品备件按需采购，产成品随行就市、以销定产；二是加大监督检查力度，将库存作为一项重要考核指标，专职人员对库存量实行监管监控。

三是集采集销，指的是集团公司集中采购集中销售。比如南方水泥有100多家工厂，不能每家工厂都分别采购煤炭，再单独销售水泥，而是要由南方水泥集中采购集中销售，这样才能控制成本、提高效益。

"三精管理"是针对中国建材变强变优、迈入高质量发展提出的管理理念，组织精健化解决组织竞争力的问题，管理精细化解决成本竞争力的问题，经营精益化解决可持续盈利能力的问题。"三精管理"看着挺简单的，一共9条，要真做好了，能够赚不少钱。中国建材2018年正现金流585亿元，2019年赚的会更多。中国建材就是按部就班这么做的，一点不复杂。就像丰田的管理很简单，把简单的东西一直做下去，不含糊，就能赚很多钱。日本人不太学理论，就是用对标管理做出世界一流的东西。为什么我说不要太痴迷管理理论？德鲁克的书我差不多都读完了，但是读完了不一定能做好企业，我建议大家也看看中国建材的这几大管理工法，对标管理做这些东西也能把企业做起来，在世界500强里节节攀升。

坚持经营至上

这些年我们的环境变化很大，出现了很多新问题、新挑战，企业越来越多地感受到来自外部环境变化的冲击。在实践中我们越来越多冲破传统的管理范畴，向大管理，也就是企业经营的方向回归。中国建材的实践也证明，只有坚持经营至上，企业才能稳步地发展。

1. 大逻辑是从管理到经营

我再讲一个观点，就是从管理到经营。从工业革命到现在，在人口和需求增长的持续牵引下，我们始终围绕着怎样把东西造出来、卖出去，怎样更多更好地把东西造出来、卖出去，怎样提高劳动者的技能和效率，进行生产和管理，这曾是我们的大逻辑，是工业革命以来不变的管理核心。但是现在发生了变化，第一个是产量过剩，我们不需要这么多了。第二个是智能化减人，大量的技术和经验已经嵌入智能化的机器，作业员工的数量大大减少。第三个是我们的管理水平空前地提高了，在40年前我们真的不会管理工厂，那个时候要到日本、美国、欧洲国家一点点地学习，现在我们的管理水平空前提高了。但是又有了新问题，环境在变化，创新、市场、商业模式等都在变化，企业的任务和以前不一样了，以前经营者的重头是管理，现在我们的重头转向了经营。不是管理不重要，而是经营更重要。现在做企业的主要任务是面向市场，发现需求，选择销售策略，创新技术，细分产品，为顾客创造价值，从而占领市场，取得利润。

经营和管理有所不同。经营是面对企业外经营环境中不确定的东西，更多的是做决定和选择，目标是盈利。而管理则是面对企业内的具体的人、机、物、料，更多的是方法和制度，目标是提高效率。经营者的使命就是赚钱，而管理者的使命主要是降低成本。从某种意义上说，管理是经营活动的一个子项，其重点在解决成本问题，成本降低会增加利润，但如果经营出现失误，即使管理能做到零成本，企业也不见得会盈利。其实德鲁克早就认识到这个问题，他说管理是正确地做事，目的是提高效率，经营是做正确的事，目的是提高效能，他用的效能一词，实际上就是我们常讲的效益。前面讲到诺基亚，它的总经理说其实他们什么也没做错，但是诺基亚倒闭了。确实，在管理上他们什么也没做错，但是他们没有做正确的事，没有适时把按键手机变成平板手机。摩托罗拉也犯了同样的错误，它创造的六西格玛管理没有任何问题，但是在创新上有失误，在选择上也有失误，没有把握住时机做正确的事。从正确做事的角度而言，现在很多企业都做到了，但是哪些是正确的事，很多企业很难判断。所以在变化的环境中提升经营能力是我们的当务之急，在这种情况下传统管理学的定势思维反而会阻碍我们的管理创新活动。

这就是为什么在座的同学要来学习 MBA、EMBA，各位很重要的任务就是要学会经营。我有时也跟商学院老师们讲，要减少管理课，增加经营课，过去商学院教大家管理的内容比较多。因为工业革命之后企业主要是人管人，过去一个日产 5000 吨的水泥厂要 2000 个人，现在日产 5000 吨的工厂只有 50 个人，一班十几个人，比原来一个科室都少，所以管理就大大简化了。过去我们制造产品是靠个人的技能，要有烧窑工、看火工，窑内温度人工操作很难控制，温度曲线全是波浪形的。现在靠智能化，窑温能保持直线，这是靠技术达到的，技术简化了我们的管理。我讲这个是提醒大家，要把更多精力应用到环境的不确定性、创新的不确定性、商业模式的不确定性上，否则就被颠覆了。要把管理下移，交给我们部下去管，作为经营者来讲很重要的是要提高我们的决策能力。在学习的层面上也要改变，我们来商学院要讨论的不见得再是很传统的管理方式方法，我们要讨论市场的变化，这是和过去很大的一个区别。

我是全国工商管理硕士教育指导委员会（简称"MBA 教指委"）的三届委员，第二届、第三届和现在的第五届，等于做了 15 年的委员。MBA 教指委最早有 20 个委员，现在多了一点，这里面有 2~3 位企业家，我是其中之一，一直参与 MBA 教指委的工作。我每次都跟他们提出 MBA 教育得改善，增加实践教育的课程。像医学院老师一般都能做临床，往往上午上课，下午去做手术，因为人命关天，如果老师只能讲课不能看病，会误人子弟，那学生跟着他会很麻烦。医学院这一点很值得我们学商科的学习。让商学院老师每个人开个工厂，都去做企业，这样不太现实，但是在企业里面确实有一部分人，他们做企业做得好，也能到学校来讲一讲，这种人虽不多，但是可以找到。商学院现在一个重要的事情，就是找到那些做企业做得不错，还能跟大家讲清楚问题的老师来补充学院老师们的不足，这就是实践教授。我在北京大学教了 5 年，是北京大学的杰出实践教授，每年上 4 个半天的课。医学院里面还有一个东西值得学习，就是会诊，请来周围医院的好医生一起诊断一位病人的病情，不同的专家发表意见，最后做出综合判断。企业就很难做到这点，一个企业出问题请几个有名的企业家去，看看怎么帮助它解决，这个场面很少见。其实应该增加这个场面，企业得病和人得病是一样的，光靠自己治不了自己的病，应该有人帮助它。商学院的老师也可以借鉴医学院的做法，既要深入企业一线，又能对具体案例进行管理诊断。

商学院课程设计应该减少管理课，增加经营课，增加对不确定性的研究和对决策的训练。应该让学生多到一些做得好的企业去参观学习，比如到华为和万华去参观一下，保证大家感触是不一样的，比坐而论道要好。要增加实践和交流机会，这也是商学院里面非常重要的。我在北京大学讲课，也是用我的行动尽我MBA教指委委员的职责，多给大家讲一些实践里的事，多讲一些企业里的事。老师有老师的优点，能够系统化地把课程讲一讲，但是还要增加实践。正如创业的第二个阶段途遇师傅，我们得找师傅。

2. 企业领导要当经营者

企业要聚焦经营，这对我们提出了新的要求。我常讲，一个企业领导者首先是一个经营者。经营能力是企业家的核心能力。做企业的一把手，既不是当官的，也不是传统的管理者，而应该是个经营者，经营者就是要赚到钱。我碰到过这样的企业负责人，讲起话来云山雾罩，但一被问到企业效益就吞吞吐吐，原因就是企业不赚钱，也有人一说话都是大概、也许，无法用数字说话。以前有个企业的一把手问我北新建材上市以来每年都赚钱吗，我说是呀，不赚钱怎么行呢，后来知道此人管理的上市公司很少有年头在赚钱。不会经营，长期亏损的企业往往会形成亏损文化，不在乎，觉得亏损了很正常，带有这种亏损文化的干部不能做一把手。

长期以来，我们总讲要眼睛向内，苦练内功，现在我希望大家眼睛向外，要紧盯环境的变化，勇于创新。我跟干部开会讲到，过去我们怎么衡量一个企业领导者，可能他比较深入基层，穿着工作服，戴着安全帽，上级领导一去看，觉得这个干部真好。但现在不能这样想，我们希望干部在市场上，在国外的展览会上，在北京大学光华管理学院读书。我们希望企业领导80%的工作是经营，20%的工作是管理，不是管理不重要，是因为作为一个成熟的企业，管理的基本功该有的都有了，大量管理工作应由基层的干部承担起来，而经营工作却是别人无法替代的。我们需要企业领导有经营方面的能力，而不只是盯着生产。生产让机器人、智能化设备盯着就行了，而领导者的工作要更多围绕着市场和环境。

讲到这里，大家可能很有兴趣，想知道我为什么要到北京大学讲课。我与北京大学有点缘分。我插队的时候就入了党，那时候上大学是推荐制，推荐名额就给了全县的第一名。当时可以选择四所学校，分别是北京大学中文系、兰州大学冶金系、大连海运学院、河北大学。我本来填的北京大学中文系，因为我比较喜欢诗歌、散文，结果我父亲给我改掉了，改成了河北大学化学系高分子专业。我自己也想，如果那时我父亲没给我改，我来了北京大学中文系，现在的我是什么样的？是教书还是成为诗人？这是一段故事，一晃40多年过去了，没想到我现在成了北京大学的实践教授。20世纪90年代我还很年轻，在北新建材当厂长的时候，我就到北京大学、清华大学给MBA讲课，北京交通大学、中央财经大学、中国青年政治学院、华北电力大学等，北方这几个大学我都去讲过课，学校里也需要一些企业家过来讲讲。我为什么是MBA教指委的委员，渊源就在这里。

前些年在北京大学、清华大学有机会就跟大家讲半天课，后来蔡洪滨教授问我能不能在北京大学做个教授，开点课程模块。我一开始也不懂什么叫模块，总之他说多讲讲，不是讲半天就走了，讲一个模块，就是我们今天讲的这种形式。我从2015年开始就在这儿讲课。先讲了两年"穿越迷思做企业"：我们做企业的时候有很多的迷思，怎么来处理？比如多元化还是专业化的迷思，总共讲了20个迷思、100个问题。后来在陈春花教授所在的北京大学国家发展研究院也讲了两年，讲的内容是"经营方略"。

第一次讲完了以后，北京大学的一位老师对我说："请你们企业家来讲课我们也是有压力的。企业家讲半天还行，花四个半天讲一整个模块比较难。关键是没法做讲义，讲义都是我们学校做，我们又不熟悉你们要讲什么。再一个，请你们来讲有时候报名听课的同学少，教室里没几个人，就很尴尬。还有一点，讲四个半天，讲到最后没人了，这也是挺麻烦的。"后来他说我讲得还可以，因为共83个座位全坐满了，最后一天还来了很多同学，教室里还要加凳子。

我的课件做得也不错，不比学校做得差。我说我是 MBA 教指委委员，如果委员讲不好课，怎么指导 MBA 教育？所以我是有压力的。我也是做了充分的准备，准备好了以后再给大家讲，而不是天上一句地上一句，我觉得大家需要的内容我会多讲一些。2019 年 3 月，哈佛大学商学院请我去做案例教学，结尾的时候他们送给我一个哈佛的画册和一个哈佛的棒球帽，我还是很喜欢当老师的。

2007 年我们做了南方水泥重组，2009 年哈佛大学商学院资深副院长鲍沃教授到北京来找我。他研究过美国行业整合课题，研究过东欧米塔尔整合钢铁，他隐隐感觉到中国整合水泥是一件很大的事，所以哈佛大学 2009 年开始跟踪中国建材这个案例，到 2011 年这个案例正式做出来。我们知道去哈佛大学讲一次课容易，企业进入哈佛案例库是不容易的。我这次去哈佛大学看到学院里很多小楼是校友捐赠的，包括华人校友。我专门问了他们，哈佛大学的收入靠什么。答案之一就是哈佛案例，全世界都用哈佛案例，这些案例是按使用人数来收费的，很值钱，所以进入哈佛案例库不简单。中国建材联合重组，包括央企市营被收编进入哈佛案例库，是彩色印刷的，印得很漂亮。

入选哈佛案例库之后，哈佛大学多次联系我，希望我无论如何去做一场案例演讲，因为出了案例一般要请企业家做一场演讲，我始终也没有合适的时间。这一次因为我是世界水泥协会主席，被邀请去给世界银行的官员在华盛顿讲讲水泥的故事，所以我就跟国资委提出我能不能去一次波士顿，一是先到麻省理工学院，看看它的创新，特别是我要签一个跟麻省理工学院的合作协议，二是哈佛大学跟麻省理工学院仅一河之隔，哈佛大学请了我十年，这次能不能去一次。国资委同意了，我就有机会去哈佛大学做了一次案例教学演讲，回来以后在哈佛大学演讲的全文也在国资委网站上进行了刊登，大家可以去看看我在哈佛大学都讲了什么。我对管理教学是挺热衷的，也是尽作为 MBA 教指委委员的职责。

05

制度创新

企业改革的实质就是创新。制度创新往往是问题倒逼的结果，但却又是基础性的。中国建材不断探索改革前沿，形成央企市营模式，积极试点混合所有制，伴随国有企业监管体制改革，加快推进机制革命，顺利完成两材重组，正在试点建立国有资本投资公司，生动诠释了企业如何通过制度创新释放出强大动力。

制度创新是其他创新的基础，也是改革的重要抓手。改革主要是改制度。所谓改革，就是通过制度创新，解放生产力。不是细枝末节的修剪，而是对原有制度、体制的根本性变革。中国建材这些年主要做了四件事：一是早期建立现代企业制度，改制上市，从传统的纯而又纯的国有企业变成运作公开透明、管理科学规范的公众公司；二是在市场倒逼下，提出并践行央企市营，实现了国民共进；三是推动两材重组，建立国有资本投资公司，以股权方式经营国有资本；四是开展机制革命，建立起企业效益和经营者、员工利益的正相关关系，让企业成为共享平台。我的想法也有一个变化过程。20世纪90年代时我认为现代企业制度就可以解决体制问题，但现在，我发现还需要一个好的机制。中国企业包括民营企业，要想发展起来，一定要在机制创新上下大功夫。

形成央企市营模式

中国建材原来只是一家底子薄、资本金少的"草根央企"。我们通过与市场资源的联合、与社会资本的混合两大改革改变了命运，实现了快速发展。这主要是因为我们提出并践行了"央企市营"，就是中央企业市场化经营的新模式。

1. 何谓"央企市营"

"央企市营"的概念是我2002年提出的，但随着实践的深入，这个理念也逐渐成熟和更加完善。2008年左右，我向国资委的一些领导汇报了"央企市营"的想法，并与时任研究局局长彭华岗进行商讨。后来，《财富》（中文版）把这个观点首次刊发出来。2011年《经济日报》用了一整版对"央企市营"做了系统介绍，并把它作为中央企业改革的新模式。哈佛大学在编写中国建材重组案例时，专门收录了这个自创词，并译为"Marketize SOE"。"央企市营"既不是"央企私营"也不是"央企民营"，而是中央企业市场化经营。

"央企市营"中的"央企"是所有者属性，包括四个内涵：一是坚持企业中党组织的领导作用，坚持党的领导是我国国有企业的独特优势。二是带头执行党和国家的方针政策，带头推进产业升级、科技创新和节能减排，带头大力发展战略性新兴产业。三是在企业发展过程中，主动承担政治责任和社会责任。四是创造良好的经济效益，为国家保值增值，为全民积累财富，真正成为我国社会主义经济建设的顶梁柱。

"市营"是市场化属性，包括五个要点。

一是股权多元化。无论是纯国有还是家族企业，单一的所有制效果都不理想，事实证明，多元化股份制更利于企业经营，更适合建立规范的治理结构。目前，国有企业中上市公司的资产占到76%。中国的国有企业绝大部分已经上市了，如果一定引用科斯理论，说民营企业效率高过国有企业的话，那么今天中国纯而又纯的国有企业已经很少了，大部分都进行了股权多元化改造。此国有企业非彼国有企业。股权多元化不仅把民营资本和社会资本吸引进来，而且使企业决策体系、管理体制和经营机制发生深刻变化。

二是规范的公司制和法人治理结构。中央企业过去大部分是以《中华人民共和国全民所有制工业企业法》（以下简称《企业法》）注册的，按照国资委要求，所有中央企业已经全部改制为公司制企业。公司制改革核心是转换体制机制，不是简单翻牌，而是要通过改革让企业成为真正的市场主体和法人主体，建立规范的治理结构，只有规范的《公司法》下的公司才有真正的董事会，而《企业法》下的公司并没有董事会的法定地位。

三是职业经理人制度。现代企业制度是建立在委托代理制度上的。完善的董事会制度只解决了国有企业规范治理问题中的一半；只有把职业经理人制度建立起来，才能构成企业委托代理的完整闭环。现在中国建材的会议经常是三种人参会：体制内的干部、市场化选聘的职业经理人、有股份的原民营企业老板。虽然这三种人都是企业高管，但三者收入差距悬殊，大家笑称是无产者在教有产者怎么赚钱。从长期看，这不利于企业稳定发展，所以要建立中长期激励机制，充分调动职业经理人的工作积极性和创业热情。

四是内部市场化机制。国有企业改革的初衷是建立市场化机制。用人用工及分配机制等方面与市场接轨，干部能上能下、员工能进能出、收入能增能减。三项制度的改革看似简单，是改革最初的出发点，但直到今天仍是国有企业改革的难点，只能称之为"半市场化"。

五是按照市场化规则开展运营。即企业完全遵从市场的统一规则，只享受正常的公民待遇，不享受特别待遇，不吃偏饭，不要额外保护，和民营、外资企业同台竞技、合作共生，追求包容性成长。

2. 用实践来回答困惑

"央企市营"模式实际上就是通过总结十多年的实践，来探索回答怎样建立现代企业制度这样一个大问题。我们讲制度创新，这里面的制度不是一般的管理，而是整体适应市场经济的体制。1994年国家经济贸易委员会在全国推出现代企业制度，提出四句话十六个字的方针"产权清晰，权责明确，政企分开，管理科学"。建立现代企业制度是国有企业的一场深刻变革。从20世纪90年代中期的北新建材"百户试点"到后来的改制上市，再到中国建材靠联合重组和资本运作快速发展起来，形成比较成熟的央企市营模式，这是一个创新创业的艰难历程，其间也出现了许多的质疑和困惑。国有企业究竟能不能市场化经营？中国建材通过实践成功地回答了这个问题，"央企市营"模式可以做到，就是我们给出的答案。

记得2013年6月在成都举行的《财富》全球论坛上，有一场耶鲁大学资深教授史蒂芬·罗奇与我、陈东升[①]等人的对话。罗奇教授以前是摩根士丹利的首席经济学家，在美国很有名，可能仅次于格林斯潘。他对中国很友好，写过两本书《下一个亚洲》和《经济再平衡》，这两本书很值得看，一本是讲中国未来的发展，一本是讲中美经济不平衡会出事。2013年的国内外舆论对国有企业非常不友好，许多人对国有企业穷追猛打，要说国有企业不好底下就有人使劲鼓掌，现在舆论好了很多。那时恰恰让我去跟他对话，题目又非常敏感，是美国《财富》杂志拟定的题目"国有企业和私营企业"，国资委领导也在底下坐着听，确实挺难讲的。

罗奇先生上来就问了我两个问题，第一个问题是：作为国有企业的领导者，你怎么理解让中国国有企业成为充分市场竞争中的一员？你是个国有企业领导者，怎么理解国有企业？第二个问题是：国有企业现在发展得比较好，很有活力，为什么国有企业能活下来，是不是跟政府在20年前让你们上市有关？我一看这是思想家，我说您刚才的问题正是答案。中国的国有企业不是西方人理解的国有企业，也不是我们改革开放以前的国有企业，我们是经过上市改造了的国有企业。20年前我们上市，本来只是想融资解决发展的资金问题，没想到拿到钱的同时把机制也带了进来，走上了一条充分市场化的道路，所以上市公司经历了脱胎换骨的改变。现在中国的国有企业、中央企业70%以上资产都在上市公司，没有哪家企业不上市，好企业都上了市。上了市以后就是对原来国有企业那一套东西进行改变，不再是单纯的国有企业，而是由社会投资人共同组建的企业，是上市公司。正是因为上市，国有企业发生了翻天覆地的改变，中国的国有企业之所以有竞争力，原因就在于市场化改革，经过长期改革，中国国有企业的市场化程度已很高。比如北新建材，国有资本在股权里面占比很小，中国建材集团在中国建材股份里占44%，中国建材股份在北新建材里占35%，算下来北新建材的国有股只有15%，剩下的都是社会股东。这样一家高度混合的公司，将其视同为改革开放前的国有企业，或者视同为国外当年

---

① 中国企业家，创办嘉德拍卖、泰康人寿、宅急送三家企业。

的国有企业，肯定是不对的。

中国国有企业会有竞争力，就是跟上市有关。中国建材在香港上市，国药集团在香港上市，中国建材集团里有13家上市公司，如果不跟市场接轨，如果不上市，如果不对国有企业进行上市改造，能有现在的中国建材吗？是没有的。我们理解国有企业的时候其实要理解到这些。我为什么要到哈佛大学演讲？就是我认为要有人跟美国人说清楚这件事，大家打嘴仗，他们说国有企业不能搞，我们说国有企业就要搞，这样无谓的争论是没有意义的，要把事情说清楚。实际上中国的国有企业，是社会主义市场化下的国有企业，已经不再是计划经济下传统的国有企业，这是根本的区别。这样才能把这件事解释清楚，国内民营企业和国际上才能够接受这件事，大家才能够坚持市场中性原则。中国的国有企业是改革后的国有企业、市场化的国有企业、上了市的国有企业、混合了的国有企业，所以国有企业改革的方向就是市场化。

习近平总书记视察万华时，就斩钉截铁说了几句话："谁说国企搞不好？要搞好就一定要改革，抱残守缺不行，改革能成功，就能变成现代企业。"① 万华是国有控股，国有股占20%，员工持股20%，其余是社会资本。万华的前身是1978年成立的烟台合成革厂。万华规定将创造的利润的15%分成给技术人员，而且5年不变，所以创新很多。万华2018年做到了640亿元的收入，赚了160亿元的利润，一家传统的国有企业能做得了吗？有这个竞争力吗？因为它是上了市的万华，它是有职工持股的万华，它是有科技分红的万华，所以它有很强的竞争力。民营企业和国有企业竞争的时候不要光看国有企业是不是垄断，国有企业是不是让政府和银行给它贷款，而要看到它的改革。20年前国有企业一片一片地倒下，现在剩下的国有企业都是那一次的幸存者，为什么它们幸存了？就是因为改革，它们大部分上市了，进行了一场关键的制度创新，我想得给大家讲清楚这些问题。

探索混合所有制

探索混合所有制，就是在发展中引入非公资本，大力发展混合所有制经

---

① 2018年6月13日，习近平总书记在山东考察时的讲话。

济。混合所有制改革是一大创举，让我们看到了打通国有企业改革最后一公里的希望。

中国建材和国药集团比较早地探索了混合所有制改革，总结了一条行之有效的新路。中国建材也好，国药集团也好，靠什么做成世界500强企业？两家企业都是混合所有制改革的先行者。2014年7月15日，国资委召开新闻发布会，宣布中央企业开展4项试点工作。其中社会关注度最高的是混合所有制试点，国资委挑选的两家试点单位是中国建材和国药集团。中国建材的资金有75%来自社会资本，只有25%是国有资本；国药集团的资金有60%是社会资本，40%是国有资本。它们的共同点是都处在充分竞争领域，都是通过混合所有制快速发展起来的中央企业，数年间便跻身世界500强企业行列，这就是混合所有制改革成效的明证。

1. "混改"创新源自生存压力

前面讲到，央企市营是倒逼的结果。中国建材的混合所有制改革，也不是先见之明，也是生存本能支配，源自长期的经营实践，极具生命力。2014年年初，央视《对话》开年第一期专访，让我讲讲其中的故事，并取名为"尝鲜混合所有制"。我刚当中新集团总经理时，国有企业改革发展正面临最困难的时期。当时公司穷困潦倒，前任总经理给我打了个电话，他说："志平，我从弹坑里爬出来了，该你进去了。"进去了才知道，真是个弹坑：职工嗷嗷待哺，债主们临门催账，门上给你贴了封条，不知道未来如何是好。在任命大会上，监事会主席说，作为一家中央企业，如果做不到行业第一，就没有存在价值。这句话让我压力更大。我们召开了战略研讨会，研究究竟该做什么产品才能成为行业第一。大家说要进入占建材工业GDP 70%的水泥业务。而我们当时主要做新型建材，只有一两个小水泥厂，水泥又是重资产业务，"巧妇难为无米之炊"，钱从哪儿来？怎么办？

我想到两件事，一是去找资本市场，讲个故事，借米下锅；二是去找民营企业，端出牛肉，搭伙做饭。中国建材开始践行"央企市营"改革模式，一边要上市，一边还要吸收民营资本发展混合所有制经济，通过与市场资源的联合和与社会资本的混合改变了自身命运。

第一件事，到香港上市。那时《21世纪经济导报》是比较前卫的报纸，我订了一份，有一天突然看到一个消息，写的是可以把国内A股打包到香港上市，当时香港都追捧中国概念股。我们手里有北新建材、中国巨石，一打包再加点水泥业务到香港上市，就叫中国建材。我通知办公室下午召开经理办公会，说我们要在香港上市，大家全用怀疑的眼光看着我。我研究了香港现在有2000多家上市公司，我们上了市在香港不是最差的，处于中等偏上。后来一听中国建材要上市，国际券商全来了，看到我们的账本又都走了，他们的结论是上不了市。好不容易把摩根请来了，当时我每个月都要给上市团队包括中介机构做一次讲话，强调中国建材能上市，而且上了市之后是一家特别好的公司，鼓舞大家。2005年注册的公司，2006年3月在香港成功上市，每股2.75港元，拿到20多亿港元资金。第一次募集到钱，我们就干了一件特别大的事：2006年7月收购了徐州海螺。当时海螺集团是国内的水泥大王，它的徐州海螺有一条万吨生产线，中国建材在徐州有两条5000吨的生产线，双方争夺市场，水泥价格从每吨400元打到200元，都亏本。只能要么你收我，要么我收你。后来我们坚持要收购，对方就要涨价，涨点价我们也同意。我有一个"老母鸡理论"，如果收的企业后面能赚钱，可以多给它一个月的鸡蛋钱，如果它是公鸡、肉鸡，那就要斤斤计较，因为它不下蛋。本来市场不大相信中国建材能做水泥，我们又不懂水泥，水泥投资又那么大。收徐州海螺是"蛇吞象"的收购，我们用了在香港上市募集的一半多的钱，把市场全震动了，让全世界投资者都确信，中国建材真的要做水泥。我们的股价从2.75港元，一下升到超过7港元，后来一路上升，最高的时候涨到39港元，股票价格上升的同时增发股票，通过增发继续拿到钱，继续把重组做完。

上市让我们得到了第一桶金，但这点钱用于大规模重组只是杯水车薪。第二件事，我们还要找民营企业进行资本联合，引入社会资本，就产生了混合所有制。我整合完徐州海螺后就去了浙江，了解浙江水泥市场。浙江是市场经济比较发达的地区，水泥结构调整进行得很快，小水泥厂纷纷被淘汰，建立了很多大的水泥民营企业。然后一家一户地开始互相打仗，打到头破血流，水泥价格降到180元一吨，大家都亏损，需要有人站出来整合。当时外国人也看到了这个机会，外国大公司都进入浙江，分别跟当地水泥大企业签了协议，有的交了定金，有的做了尽职调查。我们觉得中国建材必须去，到了浙江先找带头的四家企业，浙江的四大水泥巨头。这四个人价格战打得见面都不说话，我把他们召集起来，在西湖的汪庄请他们喝茶，从早晨喝到晚上。当时我读奈斯比特写的《定见》，里面有11个定见，其中有一个叫"要变革就要端出牛肉来"。这就是制度创新的动力所在，要改革一定要让大家有好处，没好处谁跟着你改革？而且这个好处得显而易见，不能说做了很多模型、很多算法，最后谁都看不懂。

我们端出三盘牛肉：第一盘，合理定价，还给出适当优惠。用公平的价格收购，可以适当地有点溢价。第二盘，要给大家留30%的股份。过去他们100%控股却面临亏损，今后留30%，却可以等着分红。第三盘，这些人做了一辈子水泥，如果收购了他们的公司，给钱让他们走人，他们干什么去？我认为他们可以留下来做职业经理人，带上中国建材的徽章，学习接受中国建材的文化，转变成我们的职业经理人，因为我们也没有那么多职业经理人。那么问题也就来了：这些人已经是亿万富翁，他们还愿不愿意做职业经理人？我们证明了是可以的，因为人还要工作，工作里有快乐和成就感。跟着我们干的那些职业经理人，大家都是起早贪黑地工作，有人的爱人说以前他自己做的时候还可以旅旅游，现在跟中国建材没日没夜地干。这是为什么？因为有了集体荣誉感。中国建材坚持内部对标，KPI公开比较，激励大家全力以赴地工作提高业绩，在中国建材脸比钱还重要。职业经理人是"带枪参加革命"，他们来上班开着奔驰、宝马，都是自己的车，发给他们的工资卡一年没用过，招待客人都是刷自己的卡。当然不是只有精神没有物质，最重要的是公司越做越大，职业经理人共享股份。有时大家问重组招进来的民营企业家们是不是一帮土豪，我说不是，我们每次水泥公司开会，底下坐着整整齐齐的都是年富力强的精英，因为能做水泥的，都是亿万富翁，都得有几把刷子才行，是很整齐、很优秀的团队。我们为什么愿意搞混合所有制？混合所有制不光解决了资金、机制问题，也解决了干部来源问题。在座的大部分来自民营企业，也有少数来自国有企业所属单位，你们读完EMBA课程，都可以来中国建材做我们的职业经理人，比照市场水平定酬。我们最近做了个关于职业经理人制度的新规定，职业经理人到中国建材任职，不收护照，不登记财产。

"三盘牛肉"最终吸引四家企业全部加入中国建材。2007年9月26日，南方水泥在上海正式宣告成立。南方水泥成立时，时任上海市委书记习近平同志专门发来贺信，鼓励我们推动"战略整合、区域合作、联动发展"。南方水泥成立后，在短短三年时间内就重组了近150家企业，从不产一两水泥到快速形成1亿多吨的产能。2009年，中国建材又挥师北上，组建北方水泥。2011年成立西南水泥，中国建材在全国水泥市场的战略布局完美收官。短短几年时间，中国建材重组近千家企业，一跃成为全球水泥大王，创造了世界水泥发展史上的奇迹。在中国建材大规模重组的推动下，中国水泥产业集中度由2005年的9%提升到了2018年的64%，行业利润由2005年的80亿元到2018年的1546亿元，创历史最高。

在发展混合所有制过程中，中国建材走出了一条以"国民共进"方式进行市场化改革和产业结构调整的新路，实现了多重效益：一是促进了企业快速发展，中国建材营业收入和利润总额双双增长150倍，连续多年进入世界500强；二是显著放大了国有资本功能，中国建材以400多亿元国有资本吸引1300多亿元社会资本，撬动近6300亿元总资产，混合所有制覆盖面达80%；三是推动了行业结构调整与转型升级，在国家没有投入一分钱的情况下，中国建材通过企业自主的"混合"方式，把众多企业联合起来，推动了水泥行业的供给侧结构性改革；四是培育了一批优秀骨干企业和善打硬仗的企业家队伍，像南方水泥2018年利润达到上百亿元；五是开创了国有经济与民营经济共生多赢局面，实现了包容性成长。

在我任国药集团董事长期间，我把中国建材的行业整合和资本混合的经验成功复制过去。大家可能奇怪，建材和医药两个行业差别这么大，为什么选择了同样的发展模式。建材和医药虽然风马牛不相及，但这两个行业都处在充分竞争的领域，也都存在企业分散、集中度低、恶性竞争等特点。在医药销售领域，中国有两万多家小药商，而美国的医药销售、分销、配送市场完全由三家企业覆盖。中国药业急需结构调整，国资委选我来带领国药集团。国药集团也由此走上了市场化改革道路：2009年9月国药集团控股在香港上市，在资本市场融资60多亿港元，在全国先后混合了600多家医药企业，覆盖全国290个地级市，打造出国家级医药配送网。2013年，国药集团和中国建材一道，双双进入世界500强。

2. "混合"要道术兼备

从混合所有制探索的实践中，我们感到混合所有制关键在改不在混，在于制度创新。成功的改革既要循"道"又要有"术"。"混合之道"是指混合的思路和原则，"混合之术"是指混合的做法和措施。

我们探索出三条成功的混合之道。一是混改公式，"央企的实力＋民企的活力＝企业的竞争力"。发展混合所有制不仅是资金的混合，更是能力的混合、优势的混合、文化的混合。举个例子，在一个家庭里，父母长得一般，但孩子继承了父母的优点，可能长得很精神。混合所有制也是一样，最要紧的是继承国有企业和民营企业的优点，把国有企业的经济实力、规范管理和民营企业的市场活力、拼搏精神有机结合起来。如果把传统国有企业常有的官僚主义和民营企业常有的非规范化结合在一起，混合所有制一定是失败的。

二是混合三原则，"混得适度、混得规范、混出效果"。"混得适度"是指在"相对控股""第一大股东""三分之一多数"等基本前提下，探索多元化股权结构。改革中既不能一股独大，导致所有者缺位，也不能股权过于分散。"混得规范"即要结合市场监督机制，完善保护国有资产的相关制度流程，保证操作透明、规范，有效防范国有资产流失。在方案设计的最初阶段，邀请律师事务所、会计师事务所、人力资源咨询公司、投资银行等机构全程参与，确保方案依法合规，同时制定实施细则，确保操作规范。"混出效果"即围绕提高运行质量和赢利能力，控风险、增活力、出效益，使其成为企业持久的发展动力。

三是十六字方针，"规范运作、互利共赢、互相尊重、长期合作"。这确保了混合所有制企业能够避免和排除问题，流畅运作，持续良性运转。

我们还创造和总结了六大混合之术。一是以"三盘牛肉"吸引民营企业。要混合必须实现双赢，要变革必须端出"牛肉"来。在和民营企业"混合"中，中国建材端出公平合理定价、给创业者留有股份、保留经营团队并吸引创业者成为职业经理人这"三盘牛肉",用公平实在的收益吸引重组企业加入,为发展混合所有制经济、实现国民共进奠定制度基础和实现路径。"三盘牛肉"的做法,集中反映了与人分利、共生多赢的核心思想,在联合重组的过程中起到了关键作用。

二是以"三层混合"深化产权改革。第一层,在上市公司中,中国建材股份等公司吸纳大量社会资本;第二层,在业务平台上,把民营企业的部分股份提上来交叉持股;第三层,在工厂层面,给原所有者留30%左右的股权。通过"三层混合",既保证了集团在战略决策、固定资产与股权投资等层面的绝对控股,又调动了子公司在精细化管理、技术改造等环节的积极性。

三是以"三七原则"设计股权结构。中国建材集团在联合重组、组建混合所有制企业中通常采用"正三七"和"倒三七"的多元化股权结构。"正三七"指中国建材集团持有上市公司中国建材股份不低于30%的股份,保持第一大股东相对控股,其他投资机构股份及流通股不超过70%。"倒三七"是指中国建材股份持有其所属子公司股份约70%,给机构投资人和原创业者保留30%股份。通过"正三七"与"倒三七"的股权划分,集团形成了一套自上而下的有效控制体系,在保证集团有效管控的前提下,确保了上市公司和子公司合并利润,同时将市场机制引入企业内部。

四是以"积极股东"完善公司治理。探索多元化股权结构,重点是要引入积极股东。在实践探索中,我们认为较为合理的混合所有制结构,是国有资本和两三家非公资本组合形成公司的战略投资人,即积极股东,其余股份由财务投资人和股民持有,这样既能保证企业有负责任的股东,也能使广大投资者有高额的回报。以所属北新建材为例,中国建材持股中国建材股份44%,中国建材股份持股北新建材35%,地方国资泰安市国泰民安投资集团有限公司持股7.46%,泰山石膏管理层贾同春及其一致行动人合计持股8.85%,其余为流通股。以所属中国巨石为例,中国建材股份持有26.97%股权,民营企业创业团队振石控股集团持有15.59%股权,A股流通股股东持股57.44%。这两家企业都是非常优秀的上市公司,都获得了"中国工业大奖"。北新建材是全球最大的石膏板生产企业,在充分竞争、完全开放的石膏板行业赢得了国内50%以上市场份额，2018年实现营业收入126亿元，归属于母公司的净利润25亿元。中国巨石是全球最大的玻璃纤维生产商，全球市场占有率为22%，2018年实现营业收入100亿元，净利润24亿元。

五是以"包容文化"推动和谐发展。坚持"以人为本"，构建"待人宽厚、处事宽容、环境宽松，向心力、凝聚力、亲和力"的"三宽三力"人文环境；坚持"绿海战略"，带动行业建立生态的、可持续发展的市场环境；坚持"十六字"原则，寻求各方最大公约数，维护了国有资本权益、民营资本权益和小股东利益。在文化与制度的耦合下，中国建材通过与自然、社会、竞争者、员工和谐，实现包容性增长。

六是以"管理提升"确保改革实效。管理要有工法。我们前面总结了"格子化"管控，将所属企业的职能分工、经营模式和发展方向固定在相应的格子里；推行"八大工法"（五集中、KPI、零库存、辅导员制、对标优化、价本利、核心利润区和市场竞合）、"六星企业"（业绩良好、管理精细、环保一流、品牌知名、党建先进、安全稳定）、"三精管理"（组织精健化、管理精细化、经营精益化）。

3. "混改"探索更向何处去

混合所有制先行先试走了这么些年头，我也经常反思：混合所有制究竟是什么？混合所有制究竟会引领企业向哪里去？下面说说我的体会。

第一，混合所有制是新型所有制形态。

发展混合所有制不是一个新概念，早在党的十四届三中全会上就提出了混合的概念。到党的十五大时，混合所有制经济的概念被正式提出来。十八届三中全会提出，混合所有制经济是我国基本经济制度的重要实现形式，这既是对多年来国有企业改革实践的总结和认可，也为新形势下深化国有企业改革指明了大方向、着力点。多年的实践表明，在社会主义市场经济发展过程中，国有企业和民营企业必然在体制上互相混合、功能上互相融合、发展上互相推动。

前面跟大家讲我插队时学会了两件事，第一，要剪枝，不停地剪枝，企业成长过程中要剪枝，不能疯长。第二，杂交带来优势，企业杂交可以融合国有企业的实力和民营企业的活力。企业家精神、拼搏精神和市场化，这是民营企业的优势。为什么中国建材有强劲的竞争力？因为我们的干部原来大都是民营企业出身，都是在市场中锻炼出来的，都是跑过全程马拉松的。如果是没跑过全马，也没跑过半马，做事慢悠悠的一伙人，能做得好企业吗？有的原体制内的干部在跟民营企业合资上别别扭扭的，我劝他们说：不要别扭了，你们拉车拉不动，腿脚不利索，就当董事长在车上坐着，找腿脚利索的民营企业家拉车，他们当总经理，扬长避短，中央企业的实力加民营企业的活力会让企业的轮子快点转起来。

混合所有制是新事物，大家对混合所有制有时候还有顾虑，国有企业害怕民营企业进来之后蚂蚁搬家，国有资产流失；民营企业怕国有企业进来后被公私合营，被扫地出门。我认为混合所有制应该做成大家都出资金的一种股份制，用股权说话。当然，从国家方面，要放松对混合所有制的管制，让企业经营上更加市场化，作风上更加接地气。混合所有制既不能视同于传统国有企业，也不能视同于传统民营企业，我们要把它看成新的物种，党的十八届三中全会决议里就是这样写的：混合所有制，国家的股份和非公股份交叉持股，互相混合形成的一种新型所有制。

我有两本书是厉以宁教授作的序，一本是《国民共进》，讲混合所有制的，我提前把书稿给了厉教授，厉教授大概看了半个月后给我写了个序。这个序写得非常好，2000多字，是他用小字一个一个给我写的，我看完很感动。我个人认为读不读这本书不重要，建议大家读一读厉教授的序。这个序里有一句话："在一定时间内，国有企业（包括特殊行业的国有独资企业）、混合所有制企业、纯粹的民营企业（包括大量小微企业）将会三足鼎立，支撑着中国经济，但各自所占GDP的比例将会有所增减，这是正常的。"所以多点少点没关系，民营多点没关系，混合所有制多一点也没关系，国有企业多一点也没关系，就这么一个逻辑。另一本是为了纪念改革40周年我写的回忆录《改革心路》，出版之后厉教授提笔写了一篇小文章《事在人为》，后来厉教授欣然答应再版的时候把这篇文章作为序。所以新版《改革心路》有厉教授的序，也不长，但是字字千钧，写得很好。

第二，混合所有制的目的是国民共进。

制度创新常常会打破旧格局，造就新的利益分配格局。在混合所有制改革过程中有人提出来，这会不会是一次"国进民退"，面对这些担忧，我们通过实践证明了，混合所有制是一种帕累托改进①。不但总体收益增加，而且无论是国有企业还是民营企业，都会从中受益。

发展混合所有制不仅是资金的混合，更是能力的混合、优势的混合、文化的混合。我做国有企业40年，和民营企业打了很多年交道，我认为让国有企业完全市场化和让民营企业管理规范化都是很有难度的一项工作，而混合所有制提供了一个捷径，比较好地解决了国有企业市场化和民营企业规范化的问题，混得好，可以起到"1+1>2"的效果。

混合所有制是把金钥匙，它解决了几个问题。

一是解决了国有经济和市场接轨的问题。过去，个别经济学家总讲国有经济与市场经济难以融合。我们推行市场化，国民经济究竟怎么跟市场接轨？长期以来，谁都没找出办法，这是国际上的难题。当然，面对这个难题我们不能望而生怯，习近平总书记说国有企业一定能搞好，要坚定信心。后面还有一句话，"要搞好就一定要改革"②，关键就在后面这第二句话。所以，国有经济怎么跟市场接轨？国有企业得注意不要单纯地下海，进入市场跟民营企业竞争。因为民营企业会觉得自己是纳税人，给国家缴税，国家拿着税又搞了一个同样产品的公司来和自己竞争，这就是悖论。现在我们找到一个好办法就是搞混合所有制。为什么新加坡淡马锡模式③可以成功？它投资的下属公司全是混合所有制企业，它是国家的，但是按市场方式做，大家就没意见。在一般的竞争领域，国有经济要变成市场里的股份，不要一股独大，更不要全资竞争，要变成

---

① 意大利经济学家帕累托提出的一个经济学概念，即在某种既定的资源配置状态，任何改变都不可能使至少一个人的状况变好，而又不使任何人的状况变坏。
② 2018年6月13日，习近平总书记在山东考察时说："谁说国企搞不好？要搞好就一定要改革，抱残守缺不行，改革能成功，就能变成现代企业。"
③ 淡马锡模式就是淡马锡控股公司的经营方式。这种经营方式是以客户为导向，批量处理中小企业贷款担保申请、审批、放贷及风险控制，即建立"信贷工厂"提供中小企业融资。淡马锡公司有着优质的治理模式，拥有淡马锡100%所有权的新加坡财政部在公司内部起的作用很小，真正起到关键作用的是公司特殊的董事会构成，分层递进的控制方式和有效的约束机制。

一个竞争中性的公司的股份，在混合所有制中分点红，有进有退，流动增值，这样就解决了这个问题。

二是解决国有企业深化改革的问题。我们总讲政企分开，纯的国有企业能分开吗？很难分开。上市后为什么能分开了？大家都知道那是上市公司的钱，别随便动，惹了股民不得了。所以市场化有利于深化改革。如果不市场化，不上市，不跟民营企业合作，怎么能引入市场机制？如果全都是老国有企业行政化那一套，市场机制就没法做了。混合所有制下，引入管理层激励机制、员工持股和发扬企业家精神，建立起内部机制，让大家多劳多得。在混合所有制里可以推行员工持股、职业经理人、超额利润分红权改革。以上的前提都是在混合所有制内，而不是指的纯国有企业，纯国有企业不能这么改，先混了才能改。

三是解决了社会资本进入国有企业的途径。过去国有企业垄断的一些资源，现在国家发改委都打破了，电信、石油，统统允许民营企业进入，从哪儿做？混合所有制，放开一个口子让民营资本进入，民营企业就可以进来了。

四是解决了"国进民退"还是"民进国退"的长期纷争。这是混合所有制的功能。过去郎咸平批评"国退民进"，现在有人批评"国进民退"，这都是零和思维，我都不同意，应该是国民共进。我2014年出了一本书《国民共进》，配合当时的混合所有制改革。我在书中讲到国有企业与民营企业的合作就好比一杯茶水，水可能是国有企业的，茶叶可能是民营企业的，但变成茶水之后就没办法分开了，也没必要区分，国民共进共赢。

第三，混改的关键是"改"不是"混"。

混合所有制是个好东西，但是混合所有制的核心是要改革，不然混在一起还是没意义，混了如果没改革，宁可不混。上市公司不改制，上了市国有企业不改制，宁可不要上市，否则只能带来麻烦。回顾当年国有企业改革上市时，一些上市公司按照和母公司资产、财务和管理"三分开"的要求，真正把市场机制引入企业，像中国建材旗下的北新建材和中国巨石，都通过上市建立了现代企业制度，后来才得以快速发展，成为优质上市公司。所以上了市得按上市公司的方式来做，混合了得按市场化做，如果混完了还按照老国有企业那套做,那肯定不行。有的公司把上市作为"圈钱工具",母公司和上市公司之间完全是原来传统国有企业的那套做法,上市以后,资金还是从左口袋到右口袋,最后既掏空了上市公司,母公司也一塌糊涂,甚至倒闭了。所以混改里最关键的是"改",而不是"混"。

混合所有制不是一混就灵,也不能一混了之,核心是通过混合所有制引入市场化机制,真正地让企业有活力、有动力,这才是做混合所有制的根本目的。混合所有制企业关键是转换经营机制,既要发挥国有企业的实力,又要真能注入民营企业的活力,真正提高企业的竞争力。现在有的企业已经"混"起来了,但"混"了以后没有深入改革,也就没有取得成效。这就需要混合所有制企业在推行员工持股、职业经理人制度等方面有所突破,让资本所有者和劳动者共享劳动成果。作为国资委混合所有制改革的试点单位,中国建材通过多年混合所有制改革的探索,积累了不少经验,现在正通过多项新的试点,将混合所有制改革推向深处。

在新的国资管理体制下成长

2019年五一国际劳动节前夕,国务院正式印发了《改革国有资本授权经营体制方案》(以下简称《方案》),再次强调"三个归位",即将依法应由企业自主经营决策的事项归位于企业,将延伸到子企业的管理事项原则上归位于一级企业,将配合承担的公共管理职能归位于相关政府部门和单位。"三个归位"是国有资产监管体制的重大转变,能够让企业真正成为市场竞争主体,满足竞争中性要求。作为国有企业的负责人,我对"三个归位"特别关注,因为企业负责人要对企业负责。我认为,这个方案是国有企业改革长征路上非常了不起的一次制度创新。

1. 对新方案的几点思考

这次的改革方案,我认为主体很清晰,核心是授权给国家出资企业——国有资本投资、运营公司,即把权力授给中间层,国资委不直接去管企业经营的具体事务。所以,从国资委层面做好对国有资本投资、运营公司的管理,在这个层面上解决好授权问题,这是《方案》的核心要义。

我认为，国有资本投资公司的集团总部应有三项职能：融资、投资和行使股东权利，投资公司通过国有资本有进有退，实现国有资本合理流动和布局优化，促进国有资本向关系国家安全、国民经济命脉的重要行业和关键领域集中。

在改革里，政企分开的难关是绕不过去的。过去我们实行计划经济，政企不分，效率低下，问题不少。进入社会主义市场经济后，由市场配置资源，企业要成为有竞争力的市场主体，就不能再作为政府的附属物。西方遇到过类似问题，他们的解决方案是将国有企业私有化。中国是社会主义国家，怎么把公有制为主体、多种所有制共同发展的基本经济制度跟市场接轨，实现方式是什么，这是改革的出发点和难点所在。

党的十八大以来，我们在顶层设计上提出以"管资本为主"的监管方式，纲举目张，打通了改革的"最后一公里"。十八届三中全会提出完善国有资产监管体系，以管资本为主加强国有资产监管，改革国有资产授权经营体制，准确界定国有企业功能定位。党的十九大进一步明确，改革国资监管体制，把国有资本做强做优做大。从前，国资监管是管人管事管资产，国资委既做"婆婆"又做"老板"，现在以管资本为主，让国资监管部门真正回到出资者和管理人的角色。

其实，国有资产的监督管理不应片面理解为监督，监督的同时更要注重管理，而管理又不是一味地要管住、管死，而是要管好，要促进发展。管好就要立足于把国有资本做强做优、发展壮大。"管"的目的是做强做优做大国有资本，实现国有资产保值增值和发展。如果只强调监督、追责，可能会使很多人怕追责而不担当、不作为，那企业的经营发展就会停滞不前。在企业董事会里我常讲，赞成一个错误的决定和否决一个正确的决定，同样负有责任。否决一个正确的决定可能负有的责任更大，因为企业会因此错失长远发展的机会，而企业不发展就是最大的风险、最大的国有资产流失。

国资委要实现以管资本为主，关键是转变职能、简政放权。而授权放权的对象就是国有资本投资、运营公司。国有资本投资、运营公司是管资本的载体，改组组建两类公司后，国资委就可以归位于国有资本出资人代表位置上来，构建"国资委—国有资本投资、运营公司—混合所有制企业"的三层管理模式。

第一层：国资委作为出资人对国有资本投资、运营公司等授权放权，以管好投资、运营公司实现管资本为主，用资本运营的方式发展国有经济，优化国有资本战略布局，促进国有资本流动增值。

第二层：国有资本投资、运营公司按照《公司法》，由董事会进行投资管理、资本运作、股权管理等，从资本收益、战略发展等角度出发，投资产业平台，产业平台可以是独资公司，也可以是混合所有制企业（包括上市公司）。中国会发展出一批专业化的"淡马锡"。

第三层：投资公司出资的产业平台里的国家资本以股权形式存在，这些公司完全按照市场化规则和现代公司治理要求进行管理，可以引入职业经理人制度，在薪酬福利和激励机制等方面与市场完全接轨，是真正的市场主体。

2. 企业要抓住新机遇

2018年年底，中国建材被确立为国有资本投资公司试点企业，这是我们在制度创新上的重要契机，也是企业发展的里程碑。过去我们的定位是产业集团，企业成长是自下而上的，主要靠业务板块平台公司借助资本市场的力量滚动发展，推动集团做强做优。现在中国建材成为国有资本投资公司，就要自上而下地，由集团公司通过投资和股权管理，有的放矢地进行投资，支持所出资企业发展。这是完全不同的思路。按照投资公司的发展思路，中国建材将调整职能，致力于打造国家材料领域的世界一流的综合产业投资集团，完成三大转变，即管企业向管股权、建筑材料向综合材料、本土市场向全球布局转变。在融资方面，资金主要有三个来源：一是国资委和国家财政部门适当补充国有资本金，二是加强对所出资企业国有资本收益的收缴和管理，三是低成本发行债券、设立基金等。在投资方面，根据国资委股东的要求，制定公司的战略，有侧重地进行投资。资本有三大投向：一是基础建材行业的供给侧结构性改革，二是新材料和新能源产业，三是"一带一路"等国际市场。同时对可以投资的这些企业进行股份调整，根据结构调整的需要和公司战略的调整的需要，进行股份结构的调整。在行使股东权利方面，参与公司治理和管理。目标是把集团所出资企业发展为主业突出、技术领先、管理先进、效益优秀、混合适度的专业化业务平台，在基础建材、高端新材料、国际工程、科研技术服务、地矿资源等领域形成一批具有国际竞争力的上市公司群，打造若干具有国际影响力的行业领军企业和一批专注于细分领域的隐形冠军。

推动机制革命

机制是改革的灵魂所在。机制革命研究的就是在所有者、经营者和员工之间如何分配收益。通过制度创新改变激励结构，调动人的积极性，在当前的经营环境中非常重要。下一步能不能在管理者、科技人才和员工与股东之间建立共享机制，考验企业的眼光与勇气。中国建材正在着力试点的，就是这个共享机制。

1. 企业应是共享平台

企业改革的动力来自内部机制。什么是机制？我理解的企业机制是指企业效益和经营者、员工利益正相关的关系。有关系就是有机制，没关系就没有机制。机制调动企业各动力要素向企业目标前进，属于治理范畴，是企业重要的分配制度。

其实，民营企业、家族企业同样存在着企业财富到底应该怎么分配的问题。机制和所有制之间有联系，比如混合所有制为引入市场机制铺平了道路，但所有制并不决定机制。机制不是国有企业的独有问题，民营企业、家族企业同样存在机制问题。像华为采取"财散人聚"的机制，就是把财富更多地分给干部和员工，从而增加了企业的凝聚力。不少人因华为没上市而误以为华为是任正非的家族公司，事实上，任正非在华为只有1.01%的股权，华为的工会股份公司持有98.99%的股份，华为是近乎全员持股的公司，但它把股权与能力、贡献和年功很好地结合起来，增强了企业的向心力和亲和力，提高了企业的创新力和竞争力。华为的成功启示我们，无论何种企业都得进行机制革命。

这个问题马克思的《资本论》就已经在研究。马克思的时代，工业发展低端，生产力主要来自人的体力劳动，劳动力被残酷剥削，而财富却被资本家分去。马克思认为这存在问题，财富是劳动的剩余价值，不应该都被资本拿走。

后来列宁根据马克思主义建立了公有制，国有化就是公有制的一种实现形式。但国有化以后，国有企业利润都被国家拿走了，工人仍然只有工资。工资在资产负债表和损益表里是列在费用里面的，所以工人只拿到了劳动成本对应的费用。

今天，"资本+经营者+劳动者"是企业机制的基础，是做现代企业的"三宝"。过去围绕企业财富有两种不同看法，一种认为企业财富是资本的升值，另一种认为企业的财富来源于劳动者的创造。但是经济发展到了现在，我们对生产要素构成有了新的理解，增加了技术创新和人力资本的概念。现在，资本不再是单纯的工厂厂房、设备和现金，人力，包括人的经验、智慧、能力都成了资本。今天普遍的看法是，企业财富既离不开资本的投入，也离不开经营者的努力、员工的创造。随着高科技时代的到来，创新正推动企业生产函数的变化，人的知识与智慧、经验与能力对企业的贡献越来越大，企业应予以充分承认和大力激励。现在做企业，就得解决共享的问题。共享也是五大发展理念之一，全世界都在研究这个问题。马云靠什么？马化腾靠什么？任正非靠什么？都是靠共享机制，所以国有企业改革，要在机制上实现突破。在这样一个时代，企业必须开明，把企业创造的财富分配给员工一部分，让企业成为一个社会、股东、员工的利益共享平台。

我最近早晨一睁眼就在想机制的事。我们过去把企业制度看得非常重要，但是改革20多年解决了政企分开的问题，却没有解决企业活力的问题。包括许多民营企业、私人企业，也没有都解决内部机制的问题。所以现在我们在体制和制度改革之外，还要把机制重新提起来，要创建一个有活力的企业内部机制。谁能把这个做好，谁的企业就能做好，谁的企业就能人才济济，谁的干部职工就能眼睛发亮。我在北新建材当厂长时，国资委原主任李荣融问我最近休息得怎么样，我说晚上睡不好觉。他问我为什么睡不好觉，我说这个工作太难了。他说我要睡得着觉，我得让大家想得睡不着觉。这20多年我一直想他跟我的对话，我始终都做不到。现在我终于找到一个办法，就是机制，有了机制以后员工想得睡不着觉，我就可以安心睡觉了。

改革是围绕着利益分配关系进行的。经济学里有个"佃农论"，其大意是：

佃农租了一块地，每亩每年要交几百斤粮食，生产多了就多得，生产少了就少得，这样佃农就有积极性。我国过去实行的承包制和"佃农论"的逻辑是一样的。那时首钢集团搞承包，国家大头、企业中头、个人小头，实际上对财富做了分配。现在我国已经进入了高质量发展阶段，人们生活逐渐富裕，社会主要矛盾发生变化，我们改革的动力是什么，我们的目标是什么，这些都是改革需要回答的问题，答案就是满足员工对美好生活的向往。国有企业经过改革要和民营企业一样，都要成为共享平台。

企业要建立共享机制，让员工与企业结成荣辱与共的命运共同体，让大家通过辛勤努力的工作，共享企业财富。在2018春季莫干山论坛上，我讲到"国有企业改革得让员工买得起房子"，这句话被很多媒体转载了。现在员工的生活成本很高，怎样让员工有能力偿付买房、孩子读书、老人赡养、大病风险等费用，不解决这些问题，企业里的骨干就很难留住，上一轮改革的红利就会丧失，企业就会失去竞争力，所有者利益也就无从保证。所以说机制的确是改革里的大问题。我们讲不忘初心，这不就是我们做企业的初衷吗？

我们曾到中国科学院西安光学精密机械研究所学习院所机制创新，他们有三种方法把研究和产业结合起来：①自己创业；②把技术作为股权加到民营企业里去，到时候分红；③把技术作为商品卖掉。这三种方式其实都是为了给科技人员分红。院里收入越来越高，科技人员自身积极性也越来越高。

2. 从"老三样"到"新三样"

改革开放初期，我们企业机制面临的是平均主义"大锅饭"，那时的机制改革指向"劳动、分配、人事"三项制度，我称之为"老三样"，它着眼于提高效率，解决"干多干少一个样、干和不干一个样""能上能下、能多能少、能进能出"的问题。现在，我们要建设的机制是"员工持股、管理层股票计划、科技分红和超额利润奖励"的新三样，"新三样"解决的是企业的财富分配、员工的获得感和幸福感的问题。

一是员工持股。依照《公司法》，通过普通的员工、科技人员来持股，员工出资给一些优惠，科技人员以人力资本入股，量化后给一些股权，这是常规的做法，万华就是例子。万华2018年实现营业收入650亿元，税后利润160亿元。机制是万华发展的真正奥秘，其下两个员工持股公司共持有万华20%的股份，国有股占21.6%，二者比例相当，合起来做一致行动人。万华的实践表明，员工持股通过员工持股公司这一平台能够很好地实现，在平台里员工股是流动的，持有的股份是激励股而非继承股。一般来讲，员工的股份不上市流通，而是分享红利和净资产增值部分，退休时所持股份由公司回购，再派分给新的员工，这样一方面保持员工的稳定性，另一方面保持员工持股的延续性。万华很好地把握了这一点。

二是管理层股票计划。中国建材要求其所有的上市公司都设股票增值权。我不大喜欢股票期权，也不大喜欢限制性股票，因为都得花钱买股票。我喜欢股票增值权，西方人叫影子股票。管理层不出现金，也不真正拥有股票，但享受股票的增值，股票涨了价就给增值部分的钱，从税前成本列支，相当于股票奖励，这有什么好处？简便易行，把管理层收益和股价结合起来，把管理层的积极性与企业的市值结合起来。这一举措让管理层都关心股价了，投资者认为企业有了激励机制，也更加愿意买该企业的股票。当年在北新建材的时候，我们曾设过职工股，职工在股价最高时把股权交给了券商，一次性卖掉了，大家发了一次小财，但从此就没有机制了。所以当我们持有了真的股票，就总想着在价格高的时候卖掉赚钱，卖了后面就没机制了。多年的实践表明，管理层还是做股票增值权比较好，享受股票的增值，对管理层来说是比较安全的，也是行之有效的办法。

三是超额利润分红权。对大多数非上市公司而言，激励机制主要采用超额利润分红权，这是从税前列支的一种奖励分配制度，就是把企业新增利润的一部分分给管理层和员工，也就是我们以前常讲的利润提成，这样既确保了公司的利益，也提高了员工的积极性，应该普遍实施。中国建材的中联水泥这两年采用了超额利润分红权，调动了管理人员、技术人员和员工的积极性，年利润大幅增加。关键是要合理地制定基数，让职工分到钱。实践证明超额利润分红是企业创新发展的强劲动力。

"新三样"着重解决财富的分配，企业把一部分利润发给员工，让员工不仅有工资，还要分享财富。有人说这不是国有资产流失了吗？我说不是的，因为员工分的多说明企业得的多，国家就得的多。中国建材合肥院的"七三模式"，让员工分到很多钱。有一次一位审计机关的人去了回来就问我："这次我到合肥院发现了大问题，你们其中有一个公司，去年一年分红居然相当于它的投资额的 20%，现在的利息才多少？"我说："你认为员工应该多分还是少分？多分的话，我们公家不是分得更多？我是赞成多分的，因为那么多人才分 30%，我们院里分 70%。如果少分，我们的机制还有什么用？不能捡了芝麻丢了西瓜。"机制能解决科技人员致富的问题，但是更重要的是为企业发展注入了强劲的创新动力。

3. 改革需要开明的东家

机制革命考验所有者的选择。从《公司法》来讲，我国企业是股东所有的，如果股东不把人力资本当成资本，就不会给经营者、劳动者去分红。今天，所有者要学会分享，已经成为金融、高科技、咨询服务等诸多行业的共识。早在清代，晋商就明白分享制的好处，他们的做法是赚的钱归东家一份，掌柜和账房先生一份，伙计一份，各占三分之一。华为的分配机制则是"东家"一份，"掌柜、账房先生、伙计"占三份，这种做法更先进。改革需要"东家"的支持，让不让"掌柜、账房先生、伙计"参与分红，有赖于"东家"是否精明。

最近国务委员王勇在大会上提出，让一部分人先富起来就应该是科技人员先富起来。不靠分红只靠工资怎么富起来？全世界工薪阶层，只靠工资的都富不起来，还是得靠分红。《关于深化国有企业改革的指导意见》中提到，企业的分配制度是企业法定的权力，任何人不得干预。处理超额利润分红应该实施工资总额进行备案制，也应适当降低分红奖励的个调税税率。2008 年美国金融危机以来，世界各国股票一直处于不稳定状态。员工持股如果量化为股票，实际上也是不稳定的。如果员工拿了股票，从股市中退出，就会减少员工持股的总量，就失去了员工持股的真正意义，不利于企业的稳定经营。现在西方的跨国公司一般都有分红权，员工差不多一半收入来自年终分红，还要外加股票，所以一些西方企业真的是把这个机制做好了。西方人认为分红是治理结构中的问题，还不是在简单管理层面，而是在治理层面，这是根儿上的事。发展中国家也是如此，像埃及企业依法必须有不低于10%的利润分给员工。中国虽然情况不同，但我们也要对此高度重视，深刻认识。我们可以进一步放权让利，让改革再进一步。我们希望每年进行分红，并将分红和当期效益结合起来，这样更实际一些。员工持有的股份不流通，员工不享受股票溢价，由员工持股公司享受溢价，而员工享受分红权、净资产收益权，这样就不受股票下跌影响。企业也等于给员工带了"金手铐"，使员工能够更加稳定地工作。

资本主义也在改革，不再是早期残酷剥削的资本主义，它通过制度创新有了一点点弹性，把一部分财富让渡给了技术人员、管理人员和职工。我们社会主义、国有企业要在共享机制方面做得更好，进一步提高效率。机制特别重要，这不仅是国有企业的问题，更是所有企业的问题。我们要看到体制、制度不必然解决机制的问题，机制是股东的态度，要看股东把这件事想明白没有。机制改革考验所有者的选择，从《公司法》来讲，企业是股东所有的，如果股东不把人力资本当成资本，就不会给经营者、劳动者去分红。

一说到分享，有人会问：分享是分谁的红，是不是要分所有者的红？其实，劳动者分的是自己的劳动成果。通过共享机制，员工可以凭辛勤劳动多获得一些收益，企业效益好了，所有者就会赚得更多。过去，我们认为财富是一个常量，你分了我就少了，但是现在必须把财富变成一个增量，你分得多我会分到更多。共享的意义不是简单地分饼，而是通过新机制，把饼烙大，让大家都受益。在国有企业，总有人将员工分红和国有资产流失联系起来，归根结底是没有确立人力资本的概念。肯定人力资本的重要性和贡献，可以打开进一步深化国有企业改革的心结。只有把机器、厂房等有形资本和人力资本很好地结合起来，才能发挥干部、技术人员、员工骨干的积极性，企业才会有效益，国有资产才能保值增值，国有资本才能做强做优做大。

所以，机制创新首先是超越旧的企业观念、财富观念和分配上的零和思维。企业改革需要开明的"东家"。上海市国资委是个开明的"东家"。上海绿地集团原来是一家国有企业，上海市国资委旗下的三家国有企业持股合计为48%，绿地的员工持股份额为28%。上海市国资委承诺三家国有企业不做一致行动人，这就相当于将董事长的提名权让渡给了员工持股公司，从而确保了董事长张玉良的企业家地位。这是开明"东家"的明智选择。

我们也必须承认资本的作用，资本是上一轮劳动的积累，是基础。没有资本的话，谁给你做企业？但经营者的作用也很重要，同样的资本，同样的职工，好的经营者能赚1亿元，差的经营者可能亏了1亿元。技术人员和骨干的作用也很突出。邓小平同志说"科技是第一生产力"，习总书记讲"创新是引领发展的第一动力"。我们的认识已经达到这个高度，所以大家完全有理由共享这个财富，我们把这之间的函数关系建立好就行了。所有的公司包括在座同学们的企业，如果有好的机制，能算清账了，要做的事就行得通。任正非讲的四个字"认同分钱"，第一点"认同"是进了华为就要认同华为的文化，认同任正非这套思想。这次我去拜访任正非，我说我读了很多关于他的书，最近读了他的传记。他说：别读那些，我给你找几本值得读的。他从柜子里给我找了四本书，其中有田涛写的《下一个倒下的会不会是华为》，剩下那三本都是他们企业内部的书。我问：你认同田涛写的这本书吗？他说他认同。第二点"分钱"，就是要有机制，分好钱就能有更多的钱，钱要分不好后面就没钱了。企业的核心是能不能分好钱，能不能处理好利益的关系，如果处理不好利益关系，企业最后赚不到钱；如果利益关系处理好了，企业就能赚更多的钱，企业原有的优秀员工就不会走，还会吸引新的优秀员工加入，最后还会有好的客户，所以分钱很重要。可见，机制创新也并不神秘。

总的来看，我们讲的企业改革、机制的改革，最后是落脚在机制的创新上，任何改革如果微观不搞活，宏观改革也没用，最后还得靠员工，还得靠干部、技术人员有积极性。我想来想去，根本就是机制，建立共享的机制，这是深层次的，也是这个时代的需要，真正能激发大家奋斗的东西。我们国有企业靠的是"党的领导＋企业家精神＋机制"。坦率地说，我们的机制还不到位，这恰恰是我们今天要改革的地方。我原来在北新建材当厂长时很年轻，之前的历任厂长都比我优秀，我接手时企业却困难重重，那时我用了两句话振兴了北新建材，就是"工资年年长，房子年年盖"，其实今天看就是机制。没有机制，神仙也做不好企业；有了机制，做企业不需要神仙。如果国有企业有了好机制，也会出任正非，也会出马云这样优秀的企业家。

06

商业模式创新

通过发现新的价值创造方式，创意和商业模式创新可以为企业、客户和社会带来巨大价值。中国建材通过在业务模式、产品模式、竞争模式和盈利模式等方面的持续探索和实践，成为全球最大的综合性建材产业集团和世界领先的综合服务商。

关于商业模式创新，前面我们已经多多少少说到一些，中国建材在商业模式创新方面进行了大量探索：在业务模式上，加大制造业服务化转型力度，从制造业到制造服务业；在产品模式上，积极探索"＋"模式，探索跨界经营与融合；在竞争模式上，以"共生多赢"替代"丛林法则"，从恶性竞争到市场竞合；在盈利模式上，坚持定价制胜，从量本利到价本利，提高行业和企业经济效益。

从制造业到制造服务业

过去中国建材的定位是制造商，而现在我们是全球最大的综合性建材产业集团和世界领先的综合服务商，这是一个很大的跨越。当然未来我们还要进一步成为具有全球竞争力的世界一流综合性建材和新材料产业投资集团。在前面这个过程中，商业模式创新给我们带来了巨大的变化，我给大家简要地概述一下。

1. 什么是制造服务业

德国人现在在搞"工业4.0"，中国搞《中国制造2025》，简单地说，制造服务业是制造业的升级版，"制造+服务"，是一个有机的融合。这是中国制造转型升级的重要趋势之一。

"微笑曲线"表明，在现代制造业链条中，制造环节处于中低端，提高附加值更多要依靠处在曲线两端的研发设计和销售服务等完成。发达国家普遍存在"两个70%"现象，即服务业产值占GDP的70%，制造服务业占服务业的70%。反观我国，近年来服务业飞速发展，但整体水平和发达国家仍有较大差距，尤其是制造业长期处于全球产业链中低端，制造业服务化发展欠缺。

发展制造服务业，推动制造业向价值链高端提升、提高附加值、抢占国际竞争产业制高点，是重塑制造业价值链和建设制造强国的必然要求，也是企业商业模式创新和转型升级的重要方向。从世界范围看，发展制造服务业是很多跨国公司的共同选择。比如苹果公司生产iPhone手机，主要做设计、研发和创新，许多零件都是外包的，设计是核心。再如，IBM曾是一家单纯的硬件制造商，但后来不断调整，转型为"提供硬件、网络和软件服务的整体解决方案供应商"。在IBM全球营收体系中，目前约65%的收入来自IT（互联网技术）服务。又如，30年前通用电气传统制造产值比重高达85%，服务产值仅占12%，目前"技术+管理+服务"所创造的产值占公司总产值的比重已经达到70%以上。

不知大家对制造服务业的概念是否清楚，最开始我是不太清楚的。有一次中央电视台联系我去做一场关于制造服务业的对话，我说：我对这个不太清楚，你为什么要找我？你应该找一个专门做这方面工作的人去谈。他回答我：我们台里说了，这个事只有宋总能讲清楚。最后我真的去了，试着对话制造服务业，原定45分钟的《对话》节目，我谈了两小时，谈到最后我终于讲明白什么叫制造服务业，通过深度对话把我之前的一些疑问梳理清楚了。制造服务业指的是把制造业和服务业融合在一起，共同经营的新业态。也就是说，围绕制造业，怎么能够接近终端客户，如何由过去单一的在制造业争取附加值，到为终端客户提供更多服务来争取更多附加值，或者说提供更多增值服务，这是商业模式创新的重要课题。节目中，我们谈了制造服务业的五个问题。

一是个性化生产。个性化生产是以消费者为核心的 C2B 模式，生产商按照消费者的个性化需求进行定制化生产，比如前面讲到的工厂化生产的新型房屋。

二是做外包。外包是现代制造服务业的一个重要手段。在全球化大背景下，我们可以在全世界选择服务最好、最便宜的东西，所以在核心技术自己掌握的前提下，要善于利用资源，学会外包。美国宇航局制造航天飞机，就是采用外包配件的方式，自己则成为提供设计和标准的系统集成商。

三是从卖产品到卖服务。我去米其林看过 3D 打印的轮胎做法，过去做轮胎很不容易，用金属模具压轮胎，表面花纹很复杂，要做几个月。现在用 3D 打印，一周就做出来了，做得特别漂亮。大家都知道米其林星级饭店，其实米其林不经营这个，只是做这个品牌。米其林为什么做这个东西？因为车辆行驶过程中，到处都得有换轮胎的地方，不然轮胎坏了怎么办？所以到处都有米其林，变成一个非常大的轨迹地图。米其林饭店其实都是沿着制造业链条做出的东西。比如罗尔斯·罗伊斯公司原来是卖发动机的，现在同时卖服务时间。只要飞机使用了它们的发动机，在每个机场就都得有罗尔斯·罗伊斯公司的维修人员，这是个专业的活。包括通用电气公司也是卖发动机的服务时间。我们中国建材的一个上市公司瑞泰科技原来是卖耐火材料的，现在卖保窑的时间，客户不买耐火材料了，而是需要把窑修好，保证这个窑的运行，保的时间长一点就多赚钱，按照时间付费。这就属于从卖产品到卖服务。

四是提供一揽子的系统解决方案。制造服务业应该为客户进行系统思考，而不是从某个单一产品去思考。

五是深入探索跨界经营。制造业可以与金融、互联网等行业跨界联合，相互依存，相互驱动，打造更具竞争力的产业集群。如在产融结合方面，美国通用电气成功创造了产业与金融的"交叉销售"模式，中国的中国石油天然气集团有限公司、国家电网有限公司、中粮集团有限公司等企业也涉足服务业，形成了具有财团雏形的产融结合模式。

2. 中国建材的"五大服务"

《中国制造 2025》明确提出，改造提升传统产业，推动生产型制造向服务型制造转变。中国建材也有个服务的概念，结合自身实践，我们把制造服务业细化为大研发、"互联网+"、检测认证碳交易、EPC工程、智慧工业等"五大服务"。

一是大研发服务。大研发服务，即之前我们讲的，充分发挥科研院所的创新磁场作用，构筑开放性研发平台和服务平台。有大研发，就有大未来。对于科技企业或科研院所来说，研发能力和技术服务能力是生命线，要始终牢记自己的产品是技术、方式是服务，研发之后技术可以买卖。科技企业或科研院所比的不是谁工厂多，而是谁的技术更先进，谁能为客户提供更优质的解决方案。参考中国科学院西安光学精密机械研究所的打法，既可以自己产业化，也可以技术入股，还可以卖技术，它做到180亿元的技术价值。

二是"互联网+服务"。这个大家都清楚了，把互联网的创新成果与经济社会各领域深度融合，推动技术进步、效率提升和组织变革，提升实体经济创新力和生产力，形成更广泛的以互联网为基础设施和创新要素的经济社会发展新形态。像互联网金融、互联网教育、互联网农业都是其中的代表。在"互联网+"之外，还有"+互联网"，是把互联网作为实体经济发展的手段和工具，推动转型升级，本质还是实业。其实"互联网+"和"+互联网"是相通的，两者应充分结合起来，共同推动企业生产模式和组织方式变革，提升企业创新活力和创造能力。中国建材利用"互联网+"优化服务模式，大力推广"跨境电商+海外仓"等外贸新模式，打造全球领先的综合服务体系。

中国建材易单网是中国最大的建材电子商务出口平台，也是中国目前唯一一家全流程自营的B2B跨境电商服务平台。易单网采取"跨境电商+海外仓"的外贸新模式，通过整合银行、中信保、商检等外贸上下游资源，结合海外仓和海外营销网络，可以提供金融、通关、退税、外汇、销售、物流、售后服务、全球营销推广、出口代理等一站式外贸服务，使整个外贸流程变得更加简单、透明、高效。贸易的本质是搭建平台服务，而不是垄断信息，一旦信息对称了，传统的贸易公司就失去了生命力。互联网在电商方面解决的最大的问题就是去中介化，减少信息不对称带来的高成本，在公共平台上赚取服务效益。

在发展互联网经济的过程，我有两点深刻体会：一是互联网要与实体经济结合。互联网确实能改变商业形态、生活方式，极大地提高生产效率。但互联网只是一个手段，它本身不造东西，取代不了衣服、食物、房子和汽车，只是让我们的衣食住行更加方便。互联网以实体经济为基础，离不开实体经济的根。如果大家一窝蜂地做互联网，势必会形成 2000 年那样的全球网络泡沫。二是实体经济要主动"+互联网"，否则再大的企业都会被时代淘汰。制造业要主动拥抱互联网，用创新推动转型升级，除此别无他途。我打个比方，经济好像一架飞机，机身是实体经济，资本市场和技术创新是两个翅膀，互联网应是高高竖起的尾翼，这些应完美地结合起来。

三是检测认证碳交易服务。中国建材集团所属的中国建材检验认证集团（CTC）是我国建材行业规模最大的第三方检验认证服务机构及国家中小企业公共服务示范平台，同时也是中国建材行业里首家 CDM（清洁发展机制）指定经营实体，为北京、广州、河北等地提供碳排放第三方核查服务。检验认证服务涉及建材检验、建筑、环保、太阳能、公共场所等多个领域。屋子里碳排放、甲醛浓度、放射性怎么样，都要检测。现在有些家庭在装修以后孩子得白血病，原因有两个：第一是地板发光源，石头的放射性；第二是油漆、地毯里的化学物质，苯和甲醛易引发癌症。怎么办呢？国检集团可以检测房子能不能住。国家奥运场馆、20 国集团峰会等各个会议场馆统统是我们检测的。瑞士的 SGS 集团也是专门做这种服务的公司，一年有 400 亿元的销售收入，40 多亿元的利润。国检集团于 2016 年 11 月 9 日在上海上市，共发行 5500 万股股票，发行价为每股 10.04 元，募集资金 5.52 亿元。上市后很受股民欢迎，连续出现 15 个涨停板。在庆祝上市的晚会上，我给国检集团的管理层提了三个要求：①打造金字招牌；②为股民创造良好业绩；③对标瑞士 SGS 等公司，努力打造国际一流的检验认证机构。我说十年之内我们要赶上 SGS，这是轻资产服务业，效益很好，但是必须要有信誉。

四是工程总包 EPC 服务。积极开拓海外工程服务市场，创新 EPC 建设模式，这是我们的老本行。过去中国企业在海外做 EPC，帮人家建完了，教会了就走人，没有扎下根来。今后我们要用足国家产业政策，与兄弟企业深化合作，运用互联网、信息化、智能化等技术，集合投资、管理、后续服务产业链，开创装备"走出去"的新时代。

五是智慧工业服务。它的核心是外包管理。外包是制造服务业的重要手段，但外包的并不全是低附加值的东西，高附加值的东西如果不是核心专长也可以外包。我们在海外做了三四百家大型工厂，都是工程总包 EPC 的，"一带一路"沿线有一些国家的工厂，这些工厂需要一流的技术人员和管理人员，发达国家人员不愿意去，当地人又做不好，这该怎么办呢？大都是印度和巴基斯坦人做管理，他们的英语好，而且他们愿意给别人搞管理，全世界很多饭店就是印度人在管理。现在我觉得我们能做，很多中国企业人员富余后没事干，可以组织起来参与竞争，向"一带一路"沿线国家输出一大批有技术水平和管理能力的人员，从事外包式管理，提供技术支持和管理服务，虽然没有重资产的投入，但效益却很可观。我们成立了一家管理公司，智慧工业公司，现在在"一带一路"沿线国家管理了 53 家企业，明年我们准备管理 100 家。不光管理水泥，将来钢铁厂、化肥厂，只要中国建设的我们都有人管，因为中国具备这个人力资源，由于产能过剩，不少工厂关闭了，失业的既有厂长又有技术人员，这些人只要经过组织和培训就能去了。一个水泥厂我们就派驻 50 个人，剩下都是当地的人。

在埃塞俄比亚，我们管着 9 条生产线，派 500 名中国人，当地配 1 万人。利用我们在生产经营管理、备品备件服务、海外维修、培训、质量检验等方面的专长，开展了一揽子业务合作，效果非常好。管理的同时，我们也培养当地的员工和干部，因而很受欢迎。未来，中国建材将通过全球工厂管理的招投标来扩大业务范围，派出优秀员工，参与到"一带一路"等国家的企业管理中去，从产品的走出去，转变为人才的走出去、管理的走出去；从硬件的走出去，转变为"软件"与硬件同时走出去。我们的目标是，到 2020 年把"智慧工业"模式应用到全球 100 条线上，把集团建成制造服务型、外包型、管理型的产业集团。

今后我们在全世界看中国建材，飘着中国国旗和中国建材的旗帜，带着中国建材的 LOGO 的工厂，不见得是中国建材投资的工厂，可能是中国建材管理的工厂。这就有点像香格里拉、希尔顿式的饭店管理集团，中国建材现在正在朝着管理工业集团发展。过去我们的方式是工业集团，我来建，我来管，我来卖。但是在海外不少地区矿山不卖，当地人要自己做，不发牌给外国人，怎么办？如果他们想自己做又不会做，中国建材帮着建，建完工厂他们不会管理，要雇人管理，中国建材就去了，形成一个盈利业务。中国建材智慧工业公司做得挺好，准备上市，这个商业模式创新就适合上科创板。将来在全世界管理500家公司，一年就有上百亿元的利润。这就是商业模式创新给我们带来的新价值。

引入"＋"模式

前面我们讲了"互联网＋"模式，其实这一模式最大的亮点不是互联网本身，而是"＋"的模式，实质是跨界、融合、开放，也就是依托一个优势业务或创新要素，开展跨界经营，把过去的孤岛式创新连接起来，推动企业生产模式和组织方式变革，增强企业创新能力和创造活力。这对商业模式的创新很有启发。大家都可以运用这个"＋"的模式。

互联网带给企业的影响，不只是技术本身的应用，更重要的是它改变了我们的思维方式，对我们来说这一意义远远大于互联网手段本身。互联网思维最大的好处就是，想问题不拘泥于某一个点，而要发散思考，发挥特定业务或技术在生产要素配置中的优化和集成作用，增加服务空间，不断创造新的商机。站在互联网的风口上，任何企业都要顺势而为，从封闭式发展走向基于互联网模式的跨界融合。现在做企业的人都想盈利，都想有一个业务，接着再做第二个、第三个，我建议可以先看看已有业务能不能"＋"一下，如果能"＋"出东西来，那就会投资少，获利多。这里我举几个例子。

我去西宁参加活动时，看到一个几何书店。这个书店有1万平方米，里面有卖书的，有小孩玩的地方，有做手工的地方，还有喝咖啡、喝茶的地方。大家一进来能转一天，带着孩子来看书、玩儿。后来书店老总跟我说：宋总，其实卖书赚不到什么钱，因为现在年轻人都拿着手机一拍，网上一订，比我这儿便宜2元就不在我这儿买。我问他那这怎么赚钱，他说：其实你不知道，他们来了都要喝一瓶矿泉水，这瓶矿泉水就赚不少钱。我想，这不就是"书店＋"业务嘛。

我在国药集团工作时，在河南建了一个新乡医院，有3000个病床。这个医院的医药不怎么赚钱，因为药价在往下压，赚钱的是病人和家属的各种供应品。3000个病床，再加上家属，这些人对生活用品的需求量非常大，就这一块一年就能赚8000多万元的利润。这就是"医院+"。如果真正了解"+"概念，可能生意就做活了。

中国建材也有不少"+"的案例。拿我们的水泥企业来说，"水泥+"，就是加骨料、机制砂、商混和干拌砂浆。我们青州的水泥厂，2018年4.6亿元的税后净利润中，水泥赚了1.6亿元，"+"业务却赚了3亿元。如果这个工厂的厂长不做"+"业务我也没话说，我也给他戴大红花奖励他，但是他搂草打兔子，大家想草值多少钱，兔子值多少钱，这就是经营的逻辑。如果只做水泥，就那点单一的业务，如果用互联网思维想问题，就能把企业做大。开经营分析会时，我给干部们讲了"水泥+"模式。我说，尽管以前我们也做，但是以前没有把它当成一种商业模式，只是既做这个，也做那个，现在我们把"互联网+"的思维移植到"水泥+"里，眼界一下子完全不同了，发现原来赚水泥这点钱是不行的，水泥的潜力我们没有挖掘完，现在要干另一个更赚钱的，就是"水泥+"业务。

再如"玻璃+"。现在做普通建筑玻璃不赚钱，我们做液晶显示玻璃、光伏玻璃、碲化镉发电玻璃、汽车玻璃等。中国建材所属成都发电玻璃厂刚投产，第一条生产线规模虽不大，2018年却有5000万元的利润，我们计划在全国扩展，产品未来将取代多晶硅、单晶硅。5G时代马上就要来临，但5G信号传输穿过混凝土将有影响，却可以透过房屋的玻璃。将来的玻璃将能够发射5G信号，同时仍然会是透明的，屋子里每个窗户上都会装上这种玻璃，跟现在的WiFi（无线网）一样，这就是"+"业务。将来我们搞智能化汽车、自动驾驶，要在挡风玻璃上安装很多电子元件的控制系统和发射系统，而且玻璃还会是透明的。这些都是"玻璃+"，在做玻璃的基础上跨界，提高业绩，这是重要的思想。

从竞争到竞合

多年来我倡导竞合。竞争能够带来效率，也是市场经济配置资源的根本机制,但是过度竞争会产生消极的结果。建材行业长期以来面临着过剩的难题,在中国的房地产市场高速增长的阶段,水泥行业价值却长期低迷。新常态下,传统的扩大规模、压价竞争毫无出路。中国建材提出要从竞争走向竞合,特别是大企业要维护行业秩序,发挥引领作用,走向有序竞争。正是在我们的长期坚持和不断努力下,中国水泥行业在新常态下继续增长。为此,我提出来要转变模式,从竞争走向竞合。

1. 市场需要竞争,更需要竞合

市场要竞争,竞争是市场经济配置资源的主要机制,不竞争就不是市场经济。但很多人是线性思维,简单地认为竞争遵循的就是你死我活的丛林法则,事实上市场竞争不是零和博弈,最重要的是要学会竞合。

一说竞争,有些人就觉得是残酷的、无情的,其实也不是,因为竞争有好坏之分。无序的、过度的、低价的恶性竞争会扰乱市场秩序,破坏系统生态,威胁行业健康。尤其是在钢铁、煤炭、水泥等资源性基础原材料行业,过度竞争的危害更大。这些行业投资巨大、规模庞大,如果实行极端的市场竞争方式,会引发资源浪费、员工失业、环境污染等一连串问题,整个社会将付出极其惨重的代价。而有序的、理智的竞争能推动企业效益和消费者福利的增长。恶性竞争一定不能要,恶性竞争损人害己,要理性地、良性地竞争。

竞争者不仅是竞争对手,更是竞合伙伴,他们的共同利益大过分歧。我国是从计划经济体制走过来的,经历了从排斥竞争到参与竞争的历史性转变。现在我国很多行业的主要特征已不再是竞争与否的问题了,而是过剩经济代替了短缺经济,过度竞争代替了适度竞争。改变竞争的心智模式,从竞争到竞合是过剩经济下应有的经营智慧。过去我们引入市场竞争释放了企业活力;而现在,我们要用竞合思想实现合作共赢。

市场竞争是对低效的计划经济的校正,市场竞合则是对过度竞争的校正。中国古代军事家孙子讲,"百战百胜,非善之善者也;不战而屈人之兵,善之善者也"。我们应从系统和全局的角度出发,把和谐包容的思想引入竞争中,齐心合力走出恶性竞争的"丛林法则",创造蓝海世界。所以我主张竞合,

"竞"是对立,"合"是统一,"竞合"是既良性竞争又友好合作。特别是在建材这样环境负荷比较高、可持续发展压力比较大的行业里,大家在技术创新、精细管理、环境保护、品牌塑造、社会责任等方面上要竞争,比谁做得好;但是在执行产业政策、确保市场健康、管理技术的互相交流学习上还要合作,世界上没有只竞争不合作的产业,必须合作。只有把竞合文化、把孔融让梨的谦恭和境界真正引入到市场竞争中,逐渐培育起坚持合理价格的定力和自制力,整个行业才能驶出你死我活拼杀的红海,进入共赢和谐的蓝海,最终驶向创新环保的绿海。

2. 做企业要有利他主义

市场竞合要以利他主义为思想基础,做企业不光要利己,还要达人,这是我遵循的一大逻辑。王岐山副主席在达沃斯世界经济论坛 2019 年年会上致辞时讲,中华文化信奉"达己达人、天下为公"。达己也要达人,人不可能不想自己,毫不利己比较难,一般人很难做到,但也不能光想自己,利己之外还要互利和利他。做企业也有这三重境界:利己、互利、利他。追逐利润是竞争型企业的天性和本能,那么,"利"从何来?利己主义是一种方式,但只图一己之利的企业做不成大事。市场是一个公共空间,它不属于哪一家企业,在市场中和其他企业共事,必须坚持共享共赢的理念,从利己过渡到互利,在互利的基础上还要利他,把企业的价值追求提升到公共利益的层面,促进行业健康发展,维护社会公平正义,推动国家繁荣富强。

企业在竞争上一定要有利己达人的精神。盲目的杀价是恶性竞争。2008 年中国奶制品污染事件的悲剧源头就是恶性竞争、非理智的低价竞争,最后损害整个行业,给国家形象带来损失。民众失去信任,就从国外买奶粉,当然最近我们的儿童奶粉质量又好转了。所以千万不要再打价格战,现在消费需求也在变,贵一点没关系,要保证质量,把质量做好。中国人经历了这么一个过程,现在大家对竞争理解越来越全面了,这是挺好的一件事。

企业要有利他精神,同时又要互利,还要利己,这三者不矛盾吗?其实,任何成功的事业一定是双赢、多赢和共赢的结果。诺贝尔经济学奖获得者理查德·塞勒,从行为经济学的角度分析利他主义,认为纯粹自利的理性人,只能达到总体上的次优选择，只有"明智的合作者"才能实现总体效益的最大化。孔子讲，"己欲立而立人，己欲达而达人"，说的也是这个道理。做企业是件利己利他的事，常常利他才能达到利己。

市场经济的发展是建立在每一个个体的自制力水平、平等互爱和诚信精神之上的。如果优秀的市场文化建立不起来，只讲冲冲杀杀，只顾眼前之利、一己之私，市场经济一定不会有良性秩序。过去水泥企业往往只埋头于自己的发展，认为行业健康与否、盈利与否与己无关。我的看法是，在过剩行业中，重要的不是先做好哪个企业，而是先把行业做好。

我上小学时学过两篇课文，令我印象深刻，一篇是蔺相如的故事，另一篇是关于一位父亲用折筷子打比方，向有分歧的几个儿子讲述齐心合力、团结合作的重要性的故事。没想到，多年后，这些故事中的朴素道理成了我在企业管理实践中的核心价值观。中国建材是公认的行业领袖，之所以能够快速重组，主要是因为我们在行业里奉行利他主义，得到了越来越多企业的尊重和支持。无论是水泥行业整合，还是与行业内企业的互相学习和促进，中国建材都主张和为贵，因此被称为行业里的"蔺相如"。

这些年来，中国建材一方面开展大规模联合重组，另一方面带头进行发展理性化、竞争有序化、产销平衡化、市场健康化的市场竞合"四化"工作，积极探索节能限产、错峰生产、立体竞合、精细竞合、资本融合等多种竞合模式，维护了行业的稳定健康发展。我也像啼血杜鹃一样，在行业里不厌其烦、不遗余力地倡导建立合作共赢的行业价值体系。一开始言者谆谆，听者藐藐，但是随着时间的流逝，我们的理念逐渐赢得了大家的支持，也带来了行业价值的回归。

近年来尽管经济下行压力巨大，但在中国建材的带动和引领下，水泥行业却冲破基础原材料业普遍亏损的困局，仍有一定的利润。在新常态下，水泥行业在过剩行业中较好地实现了转型升级和稳步发展。2018年，中国水泥行业实现利润1546亿元，创历史新高。中国建材的竞合和利他的做法就好比支起了一把大伞，提高了整个行业的价值，伞下的其他企业也因此受益。有人说：你打了个伞，但伞下避雨的人可能比你们赚得还多。这就是我们的情怀，只有解放全人类才能解放我们自己。行业健康了，竞争有序了，领袖企业的价值才能真正得以体现。

定价制胜

商业模式创新背后关键要创新竞争路线。价格是撬动市场的关键，企业在不同的价位上都有可能盈利，但是最佳的定价却值得我们仔细选择。随着高质量发展时代的到来，传统的低价格低成本的竞争模式，将被新的定价策略所取代。中国建材正是依靠自己独特的定价原则，牢牢掌握定价权，形成了自己的竞争路线，也因此取得了很大成功。

1. 为市场份额大幅降价并不明智

长期以来，我们在企业经营中比较重视两件事情，一是产品销量，二是产品成本，对于产品的价格，往往认为是市场客观决定的，企业只能适应却无法左右。赫尔曼·西蒙[①]在《定价制胜》一书中却认为企业在价格制定上不应该是被动地适应，卖方要对价格有一定的权利，就是我们老讲的定价权，要掌握定价的主动权。他不赞成用降价扩张市场份额的做法。

价格就是客观的，必须要听市场的，企业只能靠降成本，这是过去的理论。但是在过剩的情况下应该更要关注价格，不要盲目降价，而要以销定产。很多企业家、厂长和经理有个认识误区：把市场竞争理解为扩大市场份额，把牺牲市场份额当成奇耻大辱，常常为抢占市场份额而不惜大幅降价。但事实是，在丢份额保价格和保份额降价格两种做法之间，保份额降价格、走价格竞争的企业往往都倒闭了。原因很简单，降价竞争会遭到竞争者的反抗，并不能增加实质销量，徒然降低价格，企业也会因此亏损。举个例子，如果你盲目降价，降5%的价，可能利润就降低了20%，很多企业就亏损了，活不下去了。如果减产20%，可能只降低了5%的利润，企业还可以生存。所以没有价格就没有利润，价格是企业最重要的东西，做企业一定要先看好你的价格。

在金融危机中，西方成熟的大企业采取的应对措施都是缩量销售，而不是

---

① 赫尔曼·西蒙是德国著名的管理学思想家，被誉为"隐形冠军"之父。

降价竞争，比如航空公司会很理智地停掉一些航班，而不是再杀价送票，在竞争中采取送票措施的航空公司大多倒闭了。现在各个航空公司之间还通过联盟等形式合作降成本，各家公司的航班乘客可以互相地填平补齐。比如到香港的航班，国航的、国泰的和港龙的机票，各卖了三分之一，最后乘客都聚到一个飞机起飞，省得其他飞机都坐不满，耗很多的油，这样干也是从恶性竞争中摸索出来的。在世界500强企业中，日本企业相对利润率是最低的，日本企业的竞争文化是由于狭小的国土市场形成的，他们把市场份额看得十分重要。这点要学德国，德国产品质量一贯好，价格也相对高一些，没有太大折扣，反而让客户放心。

关于可否用低价策略来赢得竞争的成功，西蒙先生在书中列举了宜家家居和阿尔迪超市的例子，他认为除非有像宜家家居这种极特殊的产品特色或者像阿尔迪超市这种能取得供应商极低价格的经营方式才能取得低价优势，现实中能做到低价格高盈利的企业少之又少，合理稳定的价格是绝大多数企业盈利的基础。企业的目的应该是持续地盈利，只有盈利的企业才能健康运营和发展。企业长期的低价格和低利润，不光会严重影响投资人的信心和员工的情绪，也会影响企业的技术创新投入，影响产品质量和服务质量。

2. 八字定价原则与五优路线

任何企业都应有稳定的价格，赚取合理利润，从而实现持续盈利，这是企业健康运营和发展的基础。好的价格和利润从哪来？我主张八字定价原则和五优路线。

我在北新建材做董事长10年，临走的时候交给我的继任者八个字："质量上上，价格中上。"质量一定要做好，不要在质量上马虎。把产品做得更好些，虽然会多承担一些成本，却能因此逐渐铸就品牌，赢得长远利益。我提出"质量和信誉是我们永远的追求"。价格没必要太高，但千万不要盲目压价。在确保产品质量的前提下，保持产品价格的长期稳定，既不搞价格战，又要给客户适当的优惠，让客户能够接受，这才是长久之道。如何做到价格中上呢？我们靠的是千方百计地扩大企业规模，增加产品品种，用新增的效益来平衡质量成本。现在的北新建材已是全球最大的石膏板生产企业，产品质量技术性能指标均超过外资品牌产品，成为我国少有的产品价格高过外资品牌，但却卖得最好的产品。

中国建材的竞争路线是五优路线："优技、优质、优服、优价、优利"，中国建材所有企业都要奔着这"五优"走。优技是指技术上要优，技术水平要高。优质是指质量要优。优服是指服务要优。优价不是指的最便宜，而是指价格也是较高的。优利是指要多赚钱。总的来说，就是要用好的技术、质量和服务赢得好的价格和利润，反之亦然，只有好的价格和好的利润才能支撑好的技术、质量和服务。中国建材所有产品的价格都不是市场上最低的，都是中等偏上的，因为做的是好东西，是真家伙。我们到商场里买T恤衫，可能不会跟服务员说要买件最便宜的，更多时候是看来看去，100元的不想买，1000元的又太贵了，三四百元买一件心里最平衡，如果买了件最便宜的，心里也挺别扭的。所以价格虽是挺重要的一个东西，但是走低价路线其实活不下去。

在建材行业里，以前价格很低，2005年的整个行业才80亿元利润，比瑞士豪瑞集团一家企业的利润还低。2018年水泥行业利润达到1546亿元，原因就是稳住了价格，不打价格战。在2009年的中国国际水泥峰会上，我提出了一个口号："行业的利益高过企业利益，企业利益孕于行业利益之中。"当时只有很少的人相信我的话，现在大家都接受了，没有行业利益就没有企业利益，要亏损全行业都亏损，要赚钱大家都赚，当然赚的多少不一样。煤炭赚都赚，亏都亏，水泥也是一样。大家可能问：这会不会是垄断？答案是否定的，过剩经济怎么垄断？想垄断都垄断不了。中国建材的水泥市场占有率不过20%，不可能垄断。只是说不要恶性竞争，所以行业领袖得带头，要行业自律，各家做好自己的利益区域，不要去别人地盘上挑起竞争，大打价格战，不然最终谁也赢不了，消费者也不得利，行业口碑也给搞垮了。有做水泥的老总跟我说，周边的水泥厂破破烂烂，但2018年挣了3亿元，他看不下去。我说：别人挣钱跟你有什么关系呢？你挣了30亿元，还不让他挣3亿元吗？你赚你的，他赚他的。即使他不赚，钢铁厂老板不照样赚吗？房地产老板不照样赚吗？我经常给干部们做这样的思想工作，慢慢都做通了，所以竞争理念很重要，首先要改变的就是观念。

3. 从量本利到价本利

这点前面已经讲到了。经济学中有个量本利分析法，就是通过分析产品数量、生产成本、销售利润这三者之间的关系，研究出企业以扩大销售而降低单位的固定成本，从而获取最大利润的经营方案，后来成为传统经济模式下的一种基本盈利模式，也就是我们常讲的薄利多销。但在过剩经济背景下，产品供大于求，市场从供给制约转为需求制约。在这种形势下，再多增加产量，不仅不能降低固定成本，反而增加了变动成本，致使流动资金紧张。更为严重的是，产能过剩引发企业之间愈演愈烈的低价倾销和恶性竞争，极大地压缩了企业的利润空间，甚至导致亏损。在这种情况下，主要矛盾不再是量，因为量没有弹性了，价格成为对利润影响最大的因素。

于是，中国建材创造性地提出一种全新的盈利模式——价本利，即在产能过剩的大背景下，重构合理的价格体系，不围绕"增量"低价销售，而围绕"稳价"以销定产、降本增效，维护区域市场供需平衡。价本利提升了管理企业的思想，过去管理企业讲求眼睛向内，往往不考虑市场的整体需求而过分主张用放量降价，而现在既要管工厂又要管市场。价本利追求的是稳定价格，不滥用市场支配地位，让市场有序化，不漫天要价也不恶意杀价，在市场、客户、竞争者都能接受的情况下追求价格理性化。

在价本利盈利模式中，价格是龙头，成本是基础，利润是目标。实现价本利盈利模式，应从四个方面着手。一是自律减产，不仅减产，还应在行业内倡导限制新增，因为在过剩环境下，再增加产能已毫无意义。二是降本增效，控制一切可控制的成本。三是抓好营销，稳定价格。按照"价格曲线图"，认真研判产品价格的上限、下限、底线，以及与之相匹配的制造成本、单位销售费用、单位管理费用等指标，使其成为指导市场营销、贯彻价本利理念的数字化基础。四是发扬"三不四千"精神，即"不辞辛苦、不怕委屈、不畏挫折"和"千方百计、千言万语、千山万水、千辛万苦"。一把手要深入市场一线，维护区域的供销平衡。这些做法既推动了行业价值体系的重构和产品价格的理性回归，也使企业取得了稳定的经济效益，因而得到了行业的广泛认同。

化解产能过剩矛盾需要有大思路、大智慧、大格局。价本利并不是对量本利的否定，而是针对行业主要矛盾的转化提出的新模式。当然，在过剩时代，解决问题的根本办法还是去产能，也就是我们常讲的供给侧结构性改革。如20世纪90年代，日本水泥销量1.2亿吨，泡沫经济消失后，水泥销量只有4600万吨，几乎降低了三分之二。当时在日本通产省的主导下，日本的水泥企业由23家整合为3家，之后这3家水泥企业按照比例拆除过剩的工厂，通过这些措施，日本每吨水泥的价格一直稳定在100美元左右。美国也一样，2008年金融危机发生后，水泥销量从1.2亿吨下滑至7500万吨左右，各家水泥企业采取了减产保价的策略，每吨水泥的价格也一直坚挺在100美元左右。而越南、埃及等国出现过剩后，水泥企业大打价格战，每吨水泥的价格从前几年100多美元的高价位，打到目前只有30美元的低价位，整个行业出现了大规模的亏损。这正反两方面的经验和教训值得我们认真反思。

07

创新转型

当前4.0智能化时代来临，全球化进程曲折中向前，中国经济进入高质量发展阶段，推进供给侧结构性改革、追求绿色发展，推动中国制造加速探索创新转型之路。中国建材确立"335"目标，提出"四化"转型与"三条曲线"新方略，着力打造"一带一路"国家新名片，向具有全球竞争力的世界一流综合性材料产业投资集团的目标稳健发展。

创新转型是当前中国制造一个首要的任务。我们现在不仅面对着过剩，面对新常态和持续发展的难题，还面对着国际上的贸易战和民粹主义思潮。许多关键的"卡脖子"核心技术必须突破，不然企业就要面临生死存亡。我们还有一个奔向世界一流的目标，这就把我们的创新和经济转型紧密地联系在一起了。

创新转型的动因

企业的创新转型既与经济发展的阶段有关，也和技术的发展阶段有关。我们现在为什么要创新，为什么要转型？目前有几种因素推动着企业创新与转型，这就是高质量发展阶段、供给侧结构性改革、新技术革命、全球化进程和绿色环保趋势。

1. 中国经济进入高质量发展阶段

党的十九大做出"中国经济从高速增长阶段进入高质量发展阶段"的重要

论断，之后召开的中央经济工作会议，全面论述了高质量发展阶段的内涵。经济高速增长解决的是"有没有"的问题，而高质量发展解决的是"好不好"的问题。和宏观经济相同，我国企业尤其是众多大企业也正从高速增长进入高质量发展的阶段，高速增长解决的是企业规模的问题，解决"大"的问题，而高质量发展解决的是"伟大"的问题，解决"强"和"优"的问题。

2. 供给侧结构性改革

2015年11月10日，习近平总书记在中央财经领导小组①第十一次会议上首次提出加强供给侧结构性改革。这是对我国社会主义市场经济理论的重大创新，是适应后国际金融危机时期综合国力竞争新形势的主动选择，旨在用改革的办法推进结构调整，减少无效和低端供给，扩大有效和高端供给，为中国经济转型升级提供了一剂良方。供给侧结构性改革的核心就是去产能、去库存、去杠杆、降成本、补短板，想达到的目标就是企业有利润、政府有税收、员工有收入、环境有改善。作为企业，要深入推进供给侧结构性改革，加快转型，转换动力，着力做好均衡、有序和高质量的供给。

现在我国经济主要的问题是各个产业几乎都过剩，而且过剩的特点都是中低端过剩，高端还无法满足需求，要进口，好东西还是从外边买。供给侧结构性改革正是要解决产能过剩和供给结构不合理这两个问题。过剩会导致什么问题？会带来价格下跌，价格下跌就带来企业亏损，这是连锁反应。我们看西方资本主义的经济危机也是过剩引发的，而且市场经济是无序的，大家都去做，做着做着就过剩，过剩以后价格就下跌，经济萧条，这就是马克思所讲的资本主义周期性的经济危机。凯恩斯曾提出用充分就业、政府投资和公共开支拉动经济来解决过剩，形成了凯恩斯主义。我们虽然是社会主义市场经济，但也一样出现了阶段性的过剩经济。过剩之后，政府曾经依靠"三驾马车"拉动经济，启动了大规模投资，但多年后，发现用投资拉动的方法成本高、效率低，还带来了更为严重的产能过剩。拿建材行业来说，我国水泥产量已经占到全世界产量的一半以上，在这种情况下，企业不能再推动政府"面多加水、水多加

---

① 2018年3月，中央财经领导小组改为中央财经委员会。

面",这样既没必要,也是不可持续的。现在国家提出来供给侧结构性改革,"供给侧改革"后面加了"结构性",就是要由中低档向中高档转化,供给侧结构性改革非常重要。"三去一降一补",第一要去产能。围绕着去产能国家下了很大的力量,解决产能过剩问题。前几年煤炭、钢铁的价格都下跌很多,而且煤炭价格掉下来以后,煤矿工人都发不出工资,后来压缩了煤炭的产量,每个企业限定生产天数,这样价格才恢复了。钢材也是,淘汰了地条钢1亿多吨,关掉了一些小钢厂,钢铁价格才恢复。

但是水泥这个行业就没有让国家花很大的力气,因为有中国建材,中国建材在行业里面做的不是去产能,做的是去产量。我们推动了一个什么事情呢?错峰生产。整个东北、西北、华北、黄河以北、长江以北区域都采取了冬季不生产。东北冬季5个月不生产,结果夏天水泥还卖不出去,就是产能过剩太多。过去紧缺的时候一条日产5000吨的生产线产量可达6000吨,也就是说产能要达到120%。现在一条线产能达到60%、70%就不错了。大家都领会到,多生产不赚钱,少生产才赚钱,没有必要生产那么多,这也是一个思想认识变化和进步的过程。过去企业建工厂是发展生产力,现在关工厂也是发展生产力;过去企业超产是发展生产力,现在减产也是发展生产力。这没什么可奇怪的,多了就要减,少了就要加,现在过剩了,就是太多了,要做减法。

3. 新技术革命来临

在经历了蒸汽机时代、电气时代、信息化时代之后,人类进入到4.0智能化时代。当前,由人工智能引领的新一轮科技革命和产业变革方兴未艾。在移动互联网、大数据、超级计算、传感网、脑科学等新理论新技术驱动下,人工智能呈现深度学习、跨界融合、人机协同、群智开放、自主操控等新特征,正在对经济发展、社会进步、全球治理等方面产生重大而深远的影响。

世界经济论坛的施瓦布先生写了一本书就叫《第四次工业革命》,这本书挺好的,建议大家读一读,中国建材的干部是人手一本。书写得比较简单,挺薄的,主要就是讲工业4.0。德国把工业4.0战略上升为国家战略,目的就是继续保持德国工业制造业的世界领先地位,2015年中国也提出了《中国制造2025》。党的十九大报告指出,要加快发展先进制造业,推动互联网、大数据、人工智能和实体经济深度融合。移动互联网、云计算、大数据、物联网等与现代制造业的结合，极大地延伸了人类的智慧，完全颠覆了传统的制造方式、营销模式和商业世界。尤其是机器人的广泛使用，快速提高了企业的生产效率，无人化工厂时代正在来临。

中国建材响应国家政策，制造智能化进展很快。我们最近到浙江桐乡中国巨石的一个工厂参观，700台织布机一望无际，没有一个人，完全智能化，很壮观。过去织布，好多女同志戴着白帽子走来走去，现在都没有了，用机器制造的电子线路板玻璃纤维，都织得很薄很结实，不依赖人工。现在工厂很少看到人，中国建材水泥厂新的工厂只有50个人，石膏板年产6000万平方米也只有30个人，接近无人工厂。中国建材在上海还有一个机器人工厂，2018年收入8亿元，今年估计超过10亿元，水泥厂、玻璃厂都需要大量的机器人，这个做得也是不错的。

企业要争取走在技术革命的前沿。大家可能会想，科技的日益进步加速了产品的更迭，智能化的快速发展也会加速企业的变革，如果企业以后都用机器人工作，那么员工该怎么办？我想这个问题可以通过两个途径解决：一是要学习，创造机会让所有员工进行再学习，比如可以创办多个几万人的大学；二是可以让更多的人从事研发，也可以创办多个几万人的研究院。人有两个劳动工具，一个是双手，另一个是大脑，双手从劳动力中解放出来，大脑还可以继续发挥作用。企业持续推进员工的学习教育和企业的研发工作，按照这个思路去发展，人就有事做。

4. 全球化进程

当前的全球化进程是第二次世界大战后开始的，尤其是世贸组织的建立为全球化确立了规则，促进了世界经济发展。但2008年世界金融危机后，由于西方发达国家经济恢复缓慢，单边主义和贸易保护主义抬头，同时民粹主义也开始在一些国家泛滥，一些过去主张全球化的国家转向关门主义。这一方面反映出当代资本主义社会的规则出了问题，因为这些规则使得财富通过市场过度集中到少部分人手里，加剧了贫富分化；另一方面这些年美国和欧洲进行脱实向虚，大规模退出了制造业，享受新兴国家的低成本产品，这也造成了西方这些年失业率的增加和产业工人的不满。其实,这是形成现在反全球化的主要原因和思想基础。

虽然现在美国等西方发达国家搞单边主义和贸易保护主义,但是全球化是挡不住的。美国觉得自己吃亏了,所以想要改变全球化规则。当然中美贸易摩擦表面上源于贸易不平衡,深层次则是美国脱实向虚和禁止向中国出口高技术导致的,是逐渐累积起来的问题,也反映了美国对中国崛起的不适应。其实美国的开国元勋汉密尔顿就是现代贸易保护政策的始作俑者之一。第二次世界大战后美国成了最强的工业化国家,才开始倡导门户开放,建立开放的世界贸易体系,推动了全球化的高潮,现在又要来冲击打破这个体系,长期形成的东西,也是很难一下子就打破的。

回想改革开放40多年来,中国坚持对外开放基本国策,打开国门搞建设,以开放促改革,取得了举世瞩目的成绩。改革开放初期,西方社会并不太理解,但后来通过开放,中国终于赢得了国际社会的尊重和支持。1992年小平同志视察南方谈话之前,改革也一度遇到困难。但是之后,改革开放的社会高潮,又化解了很多矛盾。现在又遇到了国际社会对中国快速崛起的不适应问题,遇到了贸易保护主义,该怎么解决呢?就是要形成全面开放新格局,用更加开放的姿态、更加开放的市场,进一步扩展发展空间,让国际社会更加适应中国崛起壮大的现实,创造包容开放的国际环境。只要继续坚持用开放赢得世界,只要按这条路子走,就不用过于担心。

尽管当前经济全球化遭遇波折,但总的来看,"青山遮不住,毕竟东流去",各国经济社会发展联系日益密切,全球化和国际合作仍是主流。在2018年举办的中国国际进口博览会(简称"进博会")上,习近平总书记高屋建瓴地指出,"经济全球化是不可逆转的历史大势""中国开放的大门不会关闭,只会越开越大"。中国经济是一片大海,而不是一个小池塘。狂风骤雨可以掀翻小池塘,但不能掀翻大海。在进博会上,来自全球3600多家企业参展,40多万名境内外采购商到会洽谈采购,成交额达到578亿美元。这充分说明,一个将近14亿人口、正在崛起的经济大国,对世界经济、对全球大企业有着强大吸引力。世界是中国的市场,中国也是世界的市场,二者相互依存,不可分割。

5. 追求绿色发展

过去中国企业到国外，大企业全都在讲电子商务，现在到国外每一个大企业去都在讲气候问题，讲每个企业管理创新中对于气候问题的贡献，中国企业也是这样，这就反映了绿色发展已经成为时代潮流。实际上，大多数企业在运行中都会耗费能源和资源，都会对环境产生一定的负荷，随着企业不断增多，能源、资源和环境就会不堪重负。早在 1962 年，环保思想先驱蕾切尔·卡森写了一本书叫《寂静的春天》，描绘了由农药毒杀生物引发的生态悲剧：农民为了提高作物产量使用农药，农药把虫子杀死了，鸟吃了虫子鸟又死了，结果本来鸟语花香的春天变成寂静的春天。这本书谴责农药的过量使用对环境造成的巨大破坏，并第一次把环境危机这个概念引入公众视野。后来美国为这个事还开了总统听证会，发现书中反映的问题是存在的，大量农药造成了环境恶化。

到了 20 世纪 70 年代，有一个智库叫罗马俱乐部，他们发表了一个研究报告叫《增长的极限》，提出随着工业大力地发展，我们的能源和资源不够用了，认为资源能源的不可持续会成为人类的最大麻烦。上一代人留给我们资源，我们得给下一代人留下充分的资源，这就叫可持续发展，大概讲的这个逻辑。现在看来，当时罗马俱乐部的《增长的极限》比较悲观，比如对石油的看法，当时预测只够开采 50 年，现在看来还多着呢。我接触过一个在全球搞物探找石油的外国公司，他们认为目前石油勘探出来的只是一部分，还有好多没勘探出来，地壳底下多着呢。石灰石也是一样，过去大家认为只有 40 亿吨石灰石可以做水泥，那是因为什么呢？开采的合理半径下质量好的石灰石储量是 40 亿吨，一年 20 亿吨的需要，两年就烧没了，后来发现有 9 万亿吨石灰石可以做水泥，这个差距就太大了。自然资源也是这样的，不像罗马俱乐部说的那么紧张，但是这些能源、资源大都是不可再生的，越来越少是肯定的，石油、天然气等都会越来越少，所以还是要节约。

20 世纪 90 年代又发现了新问题，比"增长极限"更为严重的是"生存极限"，即全球气候问题。有一批西方的科学家在山顶上测了好几十年证实了气温在升高，提出"温室效应"的概念。气温为什么升高？就是因为温室气体，也就是二氧化碳及其他各种有机气体。这些气体能吸收地面反射的长波辐射，并重新发生辐射，但吸收的辐射大过反射的辐射，捕获了辐射的热量，就会造成气温的升高，形成"温室效应"。其实二氧化碳捕获热的能力在各种有机气体里面并不高，氟利昂捕获热量的能力是二氧化碳的1000倍，但是现在二氧化碳含量太高，所以气温在升高。如果不加节制，按照现在这个升高的速度，到21世纪末气温要升高5~6℃。据测算，从工业革命到21世纪末全球平均气温升高幅度需控制在2℃以内，目前已经上升了1.1℃。2015年12月，第21届联合国气候变化大会在巴黎举行，会上商议的结果是争取到21世纪末气温上升不超过1.5℃，这是人类的理想目标。如果达不到这个目标会怎么样？北极、南极的冰川统统会融化，融化了以后海平面升高，淹没很多岛屿和陆地，还会给气候环境带来各种问题，所以人类一定要控制住温室效应。

中国是碳排放大国，排放量约占全球碳排放总量的四分之一。中国政府庄严承诺，2030年达到二氧化碳排放峰值，并努力使峰值出现的时间提前。要兑现这一承诺，我们需要付出巨大努力。我作为企业代表也参加了巴黎气候变化大会，并做了三场演讲，讲的是中国企业对气候的看法，中国企业应对气候变化的措施，得到了很多西方朋友的理解。

建设美丽中国是我们的当务之急。习近平总书记提出："生态环境没有替代品，用之不觉，失之难存。"[1] 党的十九大报告指出，"必须树立和践行绿水青山就是金山银山的理念""像对待生命一样对待生态环境"。改革开放以来，我国经济发展取得历史性成就，同时也积累了大量生态环境问题，环保形势十分严峻，成为明显的短板。如今，我国不少地区土壤、地表浅层水遭到污染，更让人难以适应的是严重的雾霾，这些污染严重影响了人们的健康。过去我们常讲职业病，但现在环境问题带来的疾病可能威胁所有人群，怎样保护和恢复绿水青山就成为全社会的重要责任。为了人类的永续发展而非眼前的利益，为了惠及子孙后代而非满足一时的贪欲，企业必须树立自律意识，为生态安全做出应有努力。

---

[1] 习近平总书记参加十二届全国人民代表大会第四次会议青海省代表团审议时的讲话。

企业创新转型之路

前面这五个方面的问题,促使现代企业不能再延续原来的生长模式,做事方法必须改变,生产、经营模式都得改变,来适应这些变化。中国建材认为,转型不是转行,而是立足于本行业进行结构调整,推动技术进步。中国建材的转型升级思路是:转型方向,推动"四化"转型;产业升级路线,"三条曲线";市场区域,从注重国内市场向同时布局"一带一路"转变。

1. 推动"四化转型"

"四化转型"是指高端化、智能化、绿色化、服务化,前面我们也讲到部分内容,通过这"四化"来化解发展压力与资源约束的矛盾,开辟高质量发展的新路。

一是高端化。高端化就是加大结构调整和技术创新的力度,综合运用制造业服务化、产研结合、集成创新等模式,进一步延伸产业链和价值链,不断向产业链高端跃升,提升上下游产业链的整体价值。

现在整个国家工业转型向中高端转化,对建材行业来说,正在从中高端进入高端。为什么叫高端化?中国建材已经在中高端,所以再转化就得高端化。改革开放之初,中国的建材企业都是跟着发达国家的步伐在前进,但经过40年发展,中国的水泥、玻璃等成套装备和技术处于全球领先地位。中国的建材技术装备有两个特点:技术中高端、高性价比。不仅技术一流、质量精良,而且价格具有竞争力。同样的装备、同样的质量,中国建材比其他跨国公司要便宜20%~30%,所以国外企业包括跨国公司都来买中国建材的技术装备。产品也是这样,中国建材推出了70多种特种水泥,过去国内修高铁用的水泥大多是从德国进口,每吨价格高达2000元,现在已实现国产化。过去油井水泥、核电水泥都依赖进口,现在中国建材都可以供应,价格大幅下降,极大降低了建设成本。台湾中天电视台曾播出过中国建材电子薄玻璃,讲到中国建材电子薄玻璃在全球领先,打破了国内没有薄玻璃、液晶显示器都得靠美国进口的困境,中国建材把这些东西做出来了。除了水泥玻璃等传统建材产业做到技术中高端、高性价比外,中国建材还培育出了六大新材料,包括:光电材料、复合材料、膜材料、石墨材料、工业陶瓷、人造晶体。这些业务在技术领域已居于世界一流水平，特别是 T1000 碳纤维、TFT 玻璃、铜铟镓硒薄膜太阳能、陶瓷轴承，都是高端化的典型。

二是智能化。智能化就是在新一轮技术革命浪潮中，紧抓工业 4.0 和中国制造 2025 战略机遇，加快工业化与信息化的"两化融合"，开展跨界经营，促进关键装备、工艺流程的智能化，降低成本、节约能源、减少人工，努力在一些关键领域抢占先机、取得突破。

智能化有两个突出作用，一是提高劳动效率，把人类从体力劳动中解放出来。以石膏板为例，过去每平方米成本 4 元，现在成本仅为 3 元多，每平方米售价 4 元多，还有 1 元的利润，销售 18 亿平方米就能取得可观效益。5 年前，玻璃纤维的成本为每吨 5500 元，现在降到 3000 元，如此大规模降低成本靠的就是智能化。二是提高了精准度，减少了人在操作中的误差。过去机械加工主要靠钳工的技术，而现在都是靠加工中心，精准度和难度进一步提升。

中国建材智能化做得非常好，在水泥、玻璃、新材料等领域已经广泛应用智能化，极大地提高了生产效率。我们在山东泰安建设了世界上第一条 4.0 工业智能化的水泥厂，应用 GPS（全球定位系统）定位、"互联网+"、大数据处理、生产智能化模拟系统，使整个工厂实现"无人化"生产，生产线管理如"行云流水"。

这么大的水泥厂从原料到成品包装，大概只需要 50 个人三班倒，所以在这个工厂基本看不到人，没有中央控制室，完全都是智能化的。能效、环保和效益指标达到世界先进水平，节约煤而且产品质量好，工厂空的地方都利用太阳能、风能、余热发电，大概可以解决这个工厂 80% 的用电，计划再过几年实现零购电。经过大量传感器实时监控和智能优化，再加上工厂脱硫脱硝和双收尘的环保设备，让污染物排放优于国际先进指标。我把这个水泥生产线叫新能源水泥，因为水泥是新能源做出来的，不是传统电力做的，最大限度地接近了"零人员、零排放、零电耗"。

泰安智能化水泥厂有八大特点：矿山开采智能化、原料处理预均化、生产管理信息化、生产控制自动化、耐火材料无铬化、物料粉磨无球化、生产现场无人化、生产过程可视化，同时生产流程全封闭无尘化，吨产品能耗比同比节约20%以上，人均劳动生产率提高80%，各项技术指标都达到了世界一流。该项目获评工信部"2015年智能制造试点示范项目"，并入选全球契约组织"中国绿色技术创新成果"。一些国外的公司都来参观泰安这条智能化生产线，大家有时间也可以去看这个生产线，非常漂亮，水泥厂做成这样，是超乎想象的。

三是绿色化。 绿色化就是毫不动摇实施可持续发展战略，坚持绿色低碳循环发展，在原材料选用、生产过程和产品应用等方面加强节能环保，自觉减少粉尘、氮氧化物和二氧化硫等的排放，提升资源循环利用能力。

当前环保问题成为国家和社会关注的重点，中央提出的三大攻坚战，其中之一就是污染防治。习近平总书记强调："不管有多么艰难，我们都不可犹豫、不能退缩，要以壮士断腕的决心、背水一战的勇气、攻城拔寨的拼劲，坚决打好污染防治攻坚战。……环境就是民生，青山就是美丽，蓝天也是幸福。"[①] 关于工业生产能否实现绿色化，答案是肯定的。发展实体经济、发展工业不能以牺牲环境为代价，不应该和保护环境对立起来，而是要协调好二者之间的关系，实现经济和自然的融合发展。作为做建材的企业，中国建材必须要特别的注意环境问题。有一次我接受采访时说雾霾这么严重，我做水泥，内心很自责。媒体断章取义登出来说水泥大王宋志平对雾霾很自责，好像雾霾这个事全是我们导致的。其实我一直关注治理雾霾问题。近些年肺癌患病率上升，这跟呼吸的空气有关，雾霾确实是大问题，我们一定要解决这个问题。

建材产业资源依赖性强，环境敏感度高。中国建材坚持站在道德高地做企业，推出责任蓝天行动，围绕节能降耗、减污减排、生态保护、循环经济等重点领域，大力推进节能减排和转型升级，做了大量工作。对于企业五要素——环境、安全、质量、技术、成本，中国建材是这么来排序的。我们把环境放在第一位，为什么？因为环境出了问题以后，往往是不可逆的，对环境造成污染以后很难恢复。过去部分化工厂建在云南滇池周围，围湖造田把滇池给污染

---

① 习近平总书记在全国生态环境保护大会上的讲话。

了，现在治理它花费的时间和金钱，比当年化工厂的销售收入还要高。许多地方的地下水都被破坏了，水打出来不能喝，村里的老百姓得喝从外面运来的矿泉水，成本很高。目前中国大陆浅层地下水大部分都被污染，好多城市的浅层水都不能用，而且这种污染没有几十年、上百年恢复不了。此外，很多土壤被重金属污染，导致药用人参绝大多数不合格，因为农药残留和重金属超标，带来了一系列的问题，所以消费者买韩国的高丽参。绿水青山才是金山银山。现在做企业如果对环境有害就不要做了，把工厂关掉，没有必要非要赚这个钱。第二位是安全，第三位是质量，第四位是技术，第五位才是成本。赚钱在第五，不是赚钱不重要，做工厂需要赚钱，但是环境最重要，中国企业现在环境意识越来越强了。

中国建材倡导绿色生产，整个制造过程中有三个原则，也是北新建材迄今一直坚持的原则，后来带到了中国建材。第一，在原料采购上尽量倡导循环经济，尽量使用工业废弃物和城市建筑垃圾。像做水泥用一些粉煤灰，做石膏板用的全是工业脱硫石头，不用天然矿石，充分利用循环经济。中国建材每年消纳工业废弃物1亿吨，自主研发100%使用电厂工业废弃物——脱硫石膏生产石膏板的技术，每年可消纳脱硫石膏近1800万吨，折合减排二氧化硫650万吨。第二，在生产过程中尽量减少废气、废水和废物的排放，有一个提法叫近零排放，现在中国建材用的窑炉没有液体或固体废弃物排放，气体排放只有二氧化碳，这个暂时没有找到更好的彻底解决办法，但是我们也还在努力。第三，应用过程中要注重节能环保、舒适健康，致力于提供质量可靠、绿色环保的建材产品。比如中国建材加大高标号水泥的研制和应用，据估算，如果把现在使用的水泥标号从32.5提高到72.5，能减少约40%的水泥用量，相当于可以少排放40%的二氧化碳。这是中国建材的三个原则，所属的企业都要按这个思路去做。像中国建材在蒙古国建设的水泥厂，就是在草原中间矗立的非常现代化的工厂，周围有马群，"风吹草低见牛羊"，充满诗情画意。通过绿色转型，企业把优秀的生产制造和美丽的自然环境，跟可爱的牛群、马群融为一体，相得益彰。现在的水泥工厂已经能够做到这个程度，实现了无烟无尘化，可以称得上是"花园中的工厂、森林里的工厂、草原上的工厂"。

中国建材在巢湖做了一个垃圾焚烧厂，这个协同处置生活垃圾项目采用中材国际自主研发的第三代垃圾协同处置技术，一条水泥窑日处理生活垃圾能力达到500吨，年处理量达18万吨。巢湖市每天产生的生活和建筑垃圾不到400吨。如果项目三条水泥窑全部开工，不单可以"吃"下全巢湖市的垃圾，未来还可以处理合肥其他县区的生产生活垃圾。

那么，为什么要焚烧垃圾呢？垃圾处理有几种办法，常见的有深埋、焚烧。深埋容易破坏水源，最好的处理办法就是焚烧，但周围老百姓一听就不愿意合作，因为担心有毒。垃圾焚烧排出的二噁英烟气，是在600~800℃产生的，传统的垃圾焚烧厂温度在800℃左右，分解不了二噁英。水泥的窑温是1600℃，把垃圾焚烧产生的二噁英烟气放在1600℃高温中，一下就彻底分解了，日本人就是这样做的。现在中国建材也是把窑炉和垃圾焚烧厂结合在一起。另外，垃圾焚烧厂一般有强烈难闻的味道，针对这个问题，中国建材也采用了创新方法，进口了一种在艾草里面长的细菌，这类细菌可以专门"吃"掉垃圾的味道，工厂就没有一点异味了。虽然垃圾焚烧带来的收入很少，现在并不赚钱，但我们的想法是先做起来，二噁英处理是大好事，必须要先做起来。

现在空气中、水里、土壤里的二噁英都超标，而二噁英是严重致癌物质，对人体危害很大，水泥的窑炉可以把二噁英解决掉。而且水泥的窑炉不光可以烧二噁英，还可以处理危险废物，比如处理化工厂、医院垃圾，也是在窑炉里烧掉。中国建材南京的一个烧危险废物的工厂一年能赚六七千万元利润。刚才讲的烧城市垃圾不赚钱，烧危险品却赚钱。污染的土壤也能靠燃烧处理，各种各样被污染的土壤怎么办？水泥需要黏土，放到窑里烧就行了，可以变成水泥的原料，这样把污染土壤也解决了。所以在日本做水泥，主要是靠什么赚钱呢？主要是靠烧这些东西赚钱，这也是"水泥+"业务。真正制售水泥赚的钱不多，因为成本比较高，是靠附带的垃圾处理服务赚钱。

不要小看这件事，这也是新经济。在日本，如果谁家冰箱坏了想扔了，不能随意处置，扔到楼下不管那是不可以的，得花钱请人把冰箱拉走。冰箱拉到哪儿去？拉到解体厂去。在日本，工业轮胎一出厂的时候，水泥厂就收了一笔处理附加费，水泥厂把废旧轮胎收回来之后经过处理，在传送带上排着队进水泥窑焚烧，是很好的燃料。轮胎回收处理的这个钱就挣了不少。所以绿色化的问题不只是增加成本，同时也是企业的机会，把握住这些机会就能创造经济价值。

四是服务化。服务化就是推动制造业向高端延伸，增加服务要素在生产经营活动中的比重，由单纯提供产品和设备，向提供全生命周期管理及系统解决方案转变，实现价值链和商业模式的重构。

从生产型制造向服务型制造，是全球未来制造业转型的重要趋势。无论是美国的先进制造业计划，还是德国工业4.0，以及我国的《中国制造2025》，都将服务型制造或制造业服务化作为未来制造业发展的方向之一。目前我国制造业普遍过剩、恶性竞争，大家都应该认真思考向制造服务业转型，进而共同促进整个国家工业的转型。这无论对大型传统制造企业还是对新兴的小微企业，都是重要的创新方向。前面已详细介绍了中国建材在服务化方面的实践，这里就不再赘述。

2. 布局"三条曲线"

中国建材的"三条曲线"是受管理学家查尔斯·汉迪"第二曲线"理论的启发。什么叫"第二曲线"呢？产业发展有生命周期，任何一条增长曲线都是先升后降的抛物线，当一个业务做到高点就会衰退，应该做另外一个业务跟上去，在拐点出现之前开始一条新的增长线，从而实现持续增长。也就是说一个产业，在企业觉得很舒服的时候大概已经过了高点，往下降了。现在中国水泥需求量已经往下降了，最高点是25亿吨，2018年的需求量只有22亿吨，每年下降1亿吨左右，国外预测2019年将再降5%。目前中国水泥还有得可做，投资拉动要用很多水泥。国家在建川藏铁路，川藏铁路的隧桥比占94%，2000多公里的隧道和桥梁，这得用多少水泥！最近烟台到大连的隧道也传出准备要做，这让建材人又高兴了，隧道、桥梁，全是需要用水泥的。所以，第一条曲线就是做好现有产业的结构调整和升级，不断提质增效，持续性创新还要不断赚钱。第一条曲线高点越过了往下走，那该怎么办呢？第二条曲线开始了，那中国建材的第二条曲线是什么呢？大力发展新材料、新能源、新型房屋等"三新产业"，快速增长。2018年国内六大新材料让中国建材赚了100亿元的利润。

第二条曲线将来也会下降，中国建材又做了第三条曲线，看着一个，吃着一个，还得备着一个。备着的就是制造服务业，包括前面提到的智能工业，发展新业态，向制造服务业转化，不断培育新的增长点。按照三条曲线的布局，中国建材构建起水泥、新材料、工程技术服务"三足鼎立"的业务格局，形成了一大批新技术、新成果、新模式，为产业升级提供了强劲的支撑，引领了行业科技进步和创新转型。这三条曲线一划划到2025年，在中国建材大家都知道谁的业务在哪条曲线的发展范畴，清楚各自的转型升级任务，创新的目标和路线很清晰，不会出现打乱仗的局面。

中国建材属于非金属材料制造业，近年来在无机和有机非金属材料领域进行了大量投入，新材料产业异军突起，形成了一批量产化项目，解决了一批"卡脖子"技术，实现了企业营收支柱的滚动发展。马凯副总理在2017年11月参观"中央企业贯彻落实新发展理念、深入实施创新驱动发展战略、大力推动双创成就展"时莅临中国建材展台，对我们新材料业务发展的成绩高度肯定，他高兴地说，"中国建材"可以改成"中国材料"。2018年，中国建材新材料业务利润超过100亿元。在中国建材的新材料之中，除石膏板、玻璃纤维、风电叶片已经做到全球第一之外，近年来又涌现出高档碳纤维、超薄电子玻璃、薄膜太阳能电池、锂电池隔膜、高精工业陶瓷五大"后起之秀"。中国建材要大力去做新材料，填补我国新材料的空白，这也是中央企业的历史责任。

关于新材料，我再举一个例子，锂电池隔膜。全世界的锂电池发展是中、美、日、韩的"四国游戏"。锂电池产业内有核心专利、生产装备缺乏之短板，外有技术之壁垒，是我国新能源产业持久发展的"痛点"。现在电池的正极材料、负极材料、电解液都可以国产化，唯独隔膜受制于日本公司，高档薄膜都得用它们的。中低档的薄膜很多，但是要想做好电池，就得用它们的薄膜。隔膜这种高分子材料里面有好多微细的孔，是什么原理呢？高分子树脂加上石蜡溶剂，拉伸过程中高温下蒸发石蜡，形成一些分子状孔，肉眼看不见，电子可以穿过，而分子不可以穿过。现在中国建材把它攻克了，在山东滕州建设年产6亿平方米的项目，2019年马上就要达到20亿平方米产能。该产品的18项指标都达到或超过日本公司产品，现在日本松下开始订我们的货做电池。这标志着中国建材成功实现了锂电池材料中最后一个关键材料的国产化，也标志着中国建材锂电池隔膜研发、生产能力已居世界一流水平。目前国内高档动力电池隔膜进口比例超过80%，未来市场前景非常广阔。现在薄膜不仅用作锂电池隔膜，中国建材旗下南京的一家公司还在做气膜，气膜是干什么的呢？能过滤PM2.5。我们做的水膜是两种，一种是反渗透膜，进行海水淡化的，水分子可以穿过，但是氯化钠穿不过。还有一种中水膜，中水膜是用在水处理上的，通过这种膜过滤，过滤完了是清水，所以这种膜技术有很大价值。温家宝同志曾提出来七大战略性新兴产业，其中有一个就是膜技术，中国建材现在在山东兴建大规模的国家膜技术实验室来做这个东西。

3. 打造"一带一路"国家名片

兵马未动，粮草先行。中国建材紧抓"一带一路"等国际化机遇，充分发挥自身优势，积极推进合作、投资和建设，加快装备、技术、服务、标准"走出去"，努力打造中国实业"走出去"的国家新名片，加快由世界500强企业向世界一流跨国公司的转变。

一是大规模开展工程服务。"一带一路"沿线大规模基础设施建设需求，为建材企业"走出去"创造了巨大的市场空间。近年来，中国建材充分发挥中高端技术和性价比优势，在世界各地建设了300多条水泥生产线、60多条玻璃生产线，全球市场占有率达65%，这是不简单的，里面有许多大工程。例如，我们在埃及建设的6条日产6000吨水泥生产线，一字排开、蔚为壮观，成为业内史无前例的宏伟工程，并全部建成投产。

二是实施"六个一"战略。中国建材制定了到2020年实现"六个一"的国际化战略目标，即加快建设10个建材工业园、10家海外仓储园区、10个海外区域认证中心和国际标准实验室、100个建材连锁分销中心、100个智慧工厂、100个EPC项目。

中国建材以前在国外做EPC工程，现在做小型建材工业园，占地1平方公里左右。为什么中国建材不愿意做大工业园呢？因为一下子承诺做很大的工业园，如果做不了压力会很大，一旦交不了工，会招来很多麻烦。所以不是地囤得越多越好，囤了就得用。中国建材在国外做的都是小型建材工业园，量力而行，做出精品。

海外仓就是指物流园，中国建材在迪拜、俄罗斯、坦桑尼亚都有海外仓，把各种材料从中国运过去。而且中国建材海外仓不仅仅服务于中国建材，各省其他产业的企业都在用，大家把产品都运到中国建材海外仓，从海外仓再发到各地。

还有就是做海外联合实验室认证中心，过去在非洲做水泥、玻璃，既没有标准，也没法检测，现在中国建材在帮助他们建立国际实验室来检测。

中国建材还要建100家海外建材连锁店，类似国内百安居家居店的模式，其实百安居就是我们当年从英国引进来的。北京的家居店比较大，大概有2万~3万平方米，非洲的没必要建这么大，连锁店2000~3000平方米，旗舰店不超过5000平方米就行，也很赚钱。这里面需要有一个中国人做店长，找一个会讲英语的小伙子去就行了，剩下三四十名店员全是非洲的大学毕业生。我去坦桑尼亚的分销中心，当地的男孩女孩列队欢迎，笑容十分灿烂，这种笑容是从心底里发出的，让我印象极其深刻。中国建材的海外建材连锁店已经做了20多年了，2020年要做到100家。

中国建材还要建100个智慧工厂，这个刚才讲过了。今后中国建材还要做100个工程总包EPC项目，包含投资、工程建设等业务的综合项目，赚综合服务的钱。

三是从"走出去"到"走进去"。中国建材"走出去"坚持三个原则，走一条和谐共生的国际化道路。哪三个原则呢？第一，为当地经济做贡献。第二，和当地企业合作。第三，与当地人民友好相处。这三个原则，是十几年前中国建材在土耳其的时候提出的。当时中国建材在土耳其做一个水泥厂，把土建的活交给当地公司，当地政府非常高兴，在开工大会上我讲了这三个原则。中国参赞说：宋总，如果中国公司都按照这样来做，我们走出去就能成功。当地《独立日报》的大标题"昔日的竞争对手，今日的合作伙伴"，就是讲中国建材。

我最近去赞比亚，拜会赞比亚副总统，她让记者都走开后单独跟我谈了谈。其中问了我一个问题：中资企业来赞比亚想干什么？我说很简单，第一，给当地经济做贡献；第二，跟当地企业合作；第三，为赞比亚做好事。这位副总统听了听，觉得第一条、第三条都是说漂亮话，她说："我对你的第二条很感兴趣，中资来了我们欢迎，但如果把生意都做没了，当地企业活不了，那我们就不欢迎。中国建材要跟我们当地企业合作，我们特别高兴。"所以，只有跟当地企业合作做生意，当地人才欢迎我们。

赞比亚卢萨卡世袭的酋长叫罗莎，是这一大块土地上居民的头儿，见面时我们送了她一个光伏薄膜电池的地球仪。罗莎酋长是很厉害的，她当过国防部长、外交部副部长，卢萨卡95%的地归她。她给了我们1平方公里的土地，说感谢我们一来就先给当地打了100口水井，捐赠了一个医院和一个学校，她把土地委员会的主任带来，说我们要多少地再给我们。我也见到了联合国艾滋病规划署在那儿的主任，并赞助了该基金委员会。我们还捐赠物资给当地一到五年级的小学生，送了他们足球、书包。小孩子很纯真，给我们唱当地娘家语的歌曲，大意是"手挽手，心连心，我们和中国建材是一家人"。我们虽然听不懂，但是童声唱的赞美歌，听了以后感动油然而生。所以"走出去"一定要多做好事，和当地企业携手发展。

四是加强与跨国公司合作。独行快，众行远。企业"走出去"不能吃独食。中国建材在国际化过程中，积极倡导与西方国家跨国公司合作。海外工程总包EPC项目注重全球化采购，既发挥国产装备的性价比优势，又积极采购一些跨国公司的高技术关键设备。另外，我们非常重视与跨国公司联合开发第三方市场。例如中国建材与法国施耐德、日本三菱商事、丹麦史密斯等跨国公司合作，联合开发亚洲、非洲等第三方市场，有饭大家吃。

当然，美国、欧洲市场也是我们的重要目标。改革开放以来，我们经历了产品"走出去"、装备"走出去"的过程，现在要实现工厂"走出去"。像中国建材在美国南卡罗来纳州投资5亿美元建设了一个玻璃纤维厂，为什么呢？因为美国有我们大量的终端客户，有我们的市场，所以我们要到美国建工厂。全球化就是要在全球展开竞争。我们终于把生意做到美国去了，美国现在正回归实业，我们在当地安排了800个就业岗位，因而很受欢迎。我觉得,从"中国是世界的工厂"到"世界是中国的工厂",从重视 GDP① 迈到看重 GNP②,这也是中国企业国际化的一个必然趋势。

实现高质量发展

高质量发展是中国经济发展到目前阶段的一个内在要求,也是一个新的挑战。我们从 20 世纪 80 年代搞出口换汇的时候就提出抓质量,也积累了一些经验。日本是现代企业质量改进运动的起源地,给我们提供了不少值得借鉴的经验。现在我们讲的高质量发展又有了不同的时代内涵,这也是中国企业从做大、做强到做优所要经历的一个必然过程。

1. 高质量发展的内涵

当前,中国经济已从高速增长阶段进入高质量发展阶段。在外部环境发生巨大变化的时代,企业也应做出调整,应从过去的高速增长目标导向转向高质量发展目标导向。在高速增长阶段,企业不得不跑起来,不跑就没有机会,而在高质量发展阶段,我们就不能再像以前那样只顾"快跑"了,而是要学会"正步走",重视企业的质量效益和稳健、可持续发展。

什么是高质量发展?高质量发展不是对高速增长的否定,而是从"量的积累"向"质的飞跃"的跨越。从企业来说,要厘清企业高质量发展的内涵。我认为主要有四点:一是结构和运行高质量,企业的组织架构、投入产出比、资产回报率、社会贡献率等方面表现优异。二是技术素质和创新能力高质量,持续强化创新驱动,推动产品向供应链高端发展。三是产品和服务高质量,把最优的产品和服务提供给客户、分享给社会,这是做企业的最根本态度。四是组织和团队高质量,通过建立学习型组织,强化文化建设和人才的培养引进,切实提高人才质量,激发创新活力。

---

① 即国内生产总值,是指按市场价格计算的一个国家(或地区)所有常驻单位在一定时期内生产活动的最终成果,常被公认为衡量国家经济状况的最佳指标,它反映了一国(或地区)的经济实力和市场规模。
② 即国民生产总值,是一个国家(或地区)所有常住单位在一定时期(通常为一年)内收入初次分配的最终结果,是一定时期内本国的生产要素所有者所占有的最终产品和服务的总价值,等于国内生产总值加上来自国内外的净要素收入。

打造具有全球竞争力的世界一流企业是高质量发展的题中之意。党的十九大报告里提出要做世界一流企业。"世界一流"我总结出来包括这么几点：第一，创新能力一流，创新放在第一位，技术是核心竞争力；第二，经营管理一流，让企业有更多盈利，这是企业经营管理真正的目的；第三，经营效益一流，创造良好利润是企业的出发点，也是重要目标；第四，品牌竞争一流，做品牌不易，要久久为功；第五，人才队伍一流，要培育忠诚干净担当的高素质干部，有优秀的企业家、一流的管理人员、技术人员和一线工人。企业至少要有这五个一流，而且不光定性，还得把它量化了，到底一流是什么指标。

2. 实现高质量发展的措施

要实现高质量发展和世界一流的目标，就要明确企业的发展战略和要采取的措施。关键就是将高质量发展的内涵厘清，目标明确，然后制定可行的战略方案。中国建材是一家在高速增长阶段快速壮大起来的企业，进入高质量发展阶段，我们对企业的发展战略做了重新的思考规划，总结了一个"335"的思路。

"三步走"目标。到2022年，实现营业收入5000亿元、净利润300亿元；到2035年，实现营业收入6000亿元、利润总额500亿元左右，创新能力、盈利能力、管控和治理能力、市场竞争力均达到世界一流水平，全面建成具有全球竞争力的世界一流企业；到2050年，实现营业收入超万亿元、利润总额上千亿元，成为超世界一流、受世界尊敬的伟大企业。

把握三件大事。在实现高质量发展过程中，企业要把握住三件大事，这是中国建材的所有干部都非常明白的。第一，稳健中求进步，李嘉诚90岁的时候在给他的公司的《告别信》中说到长江实业是稳健中求进步。现在国家总讲稳中求进，进步的前提是稳健，如果不稳健，那一进步就倒下了，但是过于稳健不进步也不行，要在把握风险和实现发展之间求得平衡。中国建材集团过去一路披荆斩棘，快速发展，今后不再追求"大"，而是把技术竞争力的"强"和经营业绩的"优"摆在更突出位置，保持稳健经营。第二，发展中求质量，不能满足于造出产品，而要把产品做到最好，不能只求速度、规模，还要追求质量、效益。第三，变革中求创新，就是要抢抓发展机遇，求新求变，在创新中筑牢企业核心竞争力的基石,努力实现赶超。这是中国建材的三件大事,指导我们在三个维度里面怎么去做,使我们不停进步。

聚焦五项措施。为了实现上述构想,我们突出了五项措施。

措施一:做强主业。在高速增长的时代,大家觉得遍地都是机会,很多企业做了不少的业务,而在高质量发展阶段,我们要按照业务归核化的原则,聚焦主业、做强主业、提高主业发展质量,不断提升企业核心竞争力。中国建材有三个业务:水泥、新材料、工程服务,就这三个业务,能做好就不得了,不要再多做。我认为一般来讲企业要做大一个主业,最多再做两个辅业,一主两辅,业务不在于多,而在于精。做企业最忌讳"狗熊掰棒子",不停地更换产品和盲目地新增业务都是不可取的。业务绝不是越多越好,任何企业都存在管理幅度,业务发展一定要量力而行,以足够的控制力、抗风险能力和获取资源的能力为前提。在中国建材,我总结了业务开展的"四问"原则和"四不做"禁令。

"四问"原则:一问自身是否有优势。对打算进入的领域应有足够的了解,如开展新业务应与现有核心业务相关。二问市场是否有空间。举个例子,如果市场容量像"脸盆"一样大,而中央企业开展的业务体量却像块"大石头",就很容易把"脸盆"砸坏。中央企业需要有像湖泊或海洋般的市场,有足够的容纳空间。三问商业模式能否复制。商业模式有的容易复制,如肯德基、麦当劳、星巴克等企业的商业模式;有的不宜复制,例如烤鸭店,A师傅和B师傅烤出的鸭肉味道就不完全一样。选择能迅速复制的业务,就能更快形成规模。四问与资本市场能否对接。效益不仅包括从产品中获得的利润,还包括资本市场的市值,要把产品利润在资本市场放大。

"四不做"禁令:①产能过剩的项目不做;②不赚钱的项目不做;③不熟悉的项目不做;④有明显法律风险的项目不做。

措施二:瘦身健体。瘦身健体不仅是大企业的事,其实企业的自发过程往往是个扩张和膨胀的过程,因此必须不断地精健和优化,实现瘦身健体,轻装上阵。

英国物理学家韦斯特写了本书叫《规模》。书中讲生物界植物和动物都是非线性增长，植物长到一定高度就不长了，人和动物也是，长到一定体积就不长了，不是永远线性增长下去。企业也服从生物界非线性增长的规律，企业长到一定程度就不长了，不会一直长下去。这个企业规模的极限是多少呢？他算出来了，最大资产规模是5000亿美元，企业资产增长到5000亿美元就再也不会长了。动物活到一定程度就会死，小老鼠、大象等大多数动物的心跳数是15亿次，小老鼠心跳快所以寿命就短，大象心跳慢寿命就长。企业的极限是多长时间呢？我们总希望基业长青，其实基业不可能长青，韦斯特按照算法算出来，百年老店存活的概率只有万分之四，200年寿命的公司的存活概率只有十亿分之一。有人说世界上有那么多百年老店，还有那么多300年的公司，但是300年的公司、小酒铺、小磨坊在发展的过程中不知道间断了多少次，很难去证明它。企业生命是有周期的。在美国的上市公司"半衰期"是10.5年，也就是每10.5年，50%的上市公司就不存在了，或被重组了，或退市了，或被淘汰了。在美国，如果上市公司不能够成长，做不下去突然增加成本，都是自愿退市。这跟我们不同，在中国谁会自愿退市呢？我们的上市公司舍不得退市，壳很重要，为什么？因为以前不是注册制，上个市也不容易，拿个壳还可以卖壳。但是实行注册制以后，完全市场化，壳就没那么重要了。

美国通用电气公司在杰克·韦尔奇上任的时候是160亿美元的市值，做到最高峰是6000亿美元。杰克·韦尔奇在回忆录中说，为了寻找继任者，他经常彻夜难眠。实际上任何一个大企业都会遇到同样的问题，找继任者不太容易，到底是空降一个还是选自己培养的？他退下来后找了之前跟着他工作了33年的伊梅尔特，结果伊梅尔特做得也一般般。现在这个公司基本上要分拆了，难以维持原有的结构。大家觉得肯定是杰克·韦尔奇没有找到正确的接班人，我的看法不完全是这样，通用电气公司太大了，即使杰克·韦尔奇在也很难继续做下去，按照韦斯特的理论就该分拆了。所以企业不一定要无限大，有质量、能成长，这是最好的，长到一定的程度企业应该分家，这样才能有活力。

数据和事实让我们警觉：企业终有生存极限，企业的目标不一定是做到永续发展，也不一定非要做成巨无霸，而是要在生命过程中做好自己，从大到优。中国建材不停地瘦身健体，我提出中国建材到2022年，从党的十九大到党的二十大，在这高质量发展的五年中，要完成一个新目标，是什么呢？公司家数再减掉 200 个，虽然我们已经减掉 470 个，但还是多，还要在这个基础上再减 200 个。销售收入不要成倍地增加了，现在是 3500 亿元，到时做到 5000 亿元。5000 亿元是很容易做到的，2019 年前 5 个月销售额增加 16%，年底肯定超过 4000 亿元，后面还有 3 年做到 5000 亿元，不需要高速增长，要中速高质量增长，税后利润要做到 300 亿元。做到这几个数字，还不是世界一流，但是是一个高质量的公司了。大家说：宋总都 63 岁了，怎么还管 2022 年的中国建材？我想我不见得亲自干，但我还要给大家确立目标和方向，画出美好愿景。今后企业不一定再刻意追求企业规模，或者说那个追求规模的时代已经过去了。超越规模最大和基业长青，去追求企业做得更好、做出质量，这才是企业存在的真正意义。

　　措施三：强化管理。管理是积淀，是持之以恒的坚持，是对规律和经验的总结。企业要坚持不懈练好管理基本功，持续提高效益，降低成本。做企业是个实践性很强的工作，管理的本质是实践，企业家的本质是对管理的领悟、归纳和提高。我常想，企业管理没有秘诀，如果一定要说秘诀，那就只能是持之以恒——只要扎扎实实、一板一眼地做好那些最基本的工作，把我们熟知的管理信条真正付诸长期实践就可以了。具体的做法比如"三精"管理等工法是前面已经说过的。

　　措施四：创新转型。我们正在搞创新转型，就是前面讲的实现"四化转型"、布局"三条曲线"、实施国际化经营等内容。

　　措施五：机制革命。在内部活力上，开展机制革命，让企业成为社会、股东、员工的利益共享平台，构建经营者、员工利益和企业效益之间正相关的关系。这个前边也已讲过了。

08

企业家与企业家精神

企业家是创新型经济的中坚力量,企业家精神是推动经济社会发展的稀缺资源,创新、坚守和责任是其题中之义。创新转型的历史重任呼唤浩浩荡荡的创业大军和激情澎湃的企业家时代,我们需要大力弘扬、激发和保护企业家精神,为企业家营造良好的环境。

企业家的主要工作是创新。企业家的精神是企业攻坚克难、走向成功的动力源泉。2018年党中央和国务院联合发文提出保护和弘扬企业家精神,这顺应了新时代的需要,激励了广大的企业家干事创业的热情。我做企业40年了,对企业家这个身份也思考了40年,最近几年因为研究国有企业改革和新政策,我对企业家的问题进行了更加深入的思考。

何谓企业家

前面讲创新理论的时候讲到了企业家。谁是企业家?企业家就是创新又创造了财富的企业领导者,企业家与企业规模、所有制形式无关,他们富有创新意识、为社会创造价值,他们愿意投入新事业、敢于为此承担风险。

其实"企业家"这个词是舶来品,200多年前法国人最早提出企业家的概念,企业家是指流通过程中使货物增值的商人。后来,英国人又将其提升为使资源创造价值的企业主,认为企业家的特殊性在于敢于冒险和承担风险。经济学家马歇尔在1890年出版的《经济学原理》一书中,注意到企业家和组织作为生产要素的作用。熊彼特提出创新是经济发展的原动力，企业家是创新的组织者。德鲁克则把企业家归结为具有创新精神的人。由此可以归纳出"企业家"不是单纯改变生产要素，而是同时改变生产要素之间的关系，带来创造性的新变化和新价值，是经济长期增长的动力。

过去有一段时期曾不提倡提企业家，改叫创业者，后来又提倡了，这反映了我们在企业家认识问题上的不断深化。其实在马克思主义经典著作里是没有企业家的，都是讲资本家，但是列宁与美国资本家合作，毛主席讲红色资本家，也应该是对企业家有所肯定。改革开放以来，才开始有了企业家这样的称呼。习近平总书记一直鼓励支持企业家，现在企业家这个词用得越来越多了。随着国有企业改革家、乡镇企业家、民营企业家的大量涌现，企业家为改革开放和经济发展做出的突出贡献，开始为社会大众所认识。但同时，社会上也存在将民营企业家等同于资本家、将国有企业家简单等同于国家公务员、将企业家视同一般企业管理者等片面认识，这与新时期我国社会主义市场经济发展趋势很不适应。习近平总书记关于企业家有一段特别精彩的描述，他在2014年亚太经合组织（APEC）工商领导人峰会上提出了"市场的活力来自人，特别是来自企业家，来自企业家精神"的英明论断。就这么几句话说得非常精准，非常干练，让人听了很是振奋。

2017年9月，中共中央、国务院发布了《关于营造企业家健康成长环境弘扬优秀企业家精神 更好发挥企业家作用的意见》（以下简称《意见》），把企业家作为市场的主体，高度概括了企业家精神，第一次提出和肯定了我国国有企业家的历史地位和重要作用，并要求各级部门要尊重、爱护和培养企业家，这是一份完善我国社会主义市场经济理论的重要文献，使我们对企业家的内涵有了更深刻的理解。现在我们既有国有企业家，也有民营企业家，只要你创造财富，只要你有创新精神，你就是企业家。如果你只是政府官员任命到岗，没有创新精神，既不改革，也不创造财富，还带着官架子去当企业领导，那就没有人承认你是企业家。企业家也不是自封的，它的核心就是创新，同时还要创造财富。如果你的创新给国家带来很大亏损，那也没人承认你是企业家。当然我这不是说企业家不会犯错误，而是强调企业家的关键就是通过创新创造了财富，企业家不会害怕创新中的失败，我们不用担心这一点，因为市场会遴选出真正的创新者。我觉得企业家内涵主要也就是这些。

近代以来中国企业的发展历程，就是企业家队伍不断成长壮大的历程，就是以企业家精神激发市场活力，推动经济发展、社会进步、国家富强的历程。从清末的洋务运动到民国时期实业救国的热潮，从新中国成立后社会主义工业体系的建立到改革开放后多种经济成分的共同发展，中国的企业家前赴后继，围绕实业报国、振兴中华这个核心主题不懈奋斗。经过40多年改革开放，中国的企业家队伍已高度多元化了，有三个主要来源：国有企业的领导者、由国有企业转制而成的混合所有制或民营企业领导者、民营企业的企业家以及这些企业中优秀的职业经理人。

国有企业家是我国企业家群体的重要成分。《意见》明确提出"国有企业家"的概念，意义重大。从我国基本经济制度来看，我国社会主义市场经济始终存在强大的国有企业，和民营企业一起共同推动我国经济的发展；我国国有企业早已经过深刻的市场化改革，绝大多数已经成为上市公司和混合所有制企业，按照市场规则和现代企业制度运作管理，已经和市场高度融合。从本质上来看，那些为国家创造了巨大财富、长期坚守企业的国有企业领导者无愧于国有企业家的称号。《意见》数次提及国有企业家，给国有企业市场化改革吃了一颗定心丸。

国有企业家是稀缺资源。我们要从国民经济发展全局的高度来认识国有企业家的价值。改革开放以来，我国国有企业经历了凤凰涅槃式的深刻变革，也培养了一大批杰出的国有企业家。事实上，面对传统体制和市场机制的双重压力，经营好国有企业十分辛苦。国有企业家往往将经济责任、社会责任、政治责任和国家责任一肩挑起，既要完成国有资产保值增值的责任，又要承担市场不确定性的风险，面对多重目标，他们必须有良好的心理承受力、多谋善断的决策力、抢抓机遇的爆发力、激发职工的感召力。有这些特质的国有企业家不是一般的企业经营者，他们首先必须是改革者和创新者。他们是国家宝贵的稀缺资源，是难得的经济人才，应该被倍加珍惜和爱护。

何谓企业家精神

什么是企业家精神呢？中央文件里列了9句话36个字，我觉得内容很丰富，但不太容易记住。一般来讲，3句话更好被记住，所以我根据这36个字，进一步归纳了企业家精神的3点内核：创新精神、坚守精神和责任担当。

1. 创新精神

创新精神是企业家的灵魂。做企业是一件复杂又艰苦的事情，需要的是敢于不断创新、不断挑战自我的人。企业家要勇于创新，用创新思维点亮企业。现实中，按部就班或随大流的人很多，但企业家应该卓尔不群。企业家要时常另辟蹊径，以独到和敏锐的商业嗅觉发现各种机遇和可能性。创新能力决定了企业的命运。纵观成功的企业家，他们有的进行了企业制度的创新，有的进行了商业模式的创新，有的进行了技术和产品的创新，创新是他们成功的重要前提。

2. 坚守精神

坚守精神让企业排除万难。做企业需要不怕风险和失败、持之以恒地坚守，一定要把它做好，这就是李克强总理强调的"工匠精神"。如果做两天就不干了，怎么能是企业家呢？必须得坚守。我认为，做企业这件事没有十年八年甚至二十年，是摸不着头脑的，要想把企业做到极致需要三四十年。有人问这是怎么算出来的，我说不是算出来的，是做出来的，我整整做了40年。刚才讲的北新建材、中国巨石都是做了40年，才做到极致，做成"隐形冠军"。没有年头不行，企业家是熬出来的，而且要熬到一定的年头，昙花一现的人成不了企业家。那有人就会问了：中国建材找什么人做企业呢？

其实我最重要的工作一个是想方法定战略，另一个就是找人。我一天到晚都在找人，包括给大家上课，跟你们聊天，我也在思考在座有没有我想寻找的企业家。找到一个企业家就能做成一件事，先人后事。找业务不容易，但其实没有好的人找到好业务也没用，如果找不到人，宁肯不干业务。我找什么样的人呢？痴迷者。什么叫痴迷者？早上起来就想这件事，一直想到晚上睡觉，半夜里醒了还在想这事，这就叫痴迷者，但凡这样的人就能干成点儿事。

桥水基金的董事长瑞·达利欧说企业家都是一些偏执的人，想把企业做到极致，要么成了企业家，要么就成了精神病患者。科学家、艺术家、企业家都是偏执的人，你说一个人很正常地生活，该吃吃，该喝喝，该打球打球，该看戏看戏，该抱孙子抱孙子，怎么能成企业家？刚才讲到的做碳纤维、玻璃纤维、石膏板的这些人都是痴迷者，和他们见面说来说去就是建材那点事，旁人听起来肯定觉得很烦。大概这就是企业家，不左顾右盼，就热爱这一行，把这一行弄得门儿清，这就是个痴迷者，做得最好的一般都是痴迷者，这是很重要的。

在中国建材的队伍里有一大批能征善战的痴迷者，这些企业家能吃苦，肯钻研，让中国建材的玻璃纤维、碳纤维、石膏板、风电叶片、新能源等业务绽放在世界舞台上。他们是当之无愧的大英雄。有几位是其中的代表人物。

中国巨石总裁张毓强便是其中一位。他十五六岁时在浙江桐乡一家小乡镇企业做挑水工，后来一步步努力，做出了一家大型玻璃纤维企业。1998年的时候，中国建材集团跟他合作，共同发起组建了中国化建（中国巨石的前身）并于第二年上市。张毓强很有拼劲，他四十年如一日精耕于玻璃纤维领域，每天早晨6点就去工厂，晚上很晚才离开，凭着一股爱拼敢赢的精神，硬是带领中国巨石这家名不见经传的地方企业，一跃成为"花开全球"的世界最大的玻璃纤维生产商。

泰山石膏董事长贾同春也是一个痴迷者。2005年，北新建材投资2.4亿元购买了泰山石膏60%的股份，之所以投资这家企业，不仅是出于战略上的考虑，更是因为看中了贾同春的创新能力。他原来是泰安市建材局局长，后来弃官从商，接手了一个小石膏板公司，一天到晚泡在工厂里，解决了许多石膏板生产工艺的关键技术问题，生产出低成本、高质量的产品，创造出有中国特色的全球规模最大的生产线。这家企业的净利润已超过10亿元。

张国良曾在一家国有纺织机械厂工作，公司改制时"下海"，成立了鹰游纺机公司，因为是个"碳痴"，后来竟自己创业做起了碳纤维，为了研究技术问题，他经常吃住在车间，连续奋战几天几夜。做碳纤维不容易，"烧"了十年钱才终成正果，但成功的核心还是要有这样一位出色的企业家。

再一个就是坚守。我给自己定的目标是,一生做好一件事。其实最初我不喜欢做企业,我喜欢文学,但是没办法命运让我做企业,逐渐培养出对企业的感情,现在做了40年,做成这个样子。我原来也不喜欢水泥,但我渐渐改变了,现在很喜欢水泥,我也希望大家都喜欢水泥。这么多年我一直在建材行业,大家见了我说:老宋你还在做建材?我觉得作为一名企业家挺好的,也是稀有动物。做了40年,我还是喜欢做企业这份工作。所以我说一生做好一件事,人的一生做不了那么多事,年轻的时候我们可能有好多想法,但是到了一定年龄就要收收心,能把一件事做好就不错了。我的一生就坚守了40年做建材,要把建材做出花来,现在一看,还不错,做成全球最大的建材企业,也是最挣钱的建材企业,不用一生行吗?

这些年,常有人问我,遇到最大的困难是什么,不少人或许认为,我做企业这么多年,能取得一些成功是因为一些特别的机会。其实,我的职业生涯是由一个个困难串联而成的。我最早在北新建材做的是技术员,但当我看到厂里试生产的产品堆满库房卖不出去时,毅然选择了做一名销售员。20世纪80年代初期,销售员普遍被大家看不起,但我却毫不犹豫地干起了这一行。我当厂长也是受命于危难之时,当时工厂揭不开锅,刚上任的那年春节我愁得6天都没怎么讲话,但我还是咬牙顶了过来,硬是让企业"起死回生",并带领它在深交所上市。2002年,当中国建材集团面临经营困境时,上级让我去解决困难,我毅然跳进了"弹坑",努力把企业从债务的泥沼中解救出来。在国药集团任职也充满挑战。我起初是医药行业的"外行人"。到国药集团工作第一年的"十一"长假,我买了8本供投行了解医药行业的书,把自己关在家整整读了7天,后来又走遍了国药集团的每个基层企业,渐渐把医药的业务框架在头脑里构建了起来。正因如此,国药集团的同事从没有把我当作外行。任职五年里,国药集团快速成长,成功进入世界500强。两材重组也是难事,两家企业同业竞争十几年,关系疙疙瘩瘩,弄到一起谈何容易?但领导说:志平,你去找大家谈。我就开始了两年多的马拉松式的沟通,最后大家终于走到一起,实现了无缝对接。尽管这些年遇到了不少困难,但我却鲜有畏难情绪或者感到委屈。我喜欢丘吉尔的名言"Never, never, never give up",就是永不放弃。

我今年63岁了，从年轻时起，我就把西方一位哲人的话当作座右铭，这句话是"忙碌的蜜蜂没有悲哀的时间"。很多人对此有疑问，说："您是不是有什么悲哀的事情啊？"其实，这句话不应消极地理解，而要积极地去理解。忙碌的蜜蜂酿蜜的过程就是创造劳动价值的过程，它们无暇顾及做事情的目的和结果，因为劳动本身就是快乐的、满足的。这些年来，无论遇到什么情况，我都始终保持永远面向正前方的积极心态。人这一生不管做什么，最重要的就是干一行爱一行，珍惜生命，珍惜时光，把宝贵的时间用在积极进取、创造价值的努力中，最后把不可能变成可能。一分耕耘一分收获，从不懈怠、从不自我原谅、从不轻言放弃，我想，这就是企业家成功的原则。

3. 责任担当

企业家是要有社会责任感和担当精神的。美国总统艾森豪威尔讲过"有功劳给部下，有责任自己扛"，这句话对我影响很大。有时社会上会把企业一把手叫"老大"，虽然不贴切，但也不无道理。其实家族里老大的责任就是照顾好兄弟姐妹，从这个意义上，企业的领导者应有做家里老大的情怀，得多承担。企业家作为企业里的领导者要人格厚重，明代思想家吕坤讲过，深沉厚重是第一等资质，磊落豪情是第二等资质，聪明才辩是第三等资质。因此我也常想，做领导不是要比别人豪气聪明，而是要有包容心。

单位开月度会时，结合着不忘初心的主题，我讲了一段话：作为企业来讲，我们做企业不能只关心自己，要关心社会、关心他人，要关心我们的员工，要关心新毕业的大学生。我问人事部经理，知不知道刚毕业的大学生在北京租一间房子多少钱。就在回龙观，三个人合租一个单元，一间房就要2600元。扣掉房租，他的一个月工资还有多少钱？我们干部都重视自己那一点收益，机制改革下想拿多点，这没问题的。但是干部也得关心自己的部下，不然年轻的员工都流失了，企业未来怎么办？所以我们讲不忘初心，就得关心员工。

做企业得有情怀，甘于奉献。范仲淹的《岳阳楼记》里有句话："居庙堂之高则忧其民，处江湖之远则忧其君。"我们得有忧国忧民的意识，先天下之忧而忧，后天下之乐而乐，企业家应该有这样的情怀，不能光顾自己发财，重要的是怎么为大家，这个很重要。有人说，中国的企业家有财富，但是缺少贵族精神。贵族精神是什么？除了财富外，贵族要有牺牲精神。

企业家要兼济天下，有家国情怀。2012年，我被选为中央电视台年度经济人物，当年被评为终身成就奖的是嘉里集团董事长郭鹤年老先生，郭老当时89岁，他给了年轻人四点忠告：一是专注；二是有耐心；三是有了成绩后要格外当心，成功也是失败之母；四是有了财富要回馈社会，而且越多越好。我们也有一些企业家可能以前穷怕了，突然富了，也不知道该怎么办，不愿意做公益事业，不愿意救助穷人，不愿意体恤员工，这其实是不对的。企业家一定是能够自食其力的人，一定是能够养活一家的人，这不算什么，关键是创造的财富得回馈社会。过去有很多企业家包括华侨支持革命，在新时代，这也算是发扬企业家的优良传统。

企业家要坚持打造优秀的企业品格。在做企业的时候，我是主张要讲企业品格的。纽约市前市长布隆伯格写了一本书叫《城市的品格》，主要是讲气候问题，关心环境。我有感于此书，写了一篇文章《企业的品格》，企业也要有品格，企业的品格是企业在经营活动和社会交往中体现的品质、格局和作风，反映了企业的世界观、价值观和组织态度。企业的品格，也是集企业理念、文化和行为于一体的企业形象。在企业品格中，坚持那些和企业眼前利益无关，甚至会影响眼前利益的品格至关重要。我归纳了以下四点。

第一，保护环境。其实我们谈了好多关于环境的事情。在企业品格中，保护环境应放在首位，一方面，大多数企业在运行中都会消耗能源和资源，都会给环境带来一定的负荷，随着企业的增多，能源、资源和环境都会不堪重负；另一方面，随着绿色发展成为共识，绿色低碳经济正在不断壮大，只有积极行动、参与环保的企业，才会有长久的未来。

第二，热心公益。企业是个营利组织，应该拿出一些财富支持公益事业，企业员工也要培养对社会的爱心。现在中国建材在安徽、云南、宁夏等省份的五个县开展扶贫工作，派驻村干部帮助贫困山村脱贫致富，不仅为贫困县架桥修路方便大家出行，还利用互联网技术成立电商平台"荷包蛋"，把贫困山区的蔬菜和土产销往全国。每一年的世界艾滋病日，我们援助全球，尤其是非洲各国的抗艾滋病基金会很多钱。此外，我们还支持抗险救灾、援助弱势群体等公益事业。公司内部设有一个善建基金，大家出钱，员工有了困难，通过这个基金给他们解决一些问题。

第三，员工发展。在企业中最宝贵的是员工，而不是机器和厂房。有品格的企业善待员工，不只是因为竞争力的需要。企业应当成为员工自我实现的有效工具；善待员工不能光是关心其干活、吃饭、发奖金这些东西，而是要关心大家的身心健康，注重员工的全面发展，加强员工的学习培训，开展员工的拓展训练，丰富员工的文化生活，使员工德、智、体全面发展，这也是中国建材高度重视的。重视员工发展可以凝心聚力，中国建材在短短数年间成为全球规模最大的建材企业，在2008年金融危机和新常态下持续稳步发展，不断发现、吸引、培养人才是关键。我经常和干部讲：你们得想一想，员工凭什么早上醒了愿意来上班，他们如果说自己最发愁的事就是去公司，不愿意见公司这帮人，尤其不愿意见董事长，这不就坏了吗？得让大家都喜欢来公司，我们得解决这个问题，让员工热爱这个企业。

第四，世界公民。对于世界公民一词有诸多不同的解读，企业作为世界公民是套用联合国全球契约组织里的解释，即企业在全球化过程中，应遵守可持续发展等共同的原则。中国建材无论到哪儿，都要融入当地社会，都要为当地社会做好事。我们在埃及做一个施工项目，用了当地8个公司共计1万名埃及员工，那个地方离西奈半岛不远，不太安全，当地企业和员工特别保护我们公司，我们就很安全。我们在巴布亚新几内亚坚持做公益事业，被称为"民间大使"。巴布亚新几内亚经常发生骚乱，但当地人都知道中国建材是一家好公司，对当地人特别好，因此我们总能受到些保护。这是因为我们讲究企业的品格，要做到世界公民，遵守国际规则，遵守所在国的法律法规，尊重当地的文化习俗，重视企业的环保、安全，重视对当地员工的培训，热心公益事业，弘扬厚德载物、自强不息的民族精神等，这就是伟大企业真正的力量所在。

做企业家非常重要的，一个是创新，一个是坚守，一个是责任。要有企业的品格、企业家的品格，把这些做到、做好，一定能打造伟大的企业。

迎接企业家时代

当前，我国正由管理型经济向创新型经济转变，整个社会也向着创新型社会演进。一方面，我国经济进入高质量发展新阶段，要完成我国经济社会结构调整的艰巨任务，需要浩浩荡荡的创业大军和企业家队伍。另一方面，随着我国经济快速赶超，一大批中国企业已经在引领全球，创新之外别无他途。只有全社会共同努力建设创新型经济，才能让中国经济获得持久动力。

1. 中国进入企业家社会

前面我们讲过，企业家不单指企业的所有者，只要积极投身创新创业并创造财富的就具备企业家精神，都可被当作企业家看待。因此，大力开展大众创业、万众创新，将加大培育企业家阶层和加快企业家时代的到来。这个时代应具有如下特征。

其一，创新创业的理念深入人心，逐渐形成以创新为引领和支撑的经济体系和发展模式。

其二，造就庞大的企业家队伍，能够以创新为动力带动广泛就业，解决行业结构调整、过剩产能退出等问题，从而平稳跨越经济转型的阵痛。中国的企业家队伍里有像任正非、张瑞敏、马云这样的大企业家，而更多的是成千上万的优秀的职业经理人和中型企业家，还有数不胜数的小微企业家。

其三，激发经济社会的活力和创造力。企业家时代既能提供社会公平和福利的物质基础，又能坚持社会效率优先的原则，它鼓励人们靠创新创业、靠脑力和体力劳动、靠资本积累和资本投入致富，为国家提供足够税收，支持经济发展和社会进步。

其四，国际竞争力和影响力得到提升。企业家将引领我国企业"走出去"和推进"一带一路"建设。我国企业家具有"悍马"精神，他们努力拼搏、开拓进取，带着中国人勤劳节俭和亲诚惠容的精神为中国赢得了世界的尊重。

其五，促进社会更加高效、更加公平、更加和谐。企业家是经济组织者和实践者，主张效率和效益，在推动社会民主法治进程、促进社会主义市场经济向纵深发展等方面能够发挥重要作用。

2. 以企业家为动力的创新型经济

企业家是发展创新型经济的中坚力量。活跃的企业家阶层为社会创造出巨大的财富，促进新的社会分工，造就出庞大的中产阶层，成为国家稳定繁荣的压舱石。企业家还为社会创造新的业态和工作岗位，源源不断为国家提供税收，成为建设福利社会的基础。

当前中国要发展的以企业家为动力的创新型经济，应该有以下特点。其一，弘扬企业家精神。创新创业的理念深入人心，形成大众创业、万众创新的社会氛围。全社会认识企业家及其重要作用，企业家受到社会的普遍尊重，以创新、坚守和爱党爱国的精神，引领社会风气，塑造刚健进取的国家精神。其二，积极的企业家政策，吸引培养造就庞大的企业家队伍，占领全球企业家人才高地。其三，保护企业家权益。依法依规，保障企业家产权、创新权益、经营权，使企业家安身、安心、安业。激发各类生产要素投入创新活动，保障经济社会具有持续活力。其四，发挥企业家作用，逐渐形成以创新为引领和支撑的经济体系和发展模式。其五，创造强大的国家创新体系，为中国企业家创新型经济搭建更广阔的世界舞台。

3. 为企业家营造良好的环境

一是营造企业家干事创业的环境。要依法保护企业家财产权和创新权益，保护企业家自主经营权。前者为企业家创造财富和创新活动解除后顾之忧，后者减少对企业的行政干预，让企业家安身、安心、安业，必将对营造企业家健康成长环境产生良好的心理预期。应该落实公平竞争审查制度，确立竞争政策基础性地位。从大力实施产业政策到确立竞争政策的基础性地位，政府正从造市者、参与者转向监管者。政府规范监管程序以及公平进行监管的同时，提出通过征信等手段，强化企业诚信经营和市场自律。政府要转型成为服务型政府、监管型政府，企业家也要摒弃"等、靠、要"，学会到深海里去游泳。大企业要成为市场秩序的维护者和行业自律的示范者，带动中小企业一起到国际市场上去竞争。

二是完善对企业家的务实服务。政策扶持上，支持新锐企业家稳定成长，加大对中期发展企业家的服务力度，鼓励成功企业家做强做优做大企业、参与国际竞争。政府部门要树立为企业家服务的意识，减少烦琐的审批程序，在改革中敢作为、多作为，更好地发挥应有作用。政策制定上，要健全企业家参与涉企政策制定机制，完善涉企政策和信息公开机制。容错机制上，宽容企业家合法经营中出现的失误失败以及国有企业家改革创新中的失误。容错的关键在"容"字，要信任和理解企业家，包容和宽容企业家的失误，倾听企业家的呼声，帮助企业家克服困难，给企业家正向激励，让企业家越挫越勇，积累敢打能胜的经验。

三是加强对企业家的正确引导。要关注企业家成长，善于发现企业家苗子，扶持和培育成长过程中的企业家，倍加珍惜和爱护成功的企业家，创造更多机会和平台使其人尽其才。要关心企业家身心健康，引导企业家带头践行爱国敬业、艰苦奋斗等精神特质，不断完善、大力弘扬、积极传承中国特色企业家精神。要建立"亲""清"政商关系和企业家自律的风气，树立正向激励导向，激励企业家传递正能量。对有成绩和做出突出贡献的企业家，要引导他们谦虚谨慎、戒骄戒躁，加强学习和提高自身素质，把时间和精力更多地用于管理的精进和企业的发展上，不刻意去做社会上的"大咖""大腕"。

企业家是那种对成功充满渴望的人，企业家是那种在困难中百折不挠的人，企业家是那种胸中有家国情怀的人，企业家是那种永远面向正前方的人。一个成功的国家，一定是一个企业家辈出的国家、尊崇企业家的国家和弘扬企业家精神的国家。中国的企业家时代大有可为，作为企业家，要以创新、坚守、责任的精神，积极投身祖国改革发展大业中，为促进经济社会可持续发展不懈努力！

最后与大家分享一首与创新有关的诗，这是德国诗人歌德在他的著作《浮士德》里面的一小段。我在上高中的时候读到，之后一直记着，一直勉励自己。这段诗我珍藏了40多年，献给各位。"辽阔的世界，宏伟的人生。长年累月，真诚勤奋。不断探索，不断创新。常常周而复始，永不停顿。忠于守旧，而又乐于迎新。心情舒畅，目标纯正。啊！这样又会前进一程。"

第二部分
互动交流

01　企业的创新实践
　　——在北京大学光华管理学院、国家发展研究院与学员交流

02　中国企业的创新与创业
　　——在新瑞学院潜龙班与学员交流

03　科技赋能与机制革命
　　——在清华大学五道口金融学院与学员的两次交流

04　如何进行有效的创新
　　——在浙江大学管理学院与企业家交流

01

企业的创新实践

——在北京大学光华管理学院、国家发展研究院与学员交流

* 时间：2019 年 6 月 15—16 日、9 月 21—22 日
* 地点：北京大学光华管理学院、国家发展研究院报告厅

宋志平应邀在北京大学光华管理学院、国家发展研究院进行"问道创新""从管理到经营"授课，课后与学员热烈交流。

※ 传统行业可以通过创新突破发展瓶颈。

学员：非常感谢宋总。我姓丁，是 128 班的学员，刚才您提到了以色列，我想结合以色列的创新问您一个问题。在我看来，以色列是一个完全创新的国家，我们常说世界的创新之都在硅谷，但是硅谷的硅谷是在以色列。我认为以色列的创新包含自上而下、自下而上以及生态三个方面。

所谓自上而下，是指国家层面非常支持创新活动；所谓自下而上，是指创新根植于文化，以色列的文化是悲怆的文化，首先考虑生存是这个民族的特性，把人最基本的生存和创新结合在一起，是推动以色列创新力量发展非常重要的原动力；所谓生态，除了政府自上而下的支持，平民老百姓万众创新自下而上的动力，还包括资本的支持、产业的集聚。资本对于创新是非常重要的要素，没有风险投资机构等资本的支持，创新是难以为继的。世界上排名靠前的

互联网公司和大企业,例如三星、微软在以色列都有自己的研发中心,形成了产业的集聚效应。我相信,如果在以色列做一个中国建材的研发中心,将会是非常成功的。

从我个人的经历来说,以前自己做公司,后来到了海航集团。2016年去以色列考察,海航当时想在以色列做中以产业园的合作,那时候考察了以色列的农业部、科技部,所有的政府官员和各个方面都非常支持。我现在离开了海航,到了一个传统的行业,所以我提给您的问题就是:在传统的水泥行业,怎么能够用创新的力量突破这个行业的瓶颈?谢谢!

宋志平:你讲得特别好,我希望大家提问题时有什么观点都可以阐述。你刚才讲到以色列,我没有去过以色列[①],但是我研究过以色列,深入地读过《我的应许之地》《创业的国度》等书,因为我知道要了解一个国家,首先要了解它的民族、文化和历史,理解是什么东西支撑着这个民族延续下来,同时能够再次崛起。你刚才讲以色列有非常强的忧患意识,确实,以色列人有着强烈的危机感,这个危机感恰恰是以色列创新最底层的东西,是它创新的来源和动力。我由此想到现在的中美贸易摩擦问题,相信大家心里都压着这块石头,美国这样强势地打压我们,无论是技术,还是经济,给我们的压力非常之大。能否化压力为动力,这是我们要解决的问题。现在我们国家拥有辽阔的国土、广阔的市场和良好的经济基础,有点压力或许是好事,能够督促我们自主创新,没有拐棍还是要走,这也是从以色列引发的一些思考。

你讲到水泥这个传统业务,其实相比铜有4000年历史,铁有2500年历史,水泥只有180年的历史,可以说是一个新东西。它的产生是源于一个偶然,英国波特兰岛上一个监狱的一帮犯人在烧白灰时下了雨,石头粘上泥后放进炉子里烧,烧出了比石灰更结实的新物种,因为泥的成分是二氧化硅,煅烧后生成硅酸钙,就是现在的水泥,非常坚硬。水泥在中国改革开放的发展进程中帮了大忙,中国的铁矿石95%是靠进口,也没有太多的木材资源,却有丰富的石灰

---

① 本书作者在2019年6月23日到以色列拜访相关企业、知名大学及研发机构,就企业创新创业开展交流,与《创业的国度》一书作者索尔辛格以创新创业为主题进行了对话,对话实录见本书第三部分。

石资源，储量达9万亿吨，同时有丰富的煤炭资源，所以烧制水泥是一个非常经济实惠的选择。大家也许不知道，房地产里1平方米房屋所用的水泥成本只有60元，房屋的售卖价格是几万元每平方米，水泥所占成本可以忽略不计，但是房屋的建造却不能缺少水泥。港珠澳大桥、三峡大坝、核电厂等宏伟的工程，都是依靠水泥建筑起来的，所以没有水泥是不行的。

2018年中国水泥用量22亿吨，占全球的60%，2019年上半年中国水泥用量比去年同期还略多，预计全年仍将使用22亿吨左右，水泥用量目前已经到达顶峰，不再增长，但是短期内也不会明显下降，因为水泥便宜好用，老百姓家里连修个院墙都是用水泥，不用木头，也不用钢材。过去我在北新建材做新型建材时，我写的文章是倡议少用水泥，结果命运让我到了中国建材，开始大做水泥，我也完成了思想的转换，认认真真地思考水泥业务，将中国建材做成了世界的水泥大王。2018年我去日本参观了丰田汽车公司，2019年3月作为高访团一员跟随习近平总书记出访意大利、法国，想再看看德国的汽车厂，我专门去了斯图加特。斯图加特奔驰公司的汽车博物馆是完全用水泥建造的，没加任何装饰，非常漂亮。现在我们的房子装修时要上涂料、装木地板、铺地毯，但将来房子可以是清水墙的水泥，地面、墙面和屋顶统一用漂亮的灰色水泥制成，美观大方，所以我讲水泥是个好东西，现在和未来都用途广泛。

水泥行业产量规模特别大，并且短期内没有替代品，不用害怕被颠覆。我之前到法国，当时的世界水泥第一大企业拉法基集团的一把手请我吃饭，在动叉子前，他对我说："宋总，我现在想问你一个问题，你觉得50年之内会不会出现水泥的替代品？"我想了想，回答："我觉得没有。"他说："我也觉得没有，那咱俩开始吃饭吧。"对大公司来说最害怕的就是产品或技术被颠覆，而水泥在未来几十年没有一个替代品，为什么？虽然钢、铝、钛合金的性能比它好，但是用钛合金去建造大楼的成本太高，相比之下水泥太便宜了，取之不尽，用之不竭。

做好水泥需要很多的技术创新，我前天陪着国资委领导参观中国建材一个设备厂做的辊轧机，能把石头子压成粉，在中央电视台纪录片《大国重器》里播出过。这种辊轧机卖了1600台，一年可以节约电能100亿千瓦·时，若按6

角钱每千瓦·时算,能节约60亿元。前面我讲到智能化,过去我们水泥厂每吨熟料消耗的煤是110kg,在成本控制上已经是非常优秀了,但是现在中国建材泰安最新的智能化工厂里,一吨熟料消耗的煤只有85kg,减少了25kg。全国有22亿吨水泥,如果都用这种新型的工艺,能大大减少煤的使用和二氧化碳的排放。

使用过程也是一样的。过去用低标号的32.5强度的水泥,现在我们用52.5、62.5强度的,如果用72.5高强度的水泥,能使水泥使用量减少40%,意味着整个生产过程中二氧化碳排放减少40%。中国的工业排放中约有100亿吨的二氧化碳,其中生产水泥要排放14亿吨左右的二氧化碳,如果我们把水泥的工艺进行改造,能够减少的排放量是一个天文数字。

无论从原料采用、工艺过程,还是产品应用,水泥行业都有大量的技术创新,所以在水泥这个大产业里,你只要做好某一件事,就能够赚到大钱。我们中央企业为什么会选择水泥?因为这个行业规模足够大,企业才能做大做强。中央企业不能做小产业,小产业的市场容量像个脸盆,中央企业却是块大石头,会把脸盆砸坏,不仅自己没有成长空间,还会导致民营企业在小产业里也做不好。总的来说,水泥本身是个很好的产品,而且有盈利的空间,是个赚钱的行业。虽然我们把水泥叫作传统行业,但是围绕着水泥的创新,还有很多可做的事,而且有很大的成就感。

※水泥行业的发展方向是"特种化、高标号化、商混化和制品化"。

学员: 我们代理了中国建材的很多产品,确实感觉到中国建材在整合过程中给建材行业带来的影响。我有一个关于产品创新的问题,水泥产品不仅仅是用作混凝土和建房子,还包括做地基加固,对水泥强度要求并不是很高。中国建材在水泥业务上有没有对一些替代性的产品进行布局?另外,中国建材在水泥制品和预制构件上未来有什么战略考虑?

宋志平: 第一个问题指的是水泥的一些低端替代品,我可以回答你,水泥本身就是石灰石加黏土烧制成的,工艺极其简单,原料和燃料获得极其方便,所以水泥最大的好处在于成本低，是一个性价比非常高的建筑材料，我们很难再找到比它价格还低的替代品。以前我们行业尝试找一些东西想代替水泥，做过凝石，最后发现不行。

中国建材做的两个产品——水泥和石膏板都挺简单的。石膏板好在便宜，没有一种板材比它更便宜。石膏板的价格是1平方米五六元，两面是纸，中间是由发电厂的废弃物——脱硫石膏制成。

第二个问题，水泥制品和预制构件。我提出水泥要向特种化、高标号化、商混化和制品化"四化"发展。制品化是其中一个方向，像管桩就是制品，现在要建一个楼房基底下都打水泥管桩，一般楼有多高，底下的基础有多深。制品化能够提高附加值。比如我们现在1立方米的商品混凝土价格是300元，1立方米的构件价格是3000元，制品化后就有了效率和增值空间。

日本建造房屋，全在工厂做好后再进行装配，一栋30多层的高楼可以悄无声息地快速建起来。我国这几年也在推广装配式建筑，现在全国装配率达到20%，还有80%是现场浇筑的，水泥下一步会逐渐向构件化、装配化发展，这方面现在进展很快。过去构件做得不好，到处漏风，用沥青抹上很难看，一下雨就往缝里进水。现在车床加工好的新的预制构件做得严丝合缝，非常漂亮，水平极高。港珠澳大桥等工程都是大型构件预制好装配的。今后水泥也能做到像钢铁一样好的加工，没有毛刺，边角整齐。我总讲水泥是个好东西，有很多创新空间，你要愿意做水泥制品，这是个发展方向，有得做，而且能赚很多钱。

※水泥行业在全世界都经历了大规模的整合，目前我们的市场占有率和集中度并不高。

学员：宋老师，我是028班的学员，您授课中提到一个数字，说过去水泥行业一年利润大概80亿元，现在一年行业利润超过1500亿元，这么大的数字提升，是因为市场的需求扩大，还是因为水泥行业越来越向几家企业集中后，由定价权导致的？如果是定价权的问题，这么巨大的利润对我们行业和整体经济到底是好还是不好？

宋志平： 这也是在水泥行业里大家议论的一个题目。2005年的时候水泥只有80亿元的利润，全国的水泥利润不及瑞士一家水泥企业的利润。一方面是量的问题，当时我们可能连10亿吨都不到，现在我们是22亿吨，产量大幅增加了。另一方面最重要的是价格，当时在打价格战，价格很低。现在市场比较稳定，有个合理的价格，收入和利润就提高了。但这个价格是不是合理，是不是被垄断造成的，这1500多亿元的利润行业该不该赚，是不是危害了基础建设和房地产，这些我们倒是可以讨论一下。

我们的价格体系是个比较体系，比如20年前，水泥价格是煤炭价格的两倍，现在煤炭是水泥的两倍，全世界水泥和钢铁的比价是1∶3，中国水泥和钢铁的比价是1∶10，水泥是每吨400元，钢铁是每吨4000元。也就是说，中国的水泥是很便宜的，即使现在的价格也还不是历史上的高价，20年前水泥就是这个价格，原因是水泥厂太多，石灰石、煤炭也多，所以中国水泥是长期低价的，价格适当上来一点是个合理的恢复。过去的水泥生产技术很落后，现在装备和技术发展，包括余热利用等，使它的成本越来越低。在成本降低的同时价格稳住，从而实现了利润增长，但是并不是制定高价来赚钱。在房地产领域里，1平方米房子用到水泥的成本是60元，房地产价格是多少？大家都知道高低不等，每平方米几千元到几万元不等，水泥价格所占比例是微乎其微的。这么多年来，我们国家改革开放一直享受低价水泥，万达集团的王健林就跟我说过，他做了20年房地产，水泥价格基本就没变动过。我说："是的，你们用了我们的低价水泥，你们房地产行业在赚钱，我们在流泪。"

水泥生产耗用了大量资源，也排放了大量二氧化碳，这个行业应该让它赚点儿钱，原因是：第一，只要不是恶意抬高价格牟利，我国水泥行业的价格跟国际市场的价格比较是合理的，而且企业盈利后交了很多的税；第二，企业把钱用作改进环保设备和美化环境，过去水泥厂是不能看的，乌烟瘴气，现在水泥厂环境都特别好，大量地投入资金改造，一个水泥厂光环保要投入1亿元左右。另外，我国水泥行业现在的集中度其实还没有达到合理规模，从统计市场占有率的指标来看，R10是前十家企业对市场占有率之和，中国水泥行业2005年是9%，2018年前十家在整个水泥市场的占有率是63%，而欧美国家达到

80%，也就是说水泥行业在全世界都经历了大规模的整合，我们的市场占有率和集中度并不高，因为过去太分散了，现在逐渐升到63%，在全球属于中等。目前中国水泥行业还得继续重组，重组到80%左右。

企业不见得规模大了就一定垄断，有的小国家只有一个水泥厂，有的国家只有壳牌一个品牌的加油站。垄断是一种行为，只要卖的价格合理，没有盲目涨价，就不是垄断。我们在学习市场经济的时候，学会了西方早期对市场垄断的看法，但是现在西方对市场垄断的看法也在改变。比如欧盟，企业合并要经过它批准，审查不通过率可能只有千分之一，很少不通过的。再比如美国两大航空公司波音和麦道合并了，那这是垄断吗？所以，我们应该用理性发展的眼光看待这个事情。中国水泥的价格目前是合理价格，并不高，我们认为的合理价格是每吨100美元，相当于日本水泥的价格，100美元是600多元，而我们的水泥现在还不到每吨400元，因为我们的成本能控制得比较好，才能有一定的毛利。原因在于中国的土地、矿山资源成本在全世界来讲都是较低的，在水泥的成本账中矿山是按过去的每吨几角钱算的，而不是现在的每吨20元。总的来讲，水泥价格不高，相比于煤炭和钢铁都是最低的价格。

※寻找新的技术来源，在关键技术上加大技术创新力度。

学员：宋老师好，我来自通信行业的一家民营企业，这家企业已经在深交所上市。我们以前跟三大运营商合作做基站建设和服务，这是我们的主要业务。后来国家成立了铁塔公司，我们开始和铁塔公司合作，铁塔公司的项目流程比较长，无论是决策制定还是尾款收回，而运营商又把这项业务自主做了，所以我们作为他们的外包服务商，最终还是回到了和运营商合作的轨道上。我们在做业务的过程中深刻地感受到，创新的路途是曲折的。面对5G未来，我们作为行业一分子是很迷茫的。跳脱传统业务之外，是否还有创新点能被抓取？从我们自身发展轨迹和内在基因来看，技术创新目前以模仿创新为主，仍处在外部环境对我们技术封锁的不利状态下。请教一下宋老师有没有什么高见？关于这个问题怎么解决，能不能提一些建议？

宋志平： 你问的是三件事，我肯定不如你研究得仔细，因为你身在其中，我只能说说我的看法。第一个，铁塔公司把服务外包给你们做，但是执行程序更烦琐了。铁塔的模式是三个股东各30%，研究铁塔公司的时候我们讨论过，看来中央企业合作也要有一个大股东，二股东、三股东不要势均力敌，否则会影响企业的决策效率，还是应该以一个公司为主，另两个公司为辅地做。这就涉及股东结构问题。而股东结构牵扯到整个运营结构和效率，也就是你刚才提的问题：重组之后怎么提高决策效率。现在中央企业决策是比较复杂的，尤其制定了很多追责的规定，企业因为违规决策损失5000万元以上就是重大经营决策失误，一方面有利于减少国有资产流失，但另一方面使得决策程序漫长。所谓的违规决策，实际上在于程序是否规范。中央企业意识到了这一点，但这个问题不会一下子解决。

第二个，你讲到模仿创新，5G时代来临，这恐怕是各个行业都面临的问题。首先，我们说完全的自主创新，短时间内难以实现，需要一个过程。美国现在的阵势是在关键高端技术上卡我们的脖子，相关产业受影响很大。这个趋势一旦发酵涉及面太宽，针对的不只是华为、中兴，我们不希望也不愿意打这场贸易战，我们期盼技术封锁困境能尽快结束，平息紧张态势。但是要在一些问题关键点上达成一致，并不那么简单。此外，我们要寻找新的技术来源，比如欧洲国家，不能都"吊在美国这一棵树上"。还有，我们要加快自主创新的步伐，中美贸易摩擦确实也提醒了我们，必须在关键技术上加大自主创新力度，这是根本的解决之道。国内企业虽然拥有近14亿人口的广阔市场优势，但是也受限于全球化规则，全球化规则是多方博弈的结果，并不能都由我们说了算。

※一把手做创新的引领者和组织者，是很重要的。

学员： 中国建材对于创新在制度上是怎么安排的？研发费用、研发团队是如何安排的？这个问题您提到过，更希望您能展开说。中国建材对于创新有什么样的文化和机制，这种文化和机制是否有力地推动了中国建材的发展？您认为创新对于中国建材的发展贡献了多少价值？如何在组织中营造创新的文化制度，作为一把手如何保障创新制度的落实？

宋志平：我想大家关心的还是中国建材的创新体系，中国建材创新的体系和各大企业差不多，有这么几个方面：我们有26家国家级的科研院所，3.8万名科研人员和专家，这是我们重要的科技创新平台，也是我们的创新支撑。除此之外，我们还有一个新材料创新平台——凯盛集团，针对大的新材料行业进行专业投入来创新，比如电子薄玻璃。还有就是我们企业里的技术创新，集团有技术中心，各子企业还有自己的技术中心。整个集团的创新体系覆盖了研发、设计，包括新能源、新材料等产业创新，是个比较大的综合体系。大家有的时候担心说宋总要退了休，将来创新是不是会遇到问题。为什么会有这个担心？因为我本身就是一个创新迷，非常热衷于创新，无论是全国大众创业万众创新活动周上海分会场，还是国资委举办的中央企业熠星创新创意大赛，我都会去。作为董事长，我是创新的引领者和组织者，当然我们也有总工程师、负责技术的干部，但是集团一把手必须要是创新的引领者，这是很关键的。我上次到瑞士，想了解为什么瑞士能有这么多世界品牌，到了当地许多企业调研。最后得出来一个结论，在瑞士，品牌管理是一把手亲自负责的工程，被放在特别重要的一个高度上。

我们创新的投入现在大概占销售收入的4%，中国建材创新投入不高，但是在传统产业里也不算低。中国建材为什么这些年在新材料、水泥、玻璃等领域里效益很好？因为我们有很大的技术投入。很多企业只顾生产，不顾创新投入，这样是没有后劲的。我经常跟干部们讨论，我们下一个新产品要做什么，有没有一个产品又好又适合我们做，还解决了国家的急需，就可以投入来干这件事。

※做混合所有制，不在企业大小，关键在业务有没有发展空间。

学员：我是118班的学员，我来自北京房山一家城投平台。您刚才提到做一些国资的整合，房山区国资的总量截至2018年年底一共才500亿元，但是有26家国有企业，所有者权益不到500亿元，负债率在80%以上，这些企业一共

收入只有 30 亿元，在整合过程中不但找不到方向，还面临非常高的负债率，一筹莫展。我想请教您的是：作为中小型国有企业，该如何进行混合所有制的改革？

宋志平：国有企业现在有几个问题：第一，需要改革，需要转型，尤其是像你说的在规模不大的情况下，怎么改革，怎么转型，怎么做混合所有制。中国建材过去也不是个大企业，17 年前只有 20 亿元的收入，是个资不抵债的公司。国药集团开始也不是个大企业，只有 360 亿元的收入，当时规模也很小，经过这些年发展起来了。我觉得关键不在于企业大或小，关键在于业务有没有发展的空间，我们房山这么多国有企业，如果有一个好业务，小企业也可以发展起来，但是如果业务过于分散，发展空间又很小，就很难做。另一种做法，在业务不少、每个都不大的情况下，可以探索集成管理的商业模式。坦率地讲，这种商业模式竞争力不会很大，效益也不会太好，但是比较现实。还有一个办法，就是找比较大的中央企业合作，跟当地的国有企业整合发展。另外，民营企业混合所有制也是一个方向。

※ 国有企业、民营企业要互相融合，合作共赢。

学员：宋总您好，我是 105 班的学员，从事医疗行业，我想问您几个问题。第一个问题：我非常钦佩您在建材和医药两个完全不相干的行业和领域都带领企业发展到很大的市值，什么样的法宝让您能够如此成功？在我看来跨越完全不相干的领域是非常困难的，如果从经营层面来讲会有一些相通的地方，但是战略层面跨度相当大，能不能跟大家分享这方面的观点？第二个问题：您在国药集团期间，国药集团快速扩张，通过渠道快速收购并购实现做大。您对于医药行业有怎样的预判？什么机缘巧合下国药集团没有往上游产业链延展？如果再给您十年执掌国药集团，会不会制定这样的战略走向，比如入股收购石药集团，合作做相关的一些布局？第三个问题：本身地方国有企业和中央企业都有很多的资源，再加上您这么厉害的企业家，民营企业生存空间在哪儿？您怎么看待"国进民退"的问题？

宋志平： 你这几个问题挺好的。第一个问题，中国建材和国药集团确有不同，但是企业规模大了以后，在战略层面上其实就越来越趋同，西方很多大企业的领导者、董事局主席往往是跨界的，为什么？大企业在战略层面有了一致性。中国建材和国药集团确实区别太大了，而且重点也不同。比如说技术创新，中国建材是重资产投资，一条水泥线投资 8 亿~10 亿元，一个工厂两条线路就要 20 亿元的投资。建材企业的创新往往集中在装备的创新上。而医药是轻资产投资，医药企业的创新往往集中在研发上，一个新药的研发费用很高，可能需要 20 亿元，但是医药的工厂装备是很便宜的，意大利进口的设备需要 100 多万欧元，这个金额在建材行业里面只够买一个大齿轮。此外，建材的运输半径很短，货值很低，流通费用很高；医药运输半径很长，货值很高，从美国运回一书包大小的药可能就值一二百万元，流通费用不高。所以，建材和医药确实有很多不同的地方，但是在大的战略布局、兼并收购等方面也有很多共同的地方。我在中国建材主要做了上千家水泥企业的大规模收购，到了国药集团以后主要做了 600 多家医药分销网络的收购，形成了现在的这两家公司。在战略和打法上是有共通性的，实际上国药集团是复制了中国建材重组的模式，包括发展混合所有制。

第二个问题，关于国药集团上下游产业链的问题。国药集团原来就是一个分销企业，过去国家大的医药厂都下放给地方了，当时的国家医药工业局只剩下北京、广州、上海几个医药批发站，底下二级、三级医药批发站也都改制私有化了。美国医药分销只有 3 家公司，而中国有 2 万家医药分销商，争夺医院的药品分销权，同时仓储冷链建设不完善，你想想药的质量能好吗？所以当时，国家就急需建立国家医药网，但是面临资金和人力不足的问题。我到了国药集团以后，就认为从医药分销网络入手是一个机会，投资最少，回报最快，三年时间内重组了 290 个地级市医药网络。重组的打法也是七三模式，即国药集团 70%，给原所有者留 30%。戴上了中国医药集团的红帽子后，原医药企业享有各医院的购药优先权，销售收入从过去的一年 1 亿~2 亿元增长到 200 亿元，国药集团和被重组企业都受益。

实际上，我在国药集团时关于产业链方面做了几件事。第一件事是"四合一重组",与中国生物制药有限公司、上海医药工业研究院(简称"上海医工院")及中国出国人员服务总公司3家中央企业进行了重组。其中,中国生物制药有限公司是做疫苗和血液制品的,有6个生物所;上海医工院是中国最大的研发制药院所,有3个院士,过去中国化药有50%的技术来源于它;中国出国人员服务总公司有部分医药进出口的生意,但是规模不大。国药集团把这三家中央企业收在一起。第二件事,国药集团也有做中药的,中国中药控股有限公司过去是收购药材的药材公司,类似供销总社,曾经规模很大,各地都有药材收购公司。药材放开后,供销渠道消失,成了空壳公司,需要向制药方面转化。后来腾笼换鸟,收购了香港红筹股盈天制药,更名为中国中药,又收购了一个中药颗粒企业,现在一年有200多亿元的收入。第三件事是收购了太原威奇达,威奇达是做头孢、青霉素这一类产品的,被收购以后在太原建设了两个大工厂,目前抗生素药品规模最大、效益最好的就是国药集团威奇达药业有限公司。

要不要做上游?我在国药集团的时候也很想在上游制药方面有所建树,2014年我离开时是58岁,离开前给国药集团留下了三条战略上的建议。第一,创新,要重视研发,国药集团虽然有上海医工院,但是化药创新基本掌握在西方人手里,我们在海外要建设创新研发中心,也可以收购一些中小型的国外制药厂,在研发和制造上要向高端挺进。当时想收购以色列一家做仿创药的公司,如果收购成功一年会有20多亿美元的收入,同时它的仿创药技术水平比我们要高,会是我们非常好的研发平台,但是后来犹豫中被美国人抢先收购了。第二,要重视网络销售,现在的医药销售虽然控制在国药集团手中,但是国药集团还是分销售盯医院这种原始做法,分销体系建立在做熟客基础上,一旦处方药放开,网络销售大行其道,在线电商平台会迅速颠覆中国医药传统的销售网络,所以要未雨绸缪,一定要把网络销售做起来,哪怕和其他平台合作,也比被颠覆了好。第三,要进入医疗领域,在美国,医疗健康产业能够做到3万亿美元的GDP,医药在里面只占3000亿美元,也就是十分之一的份额,所以医药是一个小产业,更大的产业在医疗健康领域。我们现在有国家的医院、地方政府的医院、私立的医院,同时还有部队的医院,比如中国人民解放军总医院（301医院）等，其实还可以有一个中央企业医院，遍布全国各地，中央企业、地方国有企业有3000多万员工，加上家属，能服务上亿人。当时我们在河南收购了新乡医院，做了一个模式出来，希望能够打造更多的中央企业医院。利用地方上的医院资源，再租赁最好的设备，中央企业有实力办成不比301医院差的医院，弥补我们国家医疗资源的不足，这对国药集团来讲是非常重要的。我曾对国药集团的员工说，我对国药集团最大的贡献不是带他们做成世界500强企业，而是在他们要做成全国最大的医疗产业集团的战略目标上加了"健康"两个字，改为要做成全国最大的医疗健康产业集团，加上这两个字就把业务彻底地拓展了。不要只盯着医药，要盯着健康产业。我在离开国药集团前围绕着产业的拓展确实是有一些想法的，如果再做5年，做到现在可能是完全不同的国药集团，这是回答你的第二个问题。

第三个问题，关于中央企业、地方国有企业和民营企业之间的关系。我特别理解民营企业，中国建材也跟民营企业合作多年。我连续10年获评"财富中国最具影响力的商界领袖"，今年对我的评价，是我一直特别理解民营企业，支持民营企业发展，把这个作为今年获奖的重要理由。包括现在做中国上市公司协会会长，我常想证监会出于什么考虑选我做会长，其实上市公司里面有三分之二是民营企业，三分之一是国有企业，虽然国有企业的市值相比还是高了很多，但是从数量来讲民营企业占三分之二。如果是对民营企业有偏见的一个人，肯定不能被选为会长，所以说国有企业要市场化发展，也要对民营企业抱有善意。我认为国有企业和民营企业是一对孪生兄弟，因为中国的"两个毫不动摇"[①]，现在国有企业和民营企业是互相依存的一个体系。比如中国建材有上千家合作的外包民营企业，没有民营企业它就行动困难，同时民营企业也需要国有企业，它们的关系是大河有水小河满，大河无水小河干。我不大赞成媒体一会儿说"国进民退"，一会儿说"民进国退"，应该是国民共进。中国社会制度不可能没有国有企业，关键是我们需要什么样的国有企业。我们需要市场化的国有企业，我们需要和民营企业能够同舟共济、互相帮助、互利共赢的国

---

① 毫不动摇地巩固和发展公有制经济，毫不动摇地鼓励、支持、引导非公有制经济发展。

有企业，而不是和民营企业进行激烈竞争的国有企业。其实这么多年，中国建材也好，国药集团也好，跟民营企业的关系都非常好。2019年1月在达沃斯"中国之夜"我有一个演讲，我说"中国之夜"有300多人，这里面既有政府官员、民营企业负责人，也有地方国有企业、中央企业的领导者，大家在一起其乐融融。很少这一桌是地方国有企业，那一桌是中央企业，那一桌是民营企业，大家都在一个桌上，这是中国特色。"走出去"时国有企业和民营企业共同组成了中国的海外军团。中国人最会融合，传统文化的太极八卦阴阳鱼，就传达了辩证法中对立统一的思想。相反，西方人是一种非此即彼、非黑即白的逻辑，觉得国有企业好时就搞国有化运动，发现国有企业有问题就搞私有化运动。中国在国有、民营企业"两个毫不动摇"的基础上搞混合所有制，两只眼睛比一只看得更准确，两只手比一只用得更方便，国有企业、民营企业二者结合起来发展得更好。从这些年的发展来看，民营企业实际上是越来越强大了，现在民营企业在国民经济里占70%的比例，过去可能不到30%。再一个，国有企业也在从一些非国计民生领域撤出，在充分竞争领域国有企业采取的方法就是实行混合所有制，和民营企业混合。像中国建材混合度很高，中国建材国有资本占多少？占25%，非国有资本占75%。国药集团国有资本占44%，非国有资本占56%，虽然也是中央企业，但实际上已经高度市场化了。再谈到国有企业、民营企业的竞争力，一些民营企业家一遇到问题就觉得国有企业垄断，政府支持国有企业而不支持民营企业，实际上仔细想想是站不住脚的。国有企业这些年在瘦身健体、推进压减，压减难不难？很难。中国建材把470家公司销号，还要再注销200家公司。痛不痛苦？很痛苦。但是通过这项工作，杠杆降低了，竞争力增强了，2018年降杠杆和缩表的时候就没有什么风险。相反，民营企业2015年、2016年在大举扩张，质押股票，然后2018年一缩表、降杠杆就受不了了。

讲到机制，2018年年初我提出来机制革命，国有企业最缺的是机制，体制制度也很重要，核心是机制，即员工薪酬福利和企业效益之间有没有正相关的关系。如果有就有机制，没有就没有机制。所有制不决定机制，二者不是充分必要条件，很多民营企业不都是像华为那样，并没有机制。如果下一步国有企业认认真真进行机制革命，改革成功带来的竞争力就会非常强。如果民营企业不改革，认为自己有天然的机制，不认真研究怎么留住技术人员、怎么鼓励创新，可能就要吃大亏，跟不上这一轮改革发展。

中国是社会主义市场经济，企业的上升空间应该取决于大家的努力，按照市场规律去做，民营企业按照市场规律去做，民营企业就会好，国有企业按照市场规律去做，国有企业也会好，加大混合力度，让国有企业和民营企业你中有我，我中有你，国有企业和民营企业一块进。国有企业要认识到它的一个责任就是照顾到民营企业，支持民营企业的发展，帮助民营企业舒困解难。2019年春节过后，国资委领导带领6个中央企业领导做客民营企业企业家俱乐部的亚布力中国企业家论坛，在那儿我也发表了演讲。国有企业跟民营企业合作得挺好的，民营企业都挺欢迎我们，大家是互相融合、合作共赢。

※原研药的关键在于科技创新的支撑，需要时间来发展。

学员： 您做过两个世界500强企业的董事长，中国建材在传统水泥行业做得非常好，以水泥作为压舱石，又衍生出TFT玻璃、碳纤维等新材料，能够在细分领域研发出全球领先的技术，跟全球一流企业掰手腕竞争。我有两个问题。

第一个问题：在国药集团做董事长时，您整合了分销网络，整个国药集团的收入规模目前接近4000亿元，虽然规模很大，但我们依然没有看到国药集团，或者国内其他的民营企业有创新类药品的出现，您怎么看待将来包括像国药集团这样体量的医药企业里，创新药和原研药的发展？

第二个问题：国家医疗保障局现在在做全国药品功能的整合。以慢性病治疗为例，整合全国药品供应企业，以比较低的价格让企业中标，这些企业无论是国有企业还是民营企业，利润都会有极大的下降。同样与第一个问题相关联，这些企业没有利润，以后怎么推动创新药和原研药的研发？

宋志平： 国药集团过去是国家的医药工业局的下属企业，实际上并不制药，但它是有基础做分销的，所以整合了全国290个地级市的医药分销网络，重组中国生物制药有限公司和上海医工院，就是希望在制药上有所发展。中国生物制药有限公司有6个所做生物制药、血液制剂、疫苗和基因治疗，但是规模有限。上海医工院有个上市公司叫上海现代制药股份有限公司，主要做阿奇霉素、大环的抗生素药。此外，还重组了其他一些做头孢和青霉素这一类药的企业，包括中药颗粒，形成了一个制药体系，这个制药体系估计现在加起来不会超过500亿元收入，也就是说在制药环节上国药集团是很薄弱的。国药集团今天虽然做到4000亿元，但确实存在两方面的危机：一方面是没有核心制药，说是国药集团，实际上是以销售药为主；另一方面是互联网销售会颠覆目前国药集团的分销体系。

刚才你讲的是新药研发，研发更不容易。过去全国西药上市公司50%的技术都来自上海医工院，但是都是药品专利解禁后做的仿创药。要做创新药是比较难的，投入的时间比较长。我国的医药制造业是相对落后的，没有像样的大企业，有华北制药集团、东北制药集团、哈药集团，实际上他们原来都是做抗生素或维生素的，规模都很大，但是不挣钱，也没有很强的研发能力。

你刚才讲的第二个问题是个大问题，是连锁反应导致的，因为医保费用入不敷出，就会压缩医疗费，医疗费中就会压缩药费，于是药厂招投标时把价钱压到最低，压到不赚钱。长此以往，药厂没有利润怎么投入创新？

药厂本身应该是赚钱的，我最近找了几个药厂领导了解了一下，发现他们赚得还可以，其中有一个药厂按计划2019年能赚4亿元，拦腰一斩还能赚2亿元。医药行业每年增长速度大约是20%，是个成长行业，尤其在中国，因为中国的用药还不达标。另外，医药行业不是周期性相关的，而是逆周期的。但确实医药行业的低毛利时代来临了，制药企业还不适应。

没有原研药的关键是没有科技创新作支撑。药品研发的科技含量非常高。同样的化学分子式，提纯不达标，没有增效原料，药品的疗效就有巨大差别。制药这方面我们还需要很长时间去进步。美国辉瑞这样的国际大药厂近几年都很少有新药了，医学前沿方向是用生物医药、基因工程这些新方法来治病，发现效果更好。我们国家现在也在做，但是基本上都是从美国留学回来的年轻人在研究。美国的大学，包括以色列的大学，例如以色列的魏茨曼科学研究所基本上都在攻克两件事：第一是智能化，包括无人驾驶、未来城市等；第二就是生物制药。全世界现在都围绕着生物制药在研究，而不是化学药。我也很关注医药领域的最新情况。

※企业信用至关重要，关键时刻能够帮助企业渡过难关。

学员： 宋总您好，我是128班的学员，我来自民营企业，之前您谈到中国建材上任的时候收到了法院冻结资产的传票，我想当时肯定是遇到很大的困难，能否介绍一下您是采取什么样的措施摆脱困境的？

宋志平： 我2002年的时候到中国建材，刚才讲到了当时只有20亿元的收入，负债30多亿元，是一家资不抵债的公司。要说负债也不大，但是对当时的中国建材来讲，没有钱去偿还负债，因为银行没有给它任何的信用评级，公司的门都被法院封着，也不敢买汽车，会被警察开走，就那么一个状况。第一年我没干别的，就做债务重组。公司的负债对象是信达、华融、长城这些国有金融资产管理公司，我用了几种办法解决负债问题：其一，我用资产抵了一些债，像信达是拿吉林的一个水泥厂抵了点债；其二，由对方持有股份来进行债务重组；其三，通过信用等级比较好的下属公司，比如北新建材借了一点点钱，还银行，一点钱不还那也不行。其实我在做企业的过程中，信用帮了很大的忙，在那段困难时期，银行、债权人、资产管理公司还是很相信我，通过资产打包、股权划分、偿还部分钱款等方法，资金链就打开了。我2002年3月去的中国建材，到2002年12月基本上所有银行债务都料理清楚，至少没有当期不还了，可以再借钱了，从没有信用的公司转变成一个有信用的公司。在那之后开始组织公司在香港上市，当时我说要上市没有人信，大家觉得宋总是不是吃错药了，我们这个公司还能上市？我说一定能上，后来用中国概念股包装，成功在香港上市，融到一些资金，变成银行特别信赖的公司。

我在北新建材当厂长的时候也是非常困难，在银行交着滞纳金，我们账面上没有钱，买不了原料，5家银行拒绝给我们贷款。我跟我的财务人员说，我们今后对银行一分钱利息不要欠，一天的贷款本金账期都不要拖。我的干部说：宋总，我们这么穷，你还讲这么豪气的话。我回答：市场就是这样，问题不是我们借不借钱，而是我们借了钱能不能还上，这才是银行最关心的。那时厂里没钱买原料，只能靠员工集资，我老婆嫁给我时1万元的嫁妆都拿出来，靠员工集了400万元资金启动生产。后来北新建材渡过了难关，信用也提升了，跟银行关系特别好。到现在中国建材有几千亿元的授信，其实用不了那么多。

很多民营企业说到融资难、融资贵，我之前在中国传媒大学跟大家聊到这件事，实际上银行并不因为是国有企业就贷款，大家知道国有企业也一样就那三张表，资产负债表、损益表、现金流量表，加上以前的还款记录，提交给信用贷审会，我们每一笔贷款都经过同样的程序。为什么贷给国有企业，不贷给民营企业？原因并不在是国是民，原因在目前这套贷款体制要求担保，很多民营企业没法做担保，只能做信用，或者抵押资产，但是能抵押的资产不多，贷款额度就有限。国有企业为什么能贷到款？原因是有包含子公司、母公司的集团体系，中国建材就像一个担保公司，下属所有的企业贷款中国建材母公司都可担保，母公司的资产又是子公司资产的集合，实际上是自己的资产为自己担保，目前银行的担保体系就是这样的。民营企业绝大多数都是中小公司，所以就遇到了这种担保制度带来的问题，如果民营企业是大企业，像华为、新希望、阿里巴巴，有多个控股参股企业，它一定没有担保的问题。但是中小企业就会遇到问题，就没人给你担保，得去找担保公司，担保公司再加两个点的利息，就造成中小民营企业融资难、融资贵，问题的根是在这个地方。

※做实体投资和风险投资运作规则不同。

学员：我现在是一家金融公司的创始人，业务跟互联网比较相关。今天讲创新一定要看到效益，您是怎么看待革命性创新需要平衡效益和颠覆性创新的方式？

宋志平：这是投资者面临的一个问题：到底投什么？对于像互联网企业这种短期可能看不到效益的，我们怎么给它估值？现在有好多创新是没有效益的，科创板最大的特点是企业不见得有利润，亏损企业照样可以上市，照样可以出售股票，像特斯拉到现在都没有盈利，但是股票价格很高。像我们做实体经济，现金利润的效益是我们最重视的，而对互联网、高新科技这类短期不盈利的企业，它的估值要看在未来能创造的价值或者当前市场上对相关行业、企业的比较。主要是一些风险投资机构愿意投，它等着未来，和风险博弈，想在资本市场赚更多钱。像中国建材这种公司就不愿意投，因为承担不了这个风险，它的投资一定要能算出赚多少钱。

做实体投资和风险投资是不一样的运作规则，国新基金等风投机构在做投资的时候，投十个可以失败八个，是可以宽容失误的，十个投资中有两个赚钱就行。但是如果让我们实体经济比如中国建材去博弈这种风险就难以承受。在美国，风险资本充裕，博弈风险的时候对失败的宽容度就特别高，大量的风险投资激发创新快速发展。如果靠借钱去投资有风险的事情，那我觉得真的就很危险，如果都是自有资金，我愿意尝试投资一下。比如共享单车，两年以前大家对这个新事物看法完全是正面的，认为是中国"新四大发明"之一，没有人去怀疑它会失败，但是转眼间就成了这个样子，几乎全军覆没。如果之前是借钱投资了共享单车，那现在还钱就可能遇到大问题。假定中央企业这样的实体经济资本投进去，就要被追究决策失误，所以这是不同的。我们对互联网的投资特别慎重。最近也在投几个互联网企业，都是和业务相关的，我们清楚短期内赚不到钱，但是也不希望它亏很多或者估值太高，所以我们在压低它的估值，希望实事求是。今后就可以把我们的产品放在网上去卖，防止在线电商平台把我们现在的销售网络颠覆了。但是其他像比特币这类投资我们肯定是不敢做，中国建材肯定不敢做，也没人敢做这个决策。

※ *负债率和企业发展的平衡关键是有没有效益，走出去要重视汇率问题。*

学员：您提到中国建材在整个发展过程当中做了很多典范性的项目，这些项目中间用到很多金融工具，在去杠杆宏观经济相对下行的情况下，您是如何考虑负债率和企业发展的平衡的？第二个问题关于"一带一路"。以前我在海南航空负责"一带一路"的项目，海南航空做了很多国际并购，尤其是欧美企业国际并购，同时海南航空也做了新兴市场，尤其是"一带一路"，比如说在非洲有我们的航空公司，并且在其他非洲航空公司都亏损的情况下，海南航空能够做到盈利，从这一点来讲，我对"一带一路"非常有感情，愿意为此做所有的努力。国家提"一带一路"一定是有道理的，在中国的企业去做"一带一路"的过程当中，中国建材是非常成功的，但是像以美国为首的西方国家对中国"一带一路"并不是很了解，并不清楚我们到底干什么，不一定认同。您能不能给我们分享一下中国企业，不管是民营企业还是国有企业"走出去"的成功经验，提出一些建议，在目前不确定的宏观经济下，尤其中美贸易摩擦加剧的情况下您的一些见解？

宋志平： 关于负债率和融资的问题，2002年我当中国建材一把手的时候，它是一个资不抵债的企业，我之前跟大家讲到在香港上市融了一些资，又和民营企业搞混合所有制，解决了一些资金。但是5.3亿吨水泥，需要至少2000亿元以上的资金，资金有很大的缺口，要从哪儿填补呢？这个资金是从银行贷款来的。要做这么大的重组，银行一定会支持，因为银行原来都是这些小企业的债权人，有信用风险，重组等于承债式兼并，银行债权转移到了一个大企业，相对就安全了。在企业间价格战打得最凶的时候，低价切进去是很合适的，用低成本收购完成重组之后，企业间没有恶性竞争了，价格恢复合理，企业就赚到了钱。中国建材2018年一年的财务费用是160亿元，如果不赚钱，就还不了这么多财务费用，不要说还本金，利息都还不了。但是又只能是这么个做法，因为没有那么多流动资金，银行并不是说不愿意多贷，它只是担心本息能不能还上。企业经营者应该判断某个业务能不能赚到钱，收入能否覆盖它的利息和本金。中国建材资产负债率最高的时候是83%，过去几年因为经营得不错，降了12个百分点，现在是71%，但71%也还很高，全国民营企业平均是50%，地方国有企业是65%，中央企业是66%。我在企业发展方案里明确，到2022年要再下降6个百分点，要让我们的负债率和中央企业平均负债率基本一致。我认为负债率是一方面，关键在于挣不挣钱，即使负债率很低，全部用自己的资产投资，如果不挣钱，这个企业依然没有现金流。2018年中国建材的正现金流为585亿元，2019年上半年现金流增加了40%以上，这么多经营活动的正现金流，而不是融资活动现金流，说明这个企业非常健康。目前中国建材在压减企业资金占用，增加资金归结度，但是企业规模大，而且有很多重组过来的子公司，推进这个工作需要有一个过程。

刚才说到资金，我们一方面有银行的贷款，另一方面也发行各种债券，同时还做基金，从多种融资渠道满足对资金的需求，当然要与各个银行博弈获得成本最低的贷款，发债也是最低的利率。即使这样，中国建材一年还交了160亿元的财务费用。这么看，中国建材真不简单，一共3500亿元的收入，交给银行160亿元的利息，交给国家300亿元的税，20万员工的工资性开支包括保险加起来210亿元，还要有200多亿元的利润，综合一下社会贡献率居然达到800亿元。也有一些企业真的没有贷款，比如说格力，格力是没有贷款的，它的财务费用是负的，海螺水泥也是没有贷款的。银行在融资里扮演非常重要的角色，有时候我跟银行行长说，我觉得他们应该支持和培养像中国建材这样通过贷款付给他们高额利息的客户，给予优惠贷款，互利共赢发展。不能贷款之后就成了高利贷，越滚越大，子子孙孙都还不了，变成完全给银行打工。我多次讲过，现在的贷款利息太高，不合理的银行利率等于竭泽而渔，把忠诚的客户都搞垮了。

党的十八大以后，国家发改委调研组到国资委听取意见，包括我在内一共去了5位企业家，后来让我提意见，我说发改委工作做得都挺好的，如果一定让我提，我觉得现在企业负担太重，我们国家的财政分配有两个问题：一个是利息太高，另一个是税费太高。拿中国建材2011年财务报表来看，我们2011年交给银行的利息是120亿元，交的税费是120亿元，利润是120亿元。假定说利息和税都降一半，我们就会多120亿元的利润，如果多120亿元的利润，我就有投资的意愿，企业开始主动投资而不是要求政府来投资，而且企业的杠杆会越来越低。如果按照现在这种做法，银行挣银行的钱，税务局拿税务局的钱，把企业都给卡死了，企业没有累积资本，要发展只能再贷款，再贷款利息就会更高。企业就处于倒着运转的状态，倒着转杠杆会越来越高，因为企业靠贷款在发展，而不是靠自我积累，应该让它正着转。好比一缸水里面有这么多的鱼，水里面既有影子银行放的水，也有表外放的水，还有违规放的水。目前这点水养了这点鱼，不是水很多鱼很少的情况，如果非要抽出点水，把影子银行的、表外的和违规的水都放出去，鱼就受不了，没法生存了。所以2018年资金一收紧，不少民营企业应声倒下了，到现在这个问题还没有完全解决。

中国建材一直在压缩两金，压缩一些库存，归集资金，减少负债，减少负债率。过去三年，中国建材负债率降了12个百分点，这是革命化的。话说回来，一物两面，当年不这么贷款，不这么扩张，就没有现在的中国建材，所以在该扩张的时候扩张了，现在该瘦身降杠杆就降杠杆，就是这么一个逻辑。我觉得我们的问题不是杠杆，我们的问题是效益，有没有利润，如果有利润，杠杆高点不怕，用银行资金经营，还了利息后还有钱赚是高兴的事。如果不赚钱，即使资产负债率很低，企业也不能碰贷款，因为它做出东西卖不出去的话就没有现金流。正确理解财务杠杆，一定要和企业经营效益联系在一起，这是我想给大家讲的。

关于非洲，我很喜欢非洲，东南非洲确实美丽极了，赞比亚、坦桑尼亚我都非常喜欢。我们人类大概是30万年前起源于非洲，我的一本记事书《笃行致远》，里面有108个故事，最后一个故事是回忆曾站在广袤的非洲大地上，我浮想联翩，我们人类最早的祖先就是在这块热土上诞生的。10万年前人类大迁徙，中国人经过中东到东南亚，再到贵州、云南。非洲这个地方为什么能产生人类？因为那里有特别好的气候和丰富的植被，适合斑马、河马等各种野生动物生存，特别富饶。通过"一带一路"，我们穿越10万年的历史，回去建设非洲这块古老的、人类诞生的土地，中国人很能干，当地人也喜欢我们。我是站在这样历史空间的角度去看的，至于美国人怎么看、欧洲人怎么看，很简单，他们认为我们在争夺非洲。美国人写了一本《争夺非洲》的书，坦率地讲，非洲大多数国家过去都被殖民过，非洲很多国家的博物馆、展览馆里都展出反对近代殖民主义的照片，大部分非洲国家是20世纪60年代独立的，所以非洲当地人民有一个特别浓厚的情结，就是反对殖民主义。我们在"一带一路"建设中要特别注意不要有殖民主义思想，殖民主义的思想是因为差别造成的。我有一年到巴布亚新几内亚，当时要买几块地，我在山头上拿了一个木棍，跟当地人指着说盖房子一期、二期、三期，这些地我们全部都要买下。当天晚上我就想这句话非常耳熟，于是想起有部电影《大班》里描绘了一个场景：当年英国人到中国香港新界，拿着棍一指，说从哪儿到哪儿他们全都要拿下。类似地，我这不是有一点殖民主义的倾向吗？所以在实施"一带一路"的时候要特别注意，不要带有殖民主义的思想，要尊重当地人，要帮助他们，做长期进入的准备，中国建材在非洲很成功就是这个原因。

在非洲最需要注意的还不是战争、瘟疫，最重要的是汇率，除了少数有石油或者贵金属的国家，非洲绝大多数的国家没有硬通货，没有美元。我们在当地挣了钱怎么转回国内是个问题，我们试过换成芝麻运到国内，还有其他各种各样的方式。如果钱不转出来放在当地就可能会迅速贬值，我们有过这样的教训。1992年我们进入巴布亚新几内亚市场，当时赚了好多当地货币基那，当时1基那可兑换1.2美元，但是汇1万美元无法通过外汇管理局批准，出不来。后来基那贬值，贬到1基那约合0.28美元。现在"走出去"到一些非洲国家还是要注意汇率的问题，有的小国家可以支持小体量的交易，但是做一笔大生意就不行了，这一点是大家要注意的。这怎么办呢？就看有多少资金，熬得起就在当地买一点房产，就像当年香港、台湾人到大陆来投资房产地产，虽然当时面临外汇管制，但只要拿到了地和房子，以后真有了外汇马上能变现带走，而且是升值的。所以常规性汇率的问题需要慎重思考，可能是最重要的、最大的问题。当然遇到战争也没办法，利比亚战争的时候，我们也撤过侨，但是这种突发情况无法防范。

我们出去的中国人关系都很好，中央企业、国有企业、民营企业、驻外大使之间的关系都非常好。中国建材出去也是跟民营企业合作。在一些国家，有的民营企业已经去了二三十年，对当地非常熟悉，中央企业去了之后，合作搞个混合所有制的项目，现在就是在这么做。在走出去的过程中总要一步步学。

刚才有一个同学问我，中国建材这么多年为什么不做房地产。我想给大家回答一下，这也是一个很敏感的问题。中国建材多次想做房地产，而且多次尝试做了，都是以失败而告终。分析这背后的原因，我想我们错在什么地方呢？我们做房地产都是用一些原建材制造业的人，没有用房地产行业的专业人员，也没有从外边雇一个团队或者收购一个房地产公司，全是自己去做，但是做建材制造业这伙人做不了房地产，所以数次都不成功。倒是我们做什么制造业都赚钱，别人都认为没法赚钱的业务，中国建材进入就赚钱。我是做工厂起家的，大学毕业就到工厂里，工厂的管理我轻车熟路，去任何一个制造企业参观我眼睛就冒光，到奔驰、丰田的工厂参观就很有感触，但是到房地产、金融业就找不到感觉。大家讲企业的基因，我们的基因可能就是草食动物，吃不了肉；人家做房地产的就是肉食动物，吃不了草。可能每个企业都有自己的基因，他能做的你不一定会做，你做得好的他也可能做得一塌糊涂。

※走质量上上、价格中上的路线。

学员：我来自一家上市的门窗公司，跟建材是很有关联的。现在我们最大的困惑，第一是上市公司做门窗是没有竞争力的，成本高、利润很薄，我们在跟欧洲企业合作，也参编大部分国家门窗的标准，但是在市场竞争中仍相对薄弱。第二，我们的经营过程中有很大的资金问题，行业里前20强企业都有战略合作关系，大量的商票支付挤压了我们的利润。为此，想请教宋老师该怎么做。

宋志平：第一，现在商票支付的量越来越大，商票贴现无疑会影响利润。但是可以主动在销售合同上协商设定商票和现金支付的不同价格，来减少或消除商票支付对利润的影响，这是一个交易策略问题。第二，门窗利润确实很薄，欧洲做型材的都是小工厂，做门窗的都是大工厂，而且质量特别好，所以做门窗的赚大钱，做型材的不赚钱。我们国家正好反过来，做型材的是大规模工厂，像过去的实德、海螺等企业，做门窗的是小工厂，赚不了什么钱。我给你一个建议，可以好好地研究一下欧洲做高档门窗企业的情况，发展高档门窗的细分市场，中国门窗未来也会朝着高档门窗发展。因为你们是上市公司，要有盈利模式，如果做中低档门窗只能靠量，低价竞争，最终获得低利润，需要考虑个性化、高档化的产品方向。当然，你们得有创新，得有技术，走中高端的路线，即质量上上、价格中上的路线，而且要坚持住。这是我给你的建议。

※集合性平台越来越多，用商业模式创新颠覆现有模式。

学员：老师好，我是 18 班的学员。我想做中国建筑物联网平台，这个平台是工程项目管理平台，工程项目的垂直施工 EPC，从开工到合同管理、技术管理、资源管理、安全管理，整个流程实现品牌化。比如我们建光华教学楼，涉及合同、进度、质量和风险成本，需要系统管理的平台，集成人、材、机多方资源，人是劳务工，材是建材，机是机械设备。这个平台解决中国人才怎么进入建筑行业，材料如何快速组织，通过这个工程项目管理平台提供给需要的施工建筑单位等问题。我想问的是，在产品变革中，从单一的产品集成创新为平台化的推进过程中，我会遇到什么样的管理和技术瓶颈？

宋志平：现在集合性的平台越来越多，把越来越多的要素放在一起进行整合，这肯定是一个方向，你说的人才、设计各种功能、建筑和建材都放在这个平台，我觉得这一定是一个方向，但是这个过程并不那么容易，因为现在每一个业务，建材业务、建筑业务，几乎都是条块分割的东西。整合是未来的趋势，是对产业有益的，但是整合的过程会非常困难。从我的企业来讲，现在特别重视类似想法的商业模式创新，紧盯产业的发展，推动创立一些大的网络平台，可能会颠覆我们现有的模式和方式。另外，我们一直在研究和思考，怎么参与其他企业的创新活动，如果你做得差不多了，我们愿意作为你平台里面的一个供应商投资入驻。

※在中国，建筑设计师在行业中的话语权和引领作用会越来越大。

学员：我在做大型建材博览会，在这个行业有 12 年的时间，一直看着建材行业从非常低质量到现在高质量的发展。从 2017 年开始我们和德国一家公司合资，希望能够把国外高品质的解决方案展览引入中国市场，我想问您一个比较具体的问题，是跟整个行业产业链相关的。在欧美市场，建筑行业是以建筑师负责制为主要发展模式，也就是说一个房子由建筑师全周期负责，中国目前不是这样的状况,您对未来建材行业产业链发展趋势的预判是怎样的?

宋志平: 会按照你说的方向发展,中国建筑设计师在行业中的话语权会越来越大。我们的企业北新建材在北京未来科技城那儿做了一个产业园,是由非常优秀的北京市建筑设计院的设计师设计的。楼宇设计中运用了很多新材料。最近我参观了凤凰卫视在朝阳区的北京总部,全部都是用钢结构和玻璃做的,是非常漂亮的现代化建筑,建议大家有时间也去看一看。我还特意到德国斯图加特参观了奔驰博物馆,设计也是一流的,我们把它的设计师请来在蚌埠指导建造玻璃博物馆。目前我们国家的许多建筑,包括给大家展示的密云那些小区都有缺点,像兵营宿舍一样,没有特色和个性化的可辨识特征,得按照门牌号找。这一定要改变。

从趋势来讲,将来肯定是建筑师引领设计。建材制造越来越制品化,要满足多样化的需求。现在做装配式建筑,设计为先,完全能够做到在设计师完成设计后,马上分解成各个模块,然后到工厂里去一次性现场浇筑,不需要再像过去那样先做建筑图,然后分解成一块一块的施工图、构件图。所以结合设计师的灵感、计算机、大数据的模块分解作用,工厂的模块一次性生产功能以及现场组装是未来我们的发展方向。这种建筑制造模式的好处,一方面是没有建筑垃圾,施工噪声小,对环境友好;另一方面是方便实现个性化设计,展现建筑特色。像在日本盖房子,静悄悄几十层楼就盖好了,上面还在装配的时候底下已经开始出售了或者就可以办公了。而且每个楼有每个楼的特色,展现设计师的艺术水平。

※ 创新发展农业,实现智能化规模种植。

学员: 宋总您好,看到您刚才介绍的5.0加能源房屋和农业大棚的建设,我很有感触。我自己是从农村出来的,总在思考农村未来的发展。据我观察,现在大部分农村的房屋都可以推翻重建,没有任何保存的价值,农业耕种的方式也发生很大变化,农民曾赖以生存的环境正在消失,原始的方式很难存续下去。农村将来怎么走出一条发展的新路?我相信宋总肯定对这种系统性的问题

有所思考，请您趁此机会跟我们聊一聊。

宋志平： 我也经常想这个问题，改革开放后从小岗村开始一家一户地分地，改变了过去人民公社和生产队挣工分的生产方式，激发出农民的生产积极性。现在回过头来看，农村的土地，比如高铁轨道两边的土地全是一小块一小块的，没有进行规模种植。再看非洲，非洲经济虽然落后，但是赞比亚、坦桑尼亚等国家，农业用地没有小块地，都是农场或者更大的规模，拖拉机一开就是一天。所以我国农村要想现代化，第一不管由谁来种，必须要实现规模化种植，否则没法发展。

第二个方法，集村建镇，过去自然村时期土地和住宅相隔比较近，大家耕种比较方便。农业规模化种植后，就不需要保留自然村特点，应该集村建镇。集村建镇就要规模化经营，可以有学校、医院、商店，让农村城镇化，而不是让农村人统统进城。

我的想法是，农村变革要进行土地规模和种植变革，包括集村建镇。我们的方向不是大城市，而是要城镇化，让很多的有一两万人口、几千户家庭的镇能够建起来，一个镇占地几十亩，中间全是规模化的农场，也可以推广智能化种植，把农业工厂化，把农场工厂化。我认为这是方向，但做到这一点并不容易。

※一个企业要有文化的传承，年轻人要由衷地尊重老同志。

学员： 您在过去这么多年带领两家公司做到世界500强，肯定面临组织变革和企业变革的问题。我比较关心一个具体问题：在这个过程中怎么处理老员工和新员工、老干部和新干部、老领导和新领导之间的关系？

宋志平： 任何一个企业都有新老交替，一个企业得有文化的传承，要特别尊重这些老同志，这是我们的感情基础。企业为什么能有今天？因为老同志们打下了天下，但是他们也不见得能适应今天，对新变化有诸多不适应，我们要进行新老的交替，年龄大了该退下来就退下来，把岗位愉快地让给年轻人，让年轻人能够得到很好的发挥。我在中国建材和国药集团进行过新老交替，整个过程是比较平稳的。有一些岗位早一点让年轻人来承担，一些老同志退到二线也好，做个参谋也好，也可以适当晋升一下。比如说这个部门很重要，有很优秀的年轻人来了，把原来的同志提半格做总经理助理，重要的工作岗位让给优秀年轻人，给他们一些锻炼的机会。年轻人要早用，如果你早用年轻人，可以在岗位培养监督他，做得不好还可以下来，不能等到着急用人的时候没人了，临时抓瞎。我主张年轻人要趁早用。

结合我自己，北新建材那个时候是地市级单位，很大的企业。我20多岁就做处长，30岁左右做副厂长，到36岁就做厂长。现在回想起来，那个时候恰恰是因为很年轻就到了这个岗位上，比较早地历练和学习，这对一个干部来讲非常重要。如果等到50岁再去提拔一个干部，往往很多能力和品行已经形成了，不太好改变了。

对于一些优秀的、非常聪明的年轻人，有两点非常重要：一条是要尊重老同志；另一条是要听上级的话，不要觉得这个领导不过如此，他讲话不如我讲得明白，看书不如我看得多，新知识不如我了解得多。确实是年轻人学习得快，新的东西学得多，这是一个规律，但是年轻人要善待老同志。拿我来讲，我很年轻就出任企业负责人，一直对老同志、老领导很好。我是由衷的，我不会忌讳领导哪一点说错了，或者哪一点想错了，包括领导讲话说了个白字，发错音了，我认为那都是正常的，我们也会犯类似的错误。年轻人由衷地尊敬领导，领导也会更接受年轻人，这样的话新老之间的矛盾冲突就会少，所以我特别提醒大家。

袁宝华老先生100周年寿辰的时候，在钓鱼台举办了一个《袁宝华文集》出版座谈会。我是袁老的学生，也是"袁宝华企业管理金奖"的获得者，我经常去看他。那天我想我得早去，结果去了发现袁老坐在轮椅上已经在大厅等着大家了。那天朱镕基同志和爱人劳安也出席了，朱镕基同志是感冒生病的状态从医院里出来，医生不让他出去，他说他今天必须去，爬也得爬去。去了以后，他们亲自推着轮椅把袁老带到会场里，非常感人。我讲这个故事，也是给大家讲怎么处理好这种新老之间的关系。新老关系的好坏往往不在于年长者，而在于我们年轻人怎么做。

※做企业一定要有精减的概念，做企业领导者要多读书。

学员：我是2016年进入北京大学学习，同时开始创业的，您是我的创业前辈。"问道"的形式和内容让我受益很大，企业在每个状态都要不断地去修炼自己。我的行业跟建材跨度比较大，我是做改革设计的，即政府对所有企业提供投资经营项目或者营业执照快速服务的改革顾问。以前一个咨询项目体量比较小，二三十万元，现在我的改革咨询体量做到200万元。我在不断集成创新，增加了人力和建筑设计，就是服务大厅整体建筑这部分。在企业经营过程中，管理和经营是左右手，无非就是加和减的问题，首先是减的问题。您讲到瘦身，我们公司现在是40多个人，到2019年年底要冲到200个人，我想问，在这个过程中，除了政策性的要求和经营效率的考虑，结合您多年企业经营实践，在做减法上您有什么比较好的心得？会侧重考虑什么？第二个问题是关于"加"的。现在很多企业通过并购重组，或者是产业链的组合来加强自己整合资源的能力，这里面就有两个问题：哪一些会作为自己核心的事业单元或者鼓励企业独立运行？哪一些是考虑联合合作，边界点怎么区分？我之前在做政务服务的过程中，大厅都是建筑设计院去做的，但是设计出来不符合客户需求；现在集成过来自己做，又要考虑到成本的问题。我比较迷茫的是要集合外部建筑设计院做成单元，还是自我驱动设立内部运营单位。同时，公司现在成立时间比较短，肯定需要借助资本的力量，作为轻资产公司融资存在困难，我去银行融资没有相应的担保或者抵押。我曾经遇到过国有控股公司的收购意向，但是不能带来足够资源。这方面应该怎么考虑呢？还有一个关于时间管控的问题，您也提到每天休息时间是4~7小时，我现在平均每天睡眠时间为6小时左右，有的时候还会到8小时，每天脑子里面一直在解决问题，很多时候睡不着觉。作为一个管理者，应该如何去统筹自己的时间呢？

宋志平：第一个问题，你的企业是在成长过程中，但成长肯定不是一味地成长，成长过程中得踩着刹车，得有减法。比如成长过程中可能部门设多了要减，可能有的人不符合岗位要求也要减。我们老讲三个和尚没水喝，这是一个规律。对于已经长起来的树要修剪，要不停地剪枝。减并不是要求大家不成长，而是在成长过程中要有这样的意识。如果你接手了一个很臃肿的企业，可能要大力去剪枝，郭士纳空降 IBM 后，第一件事就是剪枝，就是缩减：组织缩减、费用缩减、杠杆缩减，把成本降下来。艾柯卡初到克莱斯勒，就大量裁减了员工，同时自己只要 1 美元的薪水，才把成本降下来。克莱斯勒恢复发展后，确实需要新增员工了，又把原来解雇的优秀员工请回来再就业。所以说对减的理解不是让大家一味地减，而是说要有这个概念，因为发展往往有一定的自我生长的习惯，在扩张的过程中就容易臃肿，针对这种组织发展过程中的自然习性，我们要做好减法。做企业一定要精健，组织一定是精健化的组织。

关于建筑设计到底是用专业的还是自己来干，从我的角度，一般来讲不是专长，就不要发展这种业务，培养一个设计人员也不容易，除非企业对设计需求的量很大。如果没有足够的业务，培养一支设计团队只负责自己内部很小量的设计，成本很高。对客户的需求比如一站式服务，设计院的设计师是能够理解的，你要跟他们说清楚，把要求提出来或者给他们一个草图，让他们去做，一个大的设计院有好多活，你的业务只是其中之一，你讲清楚你的要求就行了，如果对设计不满意可以再改，图纸上改来改去都是正常的。如果集成设计相关的业务，可能你是减了点设计成本，但是不一定要这么做，我建议你很好地思考一下这个事，还是专业的事交给专业的人做，没有必要把大厅楼房设计都包揽了。因为你的主业是做改革的，还是应该把精力放在帮助企业做改革的工作上，这方面工作量是很大的，挑战也很多。

刚才问到关于时间运筹的问题，其实不同的人有不同的做法。我就属于精力特别旺盛，大学期间午休的时候别人都睡觉，我是在操场上看书的，等到下午两点再到教室。我中午从来不睡觉，也不是说因为工作忙就这样，我工作不忙也会这样，习惯使然，晚上 11 点、12 点也经常在打电话。不同的人不同的安排，我倒不建议大家都像我这样，就睡 4 个小时，科学上说人正常睡眠 4~7 个小时就够了，不能低过 4 个小时，也不要超过 7 个小时，否则都不利于健康。以前我在北新建材讲过，其实人和人差不多，没有什么特异功能，要想多做事，只能把别人娱乐的时间用在工作上。我对自己的安排是每天都要读一两个小时的书,如果当天没读书,就觉得这一天什么也没有得到,脑子里没有吸收新知识,若有所失,这是多年的习惯。我凌晨4点多醒来,要么思考,要么写作,有的时候会编辑一些微信和短信内容,因为写微信短信很用时间,或者发点语音。我不要求我的部下接到信息马上就回复我,可以醒来或者看见后再回复处理。因为有各种各样的事要忙,我平时没有那么多时间安静地思考,所以清晨这段时间必须把它用好。我正常的时间都是在工作,该做什么做什么的,和正常人没有什么区别。

大家始终对我同时任国药集团董事长感兴趣,问我为什么能一心二用,这边做着建材,那边做着国药集团,时间是怎么分配的。其实我真的就是工作时间比正常人多了一倍,基本上把所有周六、周日时间都占用了,不然怎么可能做好两个企业?我没有三头六臂,所以只能多花些时间。我常想中国建材做很多事情,水泥业务从过去小小的,快速发展到5.3亿吨规模,回头去看真的是一个奇迹,连我自己都不敢相信,也被自己所感动,为什么呢?仔细想想,是一分汗水一分收获,没有什么侥幸的,一定是付出了那么多。

郭鹤年曾讲,做企业第一个是专注;第二个是耐心、坚守、长时间地去做;第三个是要防止骄傲自满,失败是成功之母,成功也是失败之母;第四个是成功了赚了钱要多回馈社会。郭鹤年讲这四点的时候已经92岁,却还在工作,李嘉诚是90岁退休的,90岁写的《告别书》,他们都从很小开始工作,工作到了90多岁,勤勤恳恳才能做成这点儿事。我到今天为止没有觉得哪件事是靠聪明得到的,都是靠付出,工作上是,读书上也是。我老讲,我一年能读100多本书,包里经常装着一本书,最近装的是《美国陷阱》,我从上海回来一口气读完了,前法国阿尔斯通集团锅炉部全球负责人弗雷德里克·皮耶鲁齐根据亲身经历写的,也建议大家读一读,尤其做海外业务的可以读一读。

※智商是要有辩证思考的能力,情商是要有理解他人的能力。

宋志平: 我每次给MBA学员上完课都会给大家提一两个问题,第一个问题是什么叫智商,第二个问题是什么叫情商,大家也回答回答我的问题吧。

学员：智商就是通过先天基因以及后天的学习赋予的，在外围环境中经过反复的练习处理复杂事物之后所沉淀下来的一种智慧。情商我理解就是像您提到《道德经》里面的道，就是人内心要善，在善的基础上换位思考，从别人的角度考虑问题，让别人愉悦，让别人舒服，要有为别人服务的理念，把这些理念根植于内心。

学员：管理一个企业，在某种维度上，情商比智商更重要。智商是一个人做事情的思路，一些具体的方法。但是这个思路和具体方法要有效实施，并且能出成果就要靠情商。只依靠智商生搬硬套地做下去效果比较差。在我的企业里，我对此有很深的体会，大家都是研发人员，他们智商非常高，但是管理好他们需要超高的情商，因为他们的思维方式和性格大都是直线条。在企业管理上要把智商和情商结合起来，在生活中，情商比智商更为重要。

我读过相关的一本书，书里面用了一套测试题来描述人的智力能力，智商是智力能力，是对一些特殊问卷的回答能力，表现出的是人们对事物的认知、判断决策的过程。情商（Emotional Quotient），在英文中的意思是更讲究人和人的理解交往和思想沟通能力。大家需要了解自己，比如了解我们自身的性格特征、性格取向。我曾参加过一些培训，记得有一个活动，是把人的特性分成了16种类型，16种类型中间涵盖了了解智商、情商相关的指数，比较复杂，后来我放弃了对于一个人的智商和情商的追求判断，因为智商特高的人一看就特聪明，对数据反应和逻辑推理都非常快，情商高的大家一看也就知道。

学员：这两天收获很大，不是指您特别教给我们某种知识或者某种方法，而是在您回答问题的时候，我一下子明白了该怎么解决这个问题，您给我们的是一种状态。关于这个问题，我准备用16个字来回答您。智商是我们处理事情或者处理某一个领域问题的专业能力，我选择用"举重若轻、风轻云淡"这8个字来形容您。中国建材一路从过去走到现在，您在全球收购企业，不仅是管理水泥厂，还管理过药厂等，把工厂做得这么好，我为您感到非常自豪。因为这是一件非常难的工作，您做成了非常有意义的事情。我觉得中国企业家能做到这种境界，就是体现出了企业家的智商，做到了举重若轻、风轻云淡。

关于情商，那是我们对世界的看法和对人的看法，关乎如何处理人与人之间的关系。我认为情商比智商更重要，情商是智商的底板，我也用8个字来形容您，"慈眉善目、心济天下"。您在讲课的时候娓娓道来，就像聊家常，但是每件事情又很真实，像"一带一路"上的故事，国外的企业愿意与您合作，搞混合所有制民营企业也愿意与您合作，您当上市公司协会的会长，大家都认可您，这是一个底板。因为您在做事情的时候第一想到的是怎么把事情做好，第二是考虑到大家的需求。一个企业家要有为国家、为社会，甚至为整个世界做贡献的善心，我们在您身上看到了"慈眉善目、心济天下"这8个字，真的是体会到了什么是情商。

宋志平：我也想跟大家讲讲智商和情商。在我看来，不管我们是做大企业的，还是做小企业的，做企业家最重要的就是一方面要有智商，另一方面还要有情商。智商和情商能不能后天提高？我觉得能。大家知道"智慧"和"哲学"在拉丁文里是一个词，智慧实际上就是说这个人是个明白人，有哲思的能力，看问题不能只看一方面，还要看另一方面，要有辩证思考的能力。如果只看到树木，没有看到森林，不能系统思考问题，那就不算是有智慧。知识不完全等于智慧，我们有的人有很多知识，谈起来头头是道，但是让他处理一些事情，他都摸不着头脑，不能综合考量去做。所以智商是考察我们综合处理问题、辩证思维的能力。我们讲哲学的基本逻辑包含对立统一、否定之否定、量变到质变等，核心是对立统一，一个问题有两个方面，但是遗憾的是很多人只看到一个方面。

西方有哲学家，他们认为中国没有哲学意义上的哲学家，这是西方人的看法。西方人的科学思维有哲学指导，本来一个人只能看到一件事，哲学家却能告诉你还有另一件事。西方人看问题往往是非黑即白，没有灰色地带。而我们中国人不同，我们是黑和白都理解，我们的太极图就是把黑和白画在了一起，很漂亮，我们称之为"阴阳"。中国古老的哲学思想，可能没有西方的哲学理论系统，但是古老的辩证法早已在我们的血液中形成了。智商不是知识越多，智商就越高，高学历的人不见得有多高的智商，做木工的人也不见得没有智商。

第二，情商，就是理解他人的能力。如果一个人只理解自己，就不能说他有情商。如果你理解的人越多，你的情商就越高。德鲁克写了26本书，他自己最喜欢的是《旁观者》，这是一本讲他人生的书。德鲁克在《旁观者》里讲到一段话，他觉得学商科的至少应该要修两个科目，一个是短篇小说的写作，一个是诗歌的赏析。为什么写短篇小说？因为短篇小说是刻画人的，关乎对人的理解。我们100个同学里能写出短篇小说的人不多，没写过的可以试试，不容易。有人写的短篇小说精彩极了，很短的篇幅里对人的观察，对人的理解很深，刻画得惟妙惟肖，让人拍案叫绝。为什么要学诗歌赏析？因为诗歌是关乎情感的，作为企业的管理者，要理解人的情感，带着情感去工作。德鲁克认为做管理、做企业家，情感和对人的理解是两个必不可少的能力。我向北京大学也建议过，MBA课程里是不是可以增加文学课、诗歌赏析课。

所以做企业有两点非常重要：一是要有智商，有辩证的思维；二是要有情商，做事不能只想自己，而是要照顾到别人的关切。从任正非设计出的企业内部机制，就可以看出他的情商很高。

之前有同学说以前觉得宋总应该是一个是特别威严霸气的领导，没想到见了面以后那么温和。做企业领导者霸气也没关系，温和也没关系，举个例子可能不是很恰当，但是可以说明这个问题：严父有脾气，会打孩子屁股；慈父依着孩子，好说话。但是我们无法要求我们的父亲是什么性格，严父也好，慈父也好，只要他对我们负责任，就是一个好父亲。不论一个企业负责人性格如何，关键是对企业负责任，当然温和点、民主点更好。这就是为什么我说我们要学管理，也要学习研究人的行为，研究情感等东西。建议大家可以多读诗歌，其实我最喜欢读诗，现在还会背小时候的课文和诗歌。管理和艺术是相通的，很多企业家都热爱某一门艺术。

※ 结合中西优秀文化思想做好企业经营管理和创新。

学员：您提到了中国传统文化对企业经营创新的正面影响，那您怎么看国学思想对企业的影响？

宋志平：近代以来的现代化运动，包括做企业和科技发展都是以学西方为主，但社会科学发展过程中，我们也感觉到老祖宗有很多灿烂的文化思想值得学习。毛主席说"洋为中用，古为今用"。洋为中用，这是我们现在做的；古为今用，其实我们没有做好。

现在很多西方人写书，会在第一页的开始引用一段老子、庄子或孔子的话，让人觉得很有学问，引用得非常好。我认为《论语》《道德经》里面的思想对我们企业经营管理的指导作用非常大，应该认真学习运用。中国人过去是排斥西方的，闭关锁国。现在我们也要注意避免全盘西化，不要忘了自己的来路。西方好的文化我们要学习，而我们自己灿烂的文化更要发扬。

02

中国企业的创新与创业
——在新瑞学院潜龙班与学员交流

* **时间**：2019 年 5 月 25—26 日
* **地点**：盘古大观 26 层新瑞教室

宋志平应邀在新瑞学院进行"问道创新"授课，课后与潜龙班学员热烈交流。交流由新瑞学院院长何志毅教授主持。

※ "创"的繁体字，与刀有关系，意味着要突破旧有的思想、观念、制度、体系，追求新的变化。首先是有创意，然后产生了创新，最后大家一起做公司合伙创业。

何志毅： 关于创意、创新、创业、创造等，国外有不同的翻译，而中文就是一个"创"字，这几个"创"有什么关系，本质是什么，逻辑关系是什么？

学员： 真正的创新在英语中就两个词：Creativity 和 Innovation。Creativity 是原先没有，创造出新的东西，可能是一个新的概念，可能是一个新的理念，也可能是一个新的产品，更多的是讲究一个过程。Innovation 不一定是要阐释从无到有的过程，可能是从 1 到 100 的过程，可能是高科技，也可能是零科技，但是产生了新的价值。在英语中，创业一词是由"企业"演变过来的，在一个小的集体或者一个小的富有特殊使命的团体里，有很多企业家或者创业家。创业家是在某些方面有极强的专业水平和能力的人，在创业过程中需要有企业家。创新要有目的，要达到这个目的必须有能力和机制。另外，当出现不可控的、外界因素带来的灾难的时候，企业家能够把团体所有人的智慧集中在一起，创造出新的解决问题的办法，这是我对创业创新的理解。

学员： 我会说日语，从日语的角度来讲，创新、创业、创造，都是 S 开头的，日本企业和中国企业之间是有关联的，也是相互影响的。在公司管理过程中，我们也可以借鉴日本的一些方法。

学员： 在我的印象里面，创业和创造这两个词语来源于日本。最开始是日本从中国学到很多东西，现在有些汉语外来词反而是中国从日本学的，比如社会、主义、利益这些词。就像宋总写的一篇文章《日本还值得我们学习吗？》，这篇文章特别好，我们不能小看日本。关于创意、创新、创业、创造，宋总在课堂上已经回答了这个问题，首先是有创意，再有创新，最后形成创业，是这样的逻辑关系。

Innovation 更接近创新的过程，创业一般是一两个人有了创意，然后到了创新的过程，中间可能有创投进来，最后到了创业，整个过程需要很重要的载体，就是公司。有了公司制度才能让这些团队组建起来，但又不仅是这一两个有创意的人，需要有创投进来，还有其他人才加盟，形成一个有机的团队，团队在现在的公司制度下才能使创造过程变成可能。

宋志平： 刚才大家提到了一个很重要的问题，就是关于中国和日本。日本是我们亚洲国家里第一个走向科技创新和自主创新的国家，包括社会制度等，也是第一个进入发达国家行列的东方国家，这很了不起。我们为什么要向日本学习？从某种意义上讲，我们与日本好像是"同祖同宗"。如果大家都是一样的起点，那为什么近代日本发生了这么大的变化？这引起了我们的兴趣，而且我们也会想，他们能做到的我们也能做到，学日本容易学来很大的自信心。

我读过日本人写的几本书，我有一个朋友在日本待过很多年，他介绍了一本书《日本心魂》。这本书是美国心理学家写的，主要是研究日本人的心理，还有一本是《菊与刀》，这两本书很有代表性，可以从中了解日本人的性格和心理特征。

在2018年中日第三方市场合作论坛上，李克强总理和日本首相安倍晋三都做了演讲，演讲的内容与我们的话题相似。安倍晋三提到中国和日本早就联合开发了第三方，汉字本是中国创造的，但是"科技"是日本用汉字创造的词汇，现在大部分关于科技的词汇是日本创造的，后被东南亚所用，比如激光等。"化学"这个词是中国人创造的，日本人也采用了，但像物理、生物等词汇却是日本人创造的。现在全世界都在互相学习，大家还是要互相交流，日本的创新其实也给了我们很大的帮助。

大家谈到的关于创意、创新、创业的逻辑关系，是中国企业改革与发展研究会首席研究员厉以宁教授提出来的。大家看看"创"的繁体字，与刀有关系，意味着要突破旧有的思想、观念、制度、体系，追求新的变化。我本人是在"创"，同学们也是在"创"。美国斯坦福大学很多的创意是同学们在咖啡馆里聊天聊出来的，现在北京大学附近的咖啡馆里也很热闹，同学们在那里也产生了很多的创意。首先是有创意，然后产生了创新，大家一起来做，公司化了、合伙制了就创业了。

何志毅： 现在中国是最大的创业国度，但要想在全球国家创新榜上排名领先至少还需要10年、20年的时间。在上市公司里，市值就是衡量指标，既代表现在又代表未来，既代表科技又代表效益。电影能够带来一个国家和民族的创新，城市建筑能不能带来一个国家和民族的创新呢？一个国家和一个民族的创新结果能否有一个衡量的指标呢？用什么跨度、用什么指标评价比较合适？这都是很深刻的问题。我们从长期、宏观的角度来看，中国都是创新最长久的国家，也正是改革创新带来了中国的强盛。

※ 中国创新的土壤越来越好，也到了原创药出现的时候了。

学员： 宋老师您好，我是医药领域的。我们有创意、创新、创业的整个流程，在资本市场上可以融3亿美元、20多亿元就盯着颠覆性、突破性的产品开发，把握产品开发和创造的机会，并经过行业专家、临床实验的认证。但是真

正把在中国进行的全球首创的东西放在中国让其落地，并且从此由一个中国企业确定国际规范，这比解决技术上的问题更难，关于这块想听听您的见解。

宋志平： 看来我遇到了专家。我在国药集团做过5年董事长，不过董事长都是进行战略层面的决策。我到国药集团以后觉得不能太外行，我希望做外行里的内行，和一些做药的比我是外行，和外行比我又比他们内行一点，所以我找了上海医工院的几位院士交流，听他们讲，开始学习。第一个假期，在7天时间里，我认真读了关于医药的8本书，都是为投行写的。我只要开始做新事的时候，第一件事就是读书，先找找别人已经研究了什么，看看他们都有哪些走过的路，不是上来就靠自己想，一定要把前面的人做过什么、有什么结论，都要弄清楚，先研究一番。

在国药集团我做了5年，对药有一些了解，但不是那么深入，尤其是与跨国的医药公司接触不多，我也一直想去辉瑞公司，但在国药集团时没有去成，我去过法国和日本的几家制药公司。我原来一直认为中国公司原创药十分不容易，但是这几年情况有一些改变，因为有很多的海归都回来了。大家能得到投资了，中国创新的土壤越来越好，也到了原创药出现的时候了。我不在国药集团做董事长以后，去过药明康德新药开发有限公司，看到他们董事长李革的会议室墙上贴着"激情工作，快乐生活"的标语。他说："宋总您给我讲过两次课，我们公司的文化是您说的。"我想起那是在给他们上课的时候聊到了生活和工作的关系，无意中说的一句话，没想到后来被他作为企业文化贴到了墙上。他的企业在美国退市后又在国内上市，做得很成功。我们中国人很聪明，过去只是没有创新的环境，没有创新的文化，现在我们都有了。

我们以前认为原创药可能挺难做的，更多的是像辉瑞这些制药公司在做，但是这两年我改变了这个看法。做药不容易的是要通过药监机构的审查，不仅是中国自己生产的药，连美国欧盟已经通过的药进入中国市场仍要重新做临床等审查，美国食品药品监督管理局审查通过了，我们国家药品监督管理局还需要再审一遍。可以看是否有这样一个国家，比较小，环境又特别有利于做出原创药来，在那儿先做好，再移植回来，例如在以色列或者瑞士，那些特别容易创新的地方。

我觉得共性的东西很难做，要变成特性的东西，可以找到特殊的解决方法。以前我收到过以色列IAWA公司的收购计划，它是做非专利药物的，在专利解禁以后做仿创药物，是一家很大的公司，后来由于种种原因被美国公司抢过去了。你也是从海外回来的，其实不需要去美国，可以找中国的科学家，因为大家比较容易熟悉，成本也相对低，你看这是不是一个办法？

※科技含量高的中小型企业并不需要追求企业规模。

学员： 首先代表同学们感谢宋老师的授课，我结合自身企业情况提一个问题。我是军工行业的，12年前创业，是以技术创新占领市场，技术创新让我的企业成了这个行业的引领者和推动者，但是我也付出了很大的代价。创新意味着高投入，所需资金非常大，我们没有资金储备，我们的创新是"从0到1"的过程，在坚持了12年以后，我们始终保持先进性、引领性，持续不断地创新。由于行业的特殊性、国家体制等原因，我们要持续创新一定会影响利润和业绩，企业融资和银行贷款方面也有联动反应，但企业还要往下发展，这就非常矛盾。我们也参照过美国、日本的军工企业模式，但他们与我们的国情有差异。在现有的条件下既要保持创新，又需要让我们的企业维持下去，怎么做好平衡从而让我们的企业长久呢？我很崇尚德国的工业技术，希望我的产品在30年、50年过后返厂维修的时候，我的企业依然存在。就这个问题想请教一下宋老师。

宋志平： 这个问题不仅是你遇到了，中央企业也遇到了。中央企业中既有巨无霸公司，也有不大的公司，我前几天去了中国一重集团，公司在齐齐哈尔，销售额有几十亿元，利润有2亿元左右，公司规模不大，但很重要。当年毛主席去苏联，从莫斯科出来，到了乌拉尔红星机械厂，毛主席说：我们什么时候能有自己的乌拉尔机械厂？后来动员全国建成了一重，大型水压机等很多设备都是在他们那儿造的。中国需要世界500强企业，也需要一重这样的企业。你的企业如果已经是世界一流企业，用不着比收入，收入很容易做，比较难的是你的公司是否有核心专长。很多高收入公司不见得有核心专长，有核心专长的公司也不见得有很高的收入，甚至不见得有很高的利润。

其实很多有核心专长的高科技中小型公司，并没有很大的规模，甚至没有很多的资产和效益。中国军工企业一定吃的是草，挤出来的是奶，虽苦犹荣，这是价值观的问题。对于有科技含量的中小型企业，我们国家应该在贷款方面给予一些扶持和支持，不要和普通的企业一样，比如贷款周期可以长一些。另外，军工企业在搞军民结合的时候要照顾到民营企业，也要保护民营企业，民营企业做出东西后不要做断其后路的事情。

我一直在中央企业，现在又到中国上市公司协会做会长。最近组织了一次54家民营企业闭门会议，主要是听取这些创新型科技企业的意见。你遇到的问题正是我想知道的，可能需要大家共同努力。我既是中国上市公司协会的会长，也是中国企业改革与发展研究会的会长，这两个协会都是政府和企业之间的纽带和桥梁，愿意给大家提供一些帮助。

※今后电动汽车和氢燃料汽车可以并行地做。

学员：宋老师您好，我是做新能源正极材料的，资源都要靠进口，现在的业务已经辐射到西亚国家和印度尼西亚。现在我们要生存，要转型，要发展。我有几个困惑：第一，因为我们在转型过程中有两套团队，怎样才能把资质结合，怎样才能避免掉坑？第二，关于绿色发展，我们在国外生产能源材料的时候，在当地留下了一些废渣，这些废渣怎么能利用好？第三，关于未来新的发展方向，我们国家的优势是在什么地方？我们企业聚焦新能源电池的发展方向，这个聚焦点是否正确？

宋志平：我个人的看法，在未来10年，电动汽车还是要发展的。日本的东芝是做氢燃料电池比较前沿的一家公司。在20世纪90年代我支持过武汉理工大学做氢燃料电池上的一个关键部件，叫质子膜，当时支持了他们300万元，质子膜也做出来了。氢燃料电池的普及还有一个过程，或者今后电动汽车和氢燃料汽车可以并行地做，氢燃料汽车会不会把电动汽车完全挤出市场，目前无法下结论。

电动汽车有一个特别大的问题,就是电池回收问题。一节小小的 7 号电池都是要专门回收的,将来我们面临的可是汽车上面一两吨重的电池的回收问题,这个问题也引起了大家的广泛关注。不过我想凡事有利就有弊。比如风电叶片,现在风力发电中国发展得很快,但是有两个问题:第一,不好看,刚开始觉得特好看,因为没见过,后来看多了,觉得地平线上怎么会有这种东西。现在一般都在深海做,不愿意在陆地上做了,都是海上风电。在欧洲北海的强风区做一个电厂,其电能就能供应整个欧洲。第二,风电叶片是用玻璃纤维和碳纤维做的,是不饱和树脂,不能降解,回收是个问题。但最近科学上有了新的发现,这种树脂在 $pH=2$ 的酸性条件下可以降解,这给了我们一道光明。电池最大的两个问题是怎么降解,怎么回收。从长远来看,应该解决好排放的问题。工业废渣可以用作建筑材料,修路、做砖。

※大数据是智能化的核心,对各行各业都非常重要,对企业家也非常重要。

学员: 国有企业先是靠产品、靠模式做业务,再往后是靠大数据,关于大数据,您是怎么思考的?我们应该怎么应对现在的这种情况?当然大数据是方向,包括 IoT 物联网技术和 VR 虚拟现实技术,您能不能给我们分享在这些新技术上的优质案例?

宋志平: 现在大家都在谈论大数据,不管以后做什么事业,都离不开大数据。第一,大数据是一种工具和手段,它能帮助决策者做出正确的判断。过去由于信息不对称,决策者做判断的依据很少,现在有了大数据,我们可以更精准地知道一些信息、数据,这些大数据能给我们决策者很大的帮助。第二,大数据本身构成了一种产业,像云平台等,大的集团都涉及了这些业务,我们也进入了一些大数据相应的业务,这也是做业务选择的时候回避不了的。第三,大数据是智能化的核心,后面往往连着智能化、机器人。有了大数据,我们才可能进行很多智能化的布局和操作。现在大数据在企业里的应用非常普及,作为企业的领导者,一定要认真地学习和研究大数据。你们年轻人比我对大数据了解得多，掌握得也快，写《大数据》这本书的作者在马云那儿进行大数据相关工作，他还送了我一本书。大数据对各行各业都非常重要，对企业家也非常重要。

※做好当期效益和长期投入的激励机制，鼓励企业进行创新。

学员： 感谢宋老师，这两天的课程让我受益匪浅。我是1997—1999年读了MBA，做了4年的互联网门户高管，有4年创业的经验。我的问题是：如何让企业员工既愿意接受创新，又能够很积极地完成既定的利润创造或者价值创造？在创新和激励之间有一个平台设计的问题，您有没有好的方法给我们传授一下？

宋志平： 这是一个普遍的问题，很多上市公司也都遇到了。有时候为了短期业绩会忽视长期投入，使得企业没有后劲，在上市公司里业绩是和股价相连，大家不愿意做长期的技术投入。其实技术投入关系到未来，如果没有技术投入，企业就不可持续。企业想要持续发展，就必须要把创新放在第一位。绝大多数企业很难把握持续发展这件事。中央企业考核的是企业的当期利润和当期的KPI，现在加了一个指标，就是考核企业创新投入所占的比例，意在鼓励企业进行创新。

民营企业、创业公司的机制该怎么建立？也可以顺着中央企业的思路去想、去建立。如果创新投入会影响公司的利润，应该怎么做？怎么把投入的部分计为业绩？这些问题都要在机制设计里解决，让大家愿意投入，同时又和自己的利益不矛盾。降低企业风险和企业快速发展是个两难的问题，公司既要有激励机制，同时又要有人愿意从事长期的创新工作，现在你能看到这个问题就非常好，看到之后就应该想办法去建立一个机制、设计一种方法来平衡这个问题。

※无论国有企业，还是民营企业，推进混合和机制革命，能够获得市场机制的改革是好的改革。

学员： 宋老师您好，我是做装配式建筑的，算是宋老师的同行。我把宋老师公开出版的书籍基本上读完了,在宋老师的经历里,北新建材是非常重要的部分,可能在座所有的企业家都希望有一个北新建材这样的公司。就石膏板而言,10年前和现在相比,其产品特点、商业模式、用户场景等,其实都没有什么变化。我想请教宋老师两个问题:第一,很多企业是为了创新而创新,但创新并没有在这些行业中有过多的体现,您是怎么把十几年不变的工业品打造成每个企业都梦寐以求的产品的呢?因为石膏板行业不像水泥有资金的门槛,有资源性的东西,那是完全市场化的产品。第二,关于上市,近年来上市的民营企业董事长,出事的加起来可能有两位数了,这是不是反映出中国民营企业生存的土壤真的非常恶劣?真正有高科技、黑科技、硬科技的企业毕竟是少数,更多的是像我们这种中小企业,宋老师怎么看这个问题对我们造成的危险?

宋志平: 其实北新建材只是坚守质量一贯好,服务一贯好,40年如一日。我在做厂长的时候,有一次出口的岩棉板被韩国人退货,因为板的上面被踩了一个脚印,我的干部说韩国人小题大做,踩了一个脚印又不影响装修,我说这是一个挺大的事儿,在上面踩个脚印,就是踩了我们的金字招牌。我写了一个具体的惩罚措施,我自己罚款500元,生产部长罚款300元,车间主任罚款300元。那个时候500元是我一个月的工资,在企业里引起挺大的轰动。企业里常讲基因、讲文化,其实文化就是企业的集体记忆。在企业里,类似这种小故事我都是反复和大家讲,形成企业的好基因。从此以后,企业里的每个人都认真对待质量和品牌,所以一个石膏板就能够做这么多年,能够做到这么好。

大家有时间可以到北新建材去看看,在北京北七家的未来科技城,只有实地去看看才会明白为什么这么多年一张石膏板能赚那么多钱,而且经久不衰。我们在飞机上看的《参考消息》,上面有北新建材做的广告——龙牌石膏板。我也常想石膏板为什么还要到《参考消息》上做广告,但年轻人比我有想法,年轻人想到就做,而且比我做得还好。中国建材集团占中国建材股份有限公司44%的股份,而中国建材股份有限公司在北新建材里占35%的股份,所以北新建材的国有股不到20%。这家公司虽然戴着"小红帽",但也是市场化的机制，北新建材董事长王兵还留在体制内作为国有企业领导干部，是董事长、党委书记，其他干部是职业经理人。职业经理人的档案关系去向有两个选择，可以选择放在社会人才管理部门，如果不愿意放也没有关系，就还放在原单位，但是要做个人事项登记，我们正在推进此事。北新建材还是"双百试点"企业，这也能够进一步促进公司的市场化。最近北新建材收购了一家做防水材料的企业，年轻干部们希望跟投，过去国资委有规定不能上持下，北新建材如果投资防水材料公司就是投第二级，以前是不允许的。现在国务院新出台的《改革国有资本授权经营体制方案》里讲到可以跟投，跟投也是为了防风险。所以他们汇报的时候，我就说可以跟投了，现在都在改革。

关于"国进民退"，我觉得中国没有这样的现象，中央企业、地方国有企业这些年在经济比例中是逐渐下降的，现在估计占30%。近几年上市的公司，80%是民营企业，中央企业和地方国有企业在大力发展混合所有制，混合所有制是中央企业和民营企业共同发展，在混合的过程里，领导讲"宜控则控，宜参则参"，也可以拿二股。国务院这些年一直在要求中央企业进行瘦身健体，减企业户数，减层级。如果收一个上市公司，而他下面有70家子公司，之前好不容易清理了400多家，又进来这么多，层级就会拉长。现在中央企业、地方国有企业和民营企业合作的时候并不一味讲混合，各有担心。其实混合所有制企业是一个股份制公司，是按股比说话，大家应该放心。

过去几年，民营企业的经营环境受到一些影响。2018年11月，习近平总书记召开了民营企业座谈会，提到了要为民营企业发展营造良好的环境，保护企业家人身和财产安全，大家现在可以把心放在肚子里。

何志毅：改制方面，云南白药[①]的情况值得参考。

宋志平：云南白药的改制，我也非常关注。这家企业国资委占股45%，新华都占45%，江苏一家民营企业占10%。现在它继续改制，改制后国资委占股

[①] 云南白药集团股份有限公司是首批国家创新型企业，云南白药商标被评为中国驰名商标，是公众喜爱的中华老字号品牌。2016年，云南白药在控股层面以增资扩股的方式实施混合所有制改革，吸收了新华都和江苏鱼跃200多亿元民营资本。

20%，陈发树①占20%，10%是散户，现在已经整体上市。国有企业、民营企业股比相当有一个好处，新华都派3年董事长，国资委派3年董事长，大家轮流做。国有和民营资本并列两大股东，理顺了体制，激活了机制。现在总经理下面的层级都不算国有，这样的改革是重大改革，而且是非常好的改革，我特别赞同云南白药的改革。

还有蒙牛②的改革，中粮③占股16%，是第一大股东。中粮提出自己虽然是第一大股东，但不控股，不要并表，这样蒙牛就有市场机制，完全以上市公司方式去经营，这种改革也非常好。

※ 国有企业和民营企业是在一条价值链上，紧密连在一起的。

学员：宋老师您好，我想请教您一个具体的问题。2018年民营企业和国有企业之间发生了剧烈的碰撞，很多民营企业都想让国有企业收购。2018年11月1日习近平总书记召开了民营企业座谈会后，相应的政策出来了，减税、征管方式都在改革，对民营企业有很大的帮助。有的民营企业两大股东可能全都是中央企业，我个人并不是特别看好这种合作方式，因为与大股东沟通的过程非常痛苦，大家反映的周期和机制不一样。如果我的企业找中央企业融资，双方股比大约在什么范围是比较科学的呢？

宋志平：第一，国有企业和民营企业是在一条价值链上的，紧密连在一起的。国有企业离不开民营企业，民营企业也离不开国有企业，一个中央企业可能有上千个外包，都是包给民营企业的。这些年，民营企业不容易的时候，国有企业也不容易，因为大家都处在经济下行的时候。2018年国家去杠杆，企业

---

① 中国企业家，新华都实业集团创办人及董事长，武夷山旅游股份副董事长，紫金矿业董事，北京大学名誉校董。
② 蒙牛乳业（集团）股份有限公司（简称"蒙牛"），成立于1999年8月，总部设在内蒙古自治区呼和浩特市和林格尔县盛乐经济园区，是国家农业产业化重点龙头企业、乳制品行业龙头企业。2009年7月，中国最大的粮油食品企业中粮集团入股蒙牛，成为蒙牛第一大股东。
③ 中粮集团有限公司是国务院国资委管理的中央企业，是中国最大的粮油食品进出口公司和实力雄厚的食品生产商。

的状况都不是那么好。过去几年，中央企业一直在进行瘦身健体，逆向操作，所以2018年中央企业的情况就还可以，但2015年、2016年大举扩张的民营企业在2018年就遇到了一些问题。

关于国有企业和民营企业的竞争，现在国有企业在提"竞争中性"，就是要做到政企分开，不贴国家标签。在中央企业里搞混合所有制，我是大家比较容易接纳的一个人，也比较市场化。中国上市公司里70%是民营企业，中国上市公司协会的会长应该是市场化的，民营企业也觉得比较舒服、能接纳的，至少不会是对民营企业有成见的人。在很多场合，比如在亚布力中国企业家论坛上，我都主张中央企业、地方国有企业支持民营企业，帮助民营企业疏困。中央企业、地方国有企业也应该市场化，不要再贴国家标签，要真正地回到市场主体中去。

第二，关于比例的问题，我觉得下面两种比例都可以。可以是中央企业控股55%，民营企业45%，也可以是中央企业做二股东，民营企业做大股东。如果是想让中央企业做担保取得贷款，或者以中央企业下属公司的名义参加投标，这样肯定是中央企业控股。贷款的时候国资委是要求按比例担保的，比如中央企业控股55%，那中央企业只能担保55%，剩下45%的部分还得找其他人担保，很多民营企业是找不到人担保45%那部分的。谁是大股东，谁就应该对这家公司承担更多的责任。银行一般还只让大公司担保，不要其他企业担保。另外，大公司担保时，贷款利息能降两个点，其他小点的企业担保，贷款利息可能就要升上去，这也是需要解决的一个问题。现在国有企业还有终身追责制，也是需要进一步沟通解决的。你谈的问题也是我们现在遇到的问题，目前还是个难题。

※ *中国的资本市场一定会向市场化方向发展。*

学员：宋老师您好，我是做企业金融的，主要解决的是中小民营企业融资困难的问题。现在新政策虽然对中小企业放松，但其实还是深入不进去。2019年还有科创板，我们能不能在科创板的创新方面继续深入下去？现在有

科技的企业还不少，但为什么我们就是出不了那种能出新药的企业？BAT[①]都去美国上市，亚马逊一直亏钱，但是在资本市场表现很好，我们是不是应该再深入一些，能不能照搬美国的注册制，让市场监督中介机构，让政府干预能少一些？

宋志平：我们的上市公司、资本市场一定会向市场化的方向发展。你刚才讲的在美国上市，卖的有人愿意买，买的有人愿意卖就行。一些亏损的企业，比如亚马逊，在市场上没有赚到钱，但是股价非常好，这样才培养了一些高科技企业，不然资金从哪儿来？所以大家愿意支持。我们的方向一定要朝着市场化的方向发展，大家的想法是一样的。我虽然是中国上市公司协会的会长，但上任也没几天，我也正在学习。最近找了很多资料，协会也给了我很多资料，也一直在读书，最近我会在协会给大家讲课，题目是"如何提高上市公司的质量"。上市公司的质量是整个资本市场的基石，到现在我们有3627家上市公司，但是我们在规范化管理、信息披露等很多方面还存在着不足，尤其是个别上市公司还存在内幕交易、大股东掏空上市公司等问题，虽然说是个别公司，但还是严重影响了上市公司整体的质量，影响了投资者对上市公司的信心，很多问题都需要理一下。

我现在一方面是中国建材集团党委书记、董事长，另一方面是中国上市公司协会的会长，工作量很大，我也正在进入角色，在座的同学们都希望上市，上市协会能支持大家的地方肯定帮助大家，也希望大家上市以后踊跃成为协会的会员。

※创业是九死一生的事情，创业精神非常可贵，不到万不得已不要轻言放弃。

学员：宋老师您好，我想请教您几个问题：当一个合格的企业创始人需要

---

① BAT，B指百度、A指阿里巴巴、T指腾讯，是中国互联网公司百度公司（Baidu）、阿里巴巴集团（Alibaba）、腾讯公司（Tencent）三大互联网公司首字母的缩写。

具备哪些能力？我相信有很多的能力要求，这些能力要求能不能标准化，或者是否能相对地提炼出一个标准来，供很多人参考？因为创业对于个人来说，如果失败，那将会很惨，社会成本也很高。在创新的过程中，这是不是您已经考虑过的问题？

宋志平： 所有的创业者都在思考这些问题：成功的把握有多大？创业有没有一种方法，或者一种范本，可供大家参考？其实这么多年我们也看了不少成功企业家的书，其实就是想看看他们是怎么做的。讲到成功，大家肯定都知道几个大的逻辑，比如要有一个远大的目标，要有正直的人生，要公正地做事，要对事业有极大的关注等，这些书里基本上都有。我们做事情要认真地做，但是真正总结成几条，只要按照这个做就能成为一个成功的企业家，我想这是没有的。读稻盛和夫和艾柯卡的书，我会想他们做事的方法可能在书之外，在书里面只是一部分，很多东西都在书之外。成功有必然性，也有偶然性。偶然性的因素不在你总结的范围之内，但是偶然性的东西也很重要。

所有的创业者可能都有过无数次的自我否定，一会儿觉得这事儿能做，一会儿又觉得不能做。尤其是遇到困难的时候就会想，本来打工好好的，自己为什么要创业。中间可能会来回地想，所以很多创业者中途就放弃了，他们会选择到一个大公司做一个高级职员，有人失败了会再创业，创业了可能还会再失败。有没有那种一旦创业就一帆风顺，无数次机遇都正好的那种人呢？我相信有，但是很少。我看到的创业者，如马云、任正非等，这些人在创业中间都遇到过巨大的挫折，然后又站立起来，是这样一路做过去的。我个人也是这样，我中间也有做不下去的时候。我给你一点建议，我觉得你应该继续下去，在你犹豫的时候、难过的时候，可能就站在这个问题之上了。不到万不得已不要轻言放弃。

萨缪尔森的《经济学》里说，在经济社会里，做一个大公司的职员要比创业舒服得多、稳定得多。创业的人真的不简单，因为创业的人在大公司做非常优秀的职员是没有任何问题的，但是他愿意自己做企业，这种创业精神是非常可贵的。

创业是九死一生的事情。美国的上市公司的半衰期是10.5年，仅十年半的时间，就会有一半的上市公司消失，更何况是普通的公司呢？可见，创业是多么的不容易。我们国家这几年经济快速发展，创新创业的机会是巨大的，随着高质量发展时代到来，今后的创业越来越难，大家的水平越来越高才行。只是靠胆识、靠干劲的时代已经过去，今后的创业，大家要做好更成熟的思想准备，关键是要培养更高的能力，多学习，多思考。

03

科技赋能与机制革命

——在清华大学五道口金融学院与学员的两次交流

∗ 时间：2019 年 9 月 29 日、10 月 25 日

∗ 地点：清华大学五道口金融学院 4-102、3-300 教室

宋志平应邀在清华大学五道口金融学院进行"从管理到经营""经营与创新"授课，课后与学员热烈交流。

※ 战略制定应该是目标导向。

学员： 宋老师您好，我今天最大的收获是您说的战略目标导向，原来都是厂里有什么资源做什么事，但是现在要定下目标再来找资源。想请问您提到的种植西红柿的公司是什么性质的，中国建材在里面占股多少？我自己的企业是做种猪的，对下游需求拉动很大，最重要的是我们培育出的黑猪比白猪的成本还低。我的目标是养 1 亿头猪，您认为能否实现呢？

宋志平： 种植西红柿的也是一家混合所有制企业，它原来是青岛的一家民营企业，现在中国建材占股 30% 多。

你刚才说要养 1 亿头猪，真的让我很激动，现在中国猪肉紧缺。养 1 亿头猪，一年如果能卖出 5000 万头，一头卖 2000 元，收入就是 1000 亿元，几年就能做到世界 500 强。

我喜欢研究把企业做大。做大事，先要有大的市场空间，如果市场空间很小，只有一个脸盆那么大，一个大石头规模的企业进入就可能把脸盆砸坏了；如果市场空间是大江大河，石头扔进去能容纳得下，就有做大的可能。养猪是个大市场，当然养的人也很多。你可以先把目标定为养1亿头猪，然后再研究这1亿头猪在哪儿养，怎么个养法，是联合重组还是自己发展，怎么寻求资本市场的配合。中国一年消耗多少头猪？6.5亿头到6.6亿头。养1亿头猪不过是百分之十几的市场占有率，完全可以实现。

※北新建材今后产品以石膏板为主，涂料和防水为辅。

学员：宋总您好，我们公司投资了两家防水企业，一家在天津，一家在唐山。想请问一下北新建材陆续收购了全国很多防水企业，是出于什么考虑？怎么布局的？是否会跟东方雨虹公司形成竞争？

宋志平：做防水业务是北新建材的一个战略。北新建材过去只有单一的产品，即石膏板，现在石膏板在国内的布局基本上完成了。北新建材今后的业务布局是一主两辅，一主是石膏板，两辅一个是涂料，一个是防水。北新建材一直有在做涂料，今后想全面铺开做起来。防水是北新建材一直想做的，因为北新建材适合做公共工程材料，而防水也是工程材料。北新建材刚刚进入防水业务，陆续在收购好的防水公司，已经收购了两家，最近还要再收购两家，很快会成为全国第一大防水公司，因为北新建材要做起来一定是做得很好，天安门广场等很多大的工程都要用北新建材的涂料和防水。

东方雨虹最早的时候找过我们很多次，但那时候我们不想做防水，现在北新建材进入防水行业，东方雨虹公司也做大了，市值很高。防水行业不可能只有一个企业，像水泥行业有中国建材、海螺集团等几个大企业一样，任何一个行业最后都要整合，将来防水行业也会有四五家比较大的公司，北新建材只能算其中一家。你们现在有投资防水企业的话，我们可以谈合作。

※装配式建筑是未来建筑方向，改善施工环境和效率。

学员： 我跟中国建材的装配式建筑业务有接触，装配式建筑要做成标准化建筑也是一个很大的生意，如果做出6层高的构件就可以节省很多土地，每个月往下一层，6个月刚好完工。政府现在强推高度100米以内的建筑必须采用装配式建筑，在实施过程中，设计院要画出规范图纸，然后跟工厂化生产结合。宋老师，你们的装配式建筑最高建到多少层？

宋志平： 我们装配式建筑有两种，一种是水泥的装配式建筑，可以做二三十层；另一种是轻钢结构，目前做到6层。下一步设计工作可以并入生产系统直接做完，会变得很简单。装配式建筑现在在全国占20%，有的城市更多一点，正飞速发展。

这么多年来，我国建筑施工都是挖个大坑后再开始做，产生的建筑垃圾一大堆，噪声还扰民，以前我多次反映过这件事。而国外建筑很多是装配式的，悄无声息地一个几十层的楼就建完了。所以我们不能再用过去那种方式，还是要发展装配式建筑，这是一个方向。中国建材在四川乐山有一个华构建筑科技有限公司，做混凝土装配式建筑，主要针对高层建筑，北京北新建材房屋则做轻钢龙骨装配式建筑，主要针对较矮的别墅房屋，两者不一样。

※混合所有制也可以是民营企业能够利用更多创新资源的路径之一。

学员： 宋总，我有两个问题想向您请教。一是创新现在主要还是与高科技企业挂钩，我们公司不是一开始就想做高科技，而是被逼出来的。我们公司以前生产了很多光碟，光碟原材料需要国产化，于是我们提出要做全世界最大的光碟材料商，后来，我们把光碟原材料的技术更新、换代，渐渐做成跟中国建材相关的企业。包括我们现在做的第二产业——Low-E 低辐射玻璃，以及 ITO 导电玻璃的原材料供应，都与中国建材的业务有所关联。

刚才您说到有效创新，在融资、创新等方面，国有企业作为"国家队"还是非常厉害的，但我们民营企业的创新资源真的没有国有企业那么丰富，我们与国有企业混合或者独立经营都存在很多说不清楚的困难，这一点让我很困惑。您有什么样的建议呢？

二是我有一点不成熟的建议。前面我听到中国建材进入了太阳能领域，而且做到了世界前列。太阳能产业市场规模非常大，以前主要运用多晶硅和单晶硅技术，后来发展出太阳能薄膜电池，近期又有一个技术的更新，宋总可以考虑用异质结，它结合了薄膜和多晶硅的优势，是未来的太阳能模组的一个主流技术。

宋志平： 第一个问题，你讲的Low-E玻璃，又称低辐射玻璃，是在玻璃表面镀上多层金属或其他化合物组成的膜系产品，具有可见光高透过，而红外线高反射的特性，达到节能的目的，低辐射玻璃可以节能约80%。阳光照射在玻璃上，玻璃的外面很烫，里面却是凉的，具有优异的隔热效果和良好的透光性。中国建材现在做的低辐射玻璃有两种：在线Low-E玻璃和离线Low-E玻璃，在生产线上直接做。

玻璃本身不导电，但用物理气相沉积的方法在玻璃上打上一层ITO导电膜，制作成的ITO导电玻璃具有透过率高、导电能力强的特点。中国建材确实和你们的业务是有接轨的。

民营高科技企业做这些东西投入很大，自有资金压力也很大，和"国家队"比实力是比较单薄的。混合所有制是典型的合作方式，民营企业可以找国有企业合资经营。混合所有制不一定非要国有企业控股，民营企业也可以是大股东，国有企业是二股东，这是没问题的。比如你们公司的靶材中国建材很感兴趣，因为我们需要大量的靶材，大家可以寻求合作。

第二个问题，你说的异质结太阳能电池我们也在尝试做，虽然硅电池发电的成本已经低过了火电，但是我们不赞成做硅电池，因为多晶硅和单晶硅太阳能生产是高耗能和高污染的过程。做出高耗能的硅电池再发电，这之间好像存在悖论。西方国家不愿意做多晶硅和单晶硅太阳能，正是考虑到污染问题。所以未来的发展方向应该是太阳能薄膜电池，它可以节约大量的成本。比如中国建材引进的铜铟镓硒CIGS生产线，现在实验室制品和商业生产制品的转化率均达到了 19%，碲化镉的商业生产转化率在 15% 左右。最近发现有一种钙钛矿，它的转化率更高，但是目前转化仍不稳定，我们正在做技术攻关。

※ *混合所有制是顺应时势，实施的关键在整合。*

学员：宋总，我对您今天讲的内容非常感兴趣。这里有几个小问题：第一个，中国建材当时整合水泥企业的时候收购了大量的民营企业，这跟原来中央企业的体制有比较大的冲突，整合这一块儿具体是怎么做的？第二个，混合所有制的国家试点要开始大规模推行了，您能不能给我们讲一讲混合所有制未来的趋势是什么？

宋志平：混合所有制其实就跟重组、并购一样，民营企业和国有企业混合以后一定要进行整合，整合很重要，如果整合得不好，还不如不混合。中国建材在整合上下了很大的功夫，比如我们实行"五集中"管理工法：市场营销集中、采购集中、财务集中、投资决策集中、技术集中；其次，人员转化也很重要，原企业的领导者要向我们中国建材的职业经理人转化；最后，文化上的一体化，比如党建文化、环保文化、廉洁文化等企业文化均是上下一致的。中国建材很多原来的民营企业水泥厂，现在都很规范。迄今为止，中国建材所有的混合所有制企业没有一家是"反水"的。包括国药集团，整合得也都非常好。混合也好，并购也好，真正的失败都是失败在整合上，光重组而没有好好整合，甚至有很多企业被重组来的企业拖垮了，落后的企业文化同化了先进的企业文化，企业就倒闭了，这种例子也不在少数。

关于混合所有制的方向，中国建材跟国药集团的混合是国有企业主动找的民营企业，现在国家发改委是希望好的民营企业主动参与国家的一些油品分销，把好机会给民营企业，一起做一些事。最近的一个新动向，很多民营企业遇到生存危机，需要国有企业支援。这里又存在争议：国有企业在民营企业出事的时候入驻控股是不是在乘人之危？国有企业是要手下留情，还是就应该施以援手？我的看法是这样，无论国有企业、民营企业，都是中国人的企业，殊途同归，中国的国有企业没有必要做股份百分之百的纯粹的国有企业，而是在中国特色社会主义下具有中国特色的国有企业，所以民营企业遇到困难以后国有企业肯定得出面帮助，混合所有制是顺应时势，等到民营企业恢复活力的时候，也可以调整股份比例。

我最近去兰州，参观了一家混合所有制企业，这家企业的股权结构是民营企业占51%，两家国有企业加起来占49%，我比较赞成这种模式，因为这种模式可以把市场机制引进来。如果国有企业占大股，国有企业那套制度就进来了，领导者就被当成国家工作人员，需要收护照、登记财产，机制难运转。我认为未来的混合所有制演变趋势是国有企业股越来越少，民营企业联合起来占股超过国有企业。比如我们的中国中材国际工程股份有限公司（简称"中材国际"），主营业务是国外EPC工程，中国建材集团持股中国建材股份44%，中国建材股份持股中材国际30%，算下来国有股不到15%。

中国的国有企业和上市公司实际上已被高度混合，国有股采取逐级控股的方法，占比很少。我们现在呼吁这些混合所有制企业不要被视同于国有企业，不适合再用国有企业的方法管理。将来真正的国有企业就是做公益保障事业，做关乎国计民生的行业，这个行业不见得有多少利润，恐怕必须得国有企业做。在西方国家，国有企业是不考核利润的，而是考核质量和服务，国有企业的任务是要确保服务，保证质量。其余的混合所有制企业，国家投资公司在里面占股多一点或少一点，以最后的回报为准，不见得都要控股，民营企业也可以控股，或者大家联合控股，我们现在在朝着这个方向做，但这需要过程。

※一碗水端平，和缓解决中国企业的股权之争。

学员： 宋总，关于山水水泥的项目[①]我想向您请教一下。您一直讲的是在比较顺利的情况下，机制怎么发挥激励作用。万一像山水水泥一样，在并购企

[①] 山水水泥是全国十强水泥企业，2014年熟料产能5328.9万吨，位居全国第七位，在山东、辽宁等地市场拥有较强的话语权。

业的过程中遇到一些问题呢？我以前在投行工作，也买了一些它们的债券。现在我们公司投资的一些企业中，也有表现得不好或者经营困难的。我想知道在并购企业或投资企业的过程中，遇到困难是坚持下去还是应该及时放弃？

宋志平： 在公司进行重组过程中，困难是客观存在的，我们都是在努力克服困难。我经常讲要站在道德高地做企业，我们进行重组的各方都要在平等的条件下做公允的交易，山水水泥这个案例是经典案例，到今天还没有演进完。山水水泥的案例可以写成一本书，会有很多值得总结的经验教训。我们把山水水泥的故事放到历史长河中去看，这里面既有国有企业改制民营企业，也有民营企业员工持股、新老管理层矛盾，各种各样的复杂争端，在中国内地、中国香港、英属开曼群岛等地打官司，花了高额的律师费。这个故事极其离奇曲折，中国建材当时入股山水水泥，并不是想去做董事长，也不是想掌握这家公司，而是想在里面有一点股权作为市场纽带，发挥竞合作用，希望处理好内部纷争。我们自始至终都在努力促成大和解，规范化治理中国山水水泥集团，该公司2019年盈利大幅增长，应该能创历史新高，债务危机也得到有效化解，正在向治理规范、业绩优秀的优质公司转变。

中国的股权之争、家族之争，会成为常态。今后可能很多公司都会遇到这类事情，复杂的利益问题交织在一起。尤其是做投资的，要慢慢地理解和接受这类事情。

※ *民营企业控股、国有企业参股是混合的有效方式。*

学员： 讲到混合我很有感受，我来自广东的一家民营石材企业，现在石头全身都是宝，修桥、建高速公路都需要石头，最小的石粉也可以做成河沙，整个石材市场非常好。现在我们的石材也出口到香港，跟很多大公司合作。但毕竟我们是民营企业，在很多方面有所不及，中国建材是中央企业，又很有责任心，很规范，很会管理，所以我想是否能混合一下，比如在广东成立一个相关的建材公司，一起做大、做强、做精。混合的比例50%：50%可以吗？

宋志平： 中国建材在广州、深圳有中国建材联合投资有限公司，可以谈合作。由你控股，中国建材参股，50%：50%没问题，如果想65%：35%，你占65%也可以，我是思想比较解放的。因为中国建材也不需要那么多营业额，不需要并表，更重视利润，如果一个项目好，就投一点资金，分一点利润，股权值钱的时候再卖一点股权。我喜欢这样做。

※加快混合所有制改革，优秀国有企业要积极参与推进。

学员： 宋总，您今天的课让我受益匪浅，也让我充分感受到您厚德载物的品格。国有企业现在进行混合所有制改革，通过市场化的手段，引入新的机制，让自己插上市场的翅膀飞得更快更高。但是，民营企业也有所担心，有没有可能这一批混合所有制改革的名单里面有一些不是特别好的国有企业被拿出来做混改，而特别好的被留着？关于这个问题请您指点一下。

宋志平： 各省市都推出了混合所有制，而且比中央力度大得多。我这段时间去了山东、江苏、安徽、四川、山西等地，当地很多企业都在进行混改。2018年10月9日，全国国有企业改革座谈会召开，国务院副总理刘鹤同志出席会议并讲话，会议提出新一轮改革方案中，要突出抓好混合所有制改革，扎实推进国有企业改革，大胆务实向前走。现在，混合所有制改革气氛日渐浓厚，会不会把特别好的国有企业留着，把不是很好的拿出来混合？我认为不会。从我了解的情况看，徐州的徐工集团、珠海的格力集团、青岛的海信集团等，这些地方上的优秀国有企业都被拿出来进行混合所有制改革。我们也是希望把特别好的企业推出来，激励大家响应改革。如果拿出来不是特别好的，让混合的民营企业去拯救，这种往往不会成功。

※作为国家投资公司，企业投资参股的灵活性增加。

学员： 国有企业要退出非主营业务，小的非主营业务都在亏损，请问宋总您为什么还在投小股呢?

宋志平：你指的是僵尸企业要退出。我的这个属于投资，并不纳入中国建材下属企业的家数，比如说中国建材控股石材公司，就要把它底下的销售公司等大量下属企业纳入中国建材集团并表，这就很麻烦。现在中国建材是国家投资公司，可以做投资，有好项目就去评估一下，确认有很好的资源，很好的市场，而且现在效益不错，中国建材就投点资金，加上一点股，之后每年能分一定的红利，这样有利于企业整体效益的提高。对这类企业，中国建材不并表，也不要收入，但是至少占股20%以上，这样可以合并它损益表的利润。

※国有企业和民营企业互相学习，推进机制改革。

学员：我们企业以前有员工持股，后来国资委巡视让所有员工持股都退出来，还没全退清楚，现在又说可以员工持股，来回地折腾，包括前两年招商银行有一个很好的员工持股计划，最后也被否了。我想请问一下，关于混合所有制的改革方向是您个人的理解，还是中央现在的精神？

宋志平：最近国务院印发了《改革国有资本授权经营体制方案》，国资委也出了清单，正在推进机制改革。我本身除了是中国上市公司协会会长之外，还有一个职务是第三任中国企业改革与发展研究会会长，第一任是蒋一苇，第二任是高尚全，这是我为什么对改革的事情会比较清楚。前面跟大家讲的不是我个人的偏好，而是实际上国有企业正在这样做，开始推进机制革命。

机制并不是民营企业所特有的或天然就有的，民营企业本来体制不错、制度不错，如果机制不开明，不进行"新三样"改革，照样会落后，这是民营企业可能面临的危机。国有企业如果改革了，竞争力会很强，掉过头来会吸收民营企业的一些资源。所以我总讲国有企业和民营企业互相学习，国有企业要研究民营企业的机制、企业家精神，民营企业也要仔细研究国有企业的战略规划、规范管控，理解为什么国有企业在推行瘦身健体和机制革命。

很多人不能客观地看待中国国有企业这些年发展壮大的原因，将其归结于行业垄断地位，其实是不对的。30年前国有企业最垄断，也更受国家支持，但是当时为什么没能做大呢？因为没有改革，没有引进市场化机制，也不懂市场经济。现在国有企业在市场经济中进行了改革，还要积极引入机制。比如薪酬，中央企业除了领导班子限薪，是不层层限薪的，中层干部都不限薪，这也是中央企业有竞争力的原因之一，而且现在要进行职业经理人制度改革，人才全部市场化。所以说国有企业的改革已经迈开了实质性步伐，今后竞争力会更强大的。

※投资入股是混合所有制的重要方式。

学员：我来自天津，天津的企业混合所有制改革的情况比较多。我有两个问题想向您请教。一是我感觉中国建材更多的是民营企业混国有企业，而天津建材[①]是国有企业与国有企业的联合。您在混改民营企业或其他地方国有企业的时候，对资本方股权的介入怎么看？天津的做法是股权贷。中国建材是怎么做的呢？二是我比较好奇您提到的"新三样"激励措施，在中国建材的下属企业是怎么进行股权激励的？

宋志平：我前不久刚去过天津，天津市委领导已经统一认识了，就是要坚定不移地做混改，而且混到底，因为在天津传统的方式是做不下去的。我听了很振奋。天津建材是国有企业和国有企业混合的，进行国有企业的股权多元化改革，并不是混合所有制改革。混合所有制改革的核心是引入非公资本，引入民营企业的市场机制，而不是国有企业机制，这是我们的方向和思路。

你问到在混合所有制过程里面是不是同时引入资本，这是有的。与我们混合的民营企业，有的坚持不了那么多年，因为时间一久，民营家族企业会因为继承权等问题发生很多变化，无法作为长期的伙伴合作。所以我们不见得都要收购，也可以引入股权投资，以合资的方式管理企业。这个方式我们用得比较多，混合所有制有各种各样的问题，我们也是借助资本市场解决股权问题，保证企业效益。

[①] 天津市建筑材料集团（控股）有限公司，简称"天津建材"。

关于股权激励计划，现在可选的有限制性股票、股票期权，还有股票增值权，其中我最喜欢股票增值权，就是影子股票。管理层不出现金，也不真正拥有股票，但享受股票的增值，股票涨了就给他们增值部分的钱，从税前成本列支，相当于股票奖励，避免员工持股在低价买入高价卖出的行为导致企业失去股票控制权。我们实行员工持股的一个目的是让员工享受企业的财富。另一个是想让员工持股发挥"金手铐"的作用，将员工与企业绑定，如果员工把实际持股的股票卖出，与企业的绑带就断裂了，所以还是做股票增值权比较好。我们的员工持股都是有退出通道的，在公司章程里面做了规定，员工离开公司就不再继续拥有股票所有权。这样的保证股叫激励股，不是继承股，也不是创业股。员工在公司就有，不在公司就赎买了他的股票。目前在做的核心内容就是这两点。

※股权激励和现金分红激励都是有效的激励方式。

学员： 我请教您一个问题：您重组时留30%的股份给民营股东，公司自有的资产怎么激励国有团队？

宋志平： 7∶3，指重组后民营企业占30%。我们自己的员工也有股权激励，但是仅限于科技公司，普通公司让员工持股意义不是很大。普通公司的员工怎么办呢？超额利润分红权，也就是直接的现金分红激励，每一年年底给他们一部分奖金，干得好收入就高，大家更看重这个东西，所以激励的方式有所不同。

※"新三样"就是实行科技人员持股、超额利润分红权和股票增值权。

学员： 宋总您好，我想问一个与"新三样"相关的问题。在水泥传统行业以及高科技公司中，员工跟高管的持股资本金比例怎么平衡？是期权还是其他方式呢？

宋志平： 中国建材合肥水泥研究设计院（简称"合肥院"）的员工持股都是科技人员持股，有6个员工持股公司，持股总额不超过30%。员工都是真金白银地出钱，因为公司刚起步时资金需求不大，大家出得起，最后这6家公司发展得都挺好。合肥院也是国资委的"双百行动"试点企业。

还有一家南京凯盛公司，公司占股51%，个人持股49%，这家公司从成立至今这么多年没有一个项目亏损，就是因为员工持股，大家精打细算，谨慎投资。

员工持股的一个问题是没有退出机制，现在初代员工老龄化了，新来的年轻员工没有股份，我们计划增发一些股给年轻员工。当然公司规模大了以后，让员工持股，他们出不了这么多的钱，怎么办？考虑到国有资产流失问题，不能直接赠予，我们一般都采用超额利润分红权，用分红权的办法让员工共享财富，比如公司多赚了1亿元的利润，就拿出1500万元分红。不过科技公司可以员工持股，生产企业不要员工持股，对上市公司的高管人员则用股票增值权的激励计划，就是这三种做法。

※水泥行业正切实践行减少二氧化碳排放的环保责任。

学员： 宋总您好，我想问两个比较实际的问题。一是我本人做生物环保技术方面的工作，我非常关注企业，特别是水泥企业的环保措施。您刚才也介绍到现在的水泥窑炉已经做了很多脱硫和脱硝的处理，但是水泥窑炉里生产是以碳为原料，二氧化碳排放非常厉害，所以水泥行业仍然是大量温室气体排放的源头。

2019年9月23日召开的联合国气候行动峰会上提出，在2020年前提升国家自主贡献，并在未来10年内将温室气体排放量减少45%，到2050年实现净零排放。拿水泥行业来讲，如果水泥窑炉产生的二氧化碳想达到零排放，水泥行业2018年300多亿元的利润中，可能有三分之一的利润要用在减少温室气体排放这一项上。另外一点，我们在看相关数据的时候，很少看到或获取到煤炭、水泥、钢铁这三个碳排放量非常大的行业二氧化碳排放的具体数据，我们只能通过自己的测算来获取相应的数据。一个企业能不能做到二氧化碳零排放，代表着这个企业能不能真正地做到可持续发展，能不能真正地承担起相应的社会责任，特别是在环保领域的社会责任。我想请宋总分享一下，您在这方面或者中国建材在这方面的规划。

二是我们看到有些温室气体排放大户，在做环保的过程中发现温室气体排放量降低不了，就去投资植树。我不是非常愿意听到中国建材说做环保是指投资了很多太阳能电站。我想请教宋总，从水泥行业本身讲，对温室气体排放的问题未来有什么规划？

宋志平： 关于水泥行业的二氧化碳排放问题，2019年3月我到美国华盛顿专门给世界银行的官员们做了一场演讲，就是关于二氧化碳难减行业的行动计划的。生产1吨水泥排放约0.7吨二氧化碳，炼1吨钢约排放1.18吨二氧化碳。中国水泥行业一年排放约11亿吨二氧化碳，大概占全球的5%。说到水泥行业的环保措施，脱硫、脱硝、除尘这些都是，但是二氧化碳的排放量很难减少。现在有几种方法。

一种方法是水泥高标号化。越低标号的水泥，在煅烧碳酸钙的时候释放出的二氧化碳就越多，如果将标号32.5的水泥都替换为标号72.5的水泥，可以减少约40%的二氧化碳排放量。这也是中国建材一直在推高标号水泥的原因。

另一种方法是碳捕捉。现在海螺集团在做，中国建材也在做。捕捉释放到大气中的二氧化碳，压缩之后，压回到枯竭的油田和天然气领域或者其他安全的地下场所。目前在用藻类等各种各样的办法试验，技术都还不是太成熟，当前没有经济可行性。

所以从我们来看，暂时做不到生产水泥零排放，只能逐步减少二氧化碳的排放量。但我们确实在做减排工作，应该说还是有效果的。

我们只能一步一步地做。美国、欧洲国家的水泥企业对于排放二氧化碳目前也没有办法，二氧化碳没有颜色，而且是近排，直接排放到空气中去了。在水泥生产过程中排放二氧化碳的比例，碳酸钙化学反应占70%，烧煤占20%，用电占10%。这70%中高标号化能减少40%；智能化生产线可以节约煤30%

左右；我们用太阳能和风能解决了用电的问题，再加上余热发电，大概能够解决水泥用电的 80% 到 100%。水泥生产不需用外部的电，用再生的电或余热发电的电就可以了。我们目前是用这些方法来尽量减少二氧化碳排放量。

我们投资建设太阳能或风能项目，并不是简单地因为水泥生产释放二氧化碳，所以想在环保方面做一些弥补，生产一些绿色能源。我们做太阳能和风能的目的一是节约能源，一是盈利。太阳能也是赚钱的，中国建材是全球最大的风力发电的品牌供应商，每年盈利 10 亿元。到 21 世纪末，太阳能可能占到使用能源的 90%，是因为这个原因，我们切入到这个行业里，并不是要抵掉水泥生产的二氧化碳排放。

※ 客观看待上市公司投资风险，坚定信心提高上市公司质量。

学员：您是中国上市公司协会的会长，现在资管新规出来以后，很多上市公司出了问题，在座很多学员都是做投资的，您有没有什么投资上市公司的建议？

宋志平：我担任中国上市公司协会会长之后，第一件事就是提高上市公司的质量。因为资本市场是随着市场经济的基本面而反应的，比如说中美关系好，可能股票就涨；中美关系矛盾激化，可能股票就跌。单个上市公司是没办法抗衡经济基本面的变化的。但是上市公司的质量不好，盲目地炒作抬高股价，股价怎么上去就会怎么掉下来，因为没有价值支撑。

我能做的工作是有限的，无法影响经济的基本面。但是在提高上市公司质量方面，还是可以多做一些工作的。我给上市公司的管理层讲过几次课，开了好几场座谈会，也找了几十个存在问题的上市公司的董事长进行交谈。我个人对上市公司很有信心，因为中国的上市公司只有 29 年的历史，美国已经有 200 多年的历史。有些上市公司现在犯点儿错都是发展过程中的正常现象，因为它们不清楚应该怎么做，但是吃一堑长一智，未来会更好。中国建材最初上市时也只知道是去融资，后来慢慢地一步一步、逐渐规范走过来。

中国上市公司整体上还是很好的。3700 多家 A 股上市公司，总市值高达

55万亿元。中国500强企业中上市公司比例为70%。上市公司在国民经济中创造的利润占40%，税收贡献达30%，每年股息分红是2.4%，远远高过存款利息。至于个别的问题公司总是存在的，但也不是中国独有的，其他国家也不可避免。

格林斯潘讲过，在中国要发生20次类似东南亚危机的事件，中国的资本市场才能成为成熟的市场。我们当时觉得这是"胡扯"，一次金融危机都受不了，20次怎么办？现在想来市场就是这样逐渐成熟的。没有这些过程，健康成长是不可能的。对于你的问题，前景是光明的，道路是曲折的，应该坚定信心。我现在在和上市公司董事长们面对面交流，明年计划要出《和董事长面对面》系列丛书，第一本到第四本名字分别是初心、敬畏、底线、本分。我信奉一句话叫"不信东风唤不回"，认认真真去做这个工作，关心这些出了问题的公司，针对性地改进，一定能切实提高上市公司质量。

04

如何进行有效的创新

——在浙江大学管理学院与企业家交流

* 时间：2019 年 8 月 29 日

* 地点：浙江大学报告厅

宋志平应邀在浙江大学管理学院主题沙龙上做主题报告，并与西子联合控股①董事长王水福、海康威视②副总裁郑一波、阿里钉钉③ CEO 陈航、浙江大学创新创业研究院副理事长包纯田、浙江大学管理学院院长魏江教授、创新创业与战略学系主任黄灿教授等进行创新对话。浙江大学管理学院院长助理、浙江大学全球浙商研究院副院长邬爱其教授主持对话。近 500 位企业界和学界的嘉宾参加了活动。

※创新驱动发展成为我国的重要战略，成为五大发展理念之首。企业的创新归根结底是因为有有强烈创新意愿和情怀的企业家。

魏江： 尊敬的宋志平老师，各位领导，上午好！关于今天的活动，我套用

---

① 西子联合控股有限公司是一家以装备制造为主，跨行业经营的综合型企业集团，公司总部位于浙江杭州，是中国民营 500 强企业之一。
② 海康威视是全球领先的以视频为核心的物联网解决方案提供商，营销和服务网络覆盖全球，致力于不断提升视频处理技术和视频分析技术，面向全球提供领先的监控产品和技术解决方案。
③ 阿里钉钉是阿里巴巴集团专为中国企业打造的免费沟通和协同的多端平台，帮助中国企业通过系统化的解决方案（微应用），全方位提升沟通和协同效率。

汪国真写的《感谢》中的一句诗："我原想收获一缕春风，你却给了我整个春天。"原来这个活动只想做小范围研讨，没想到从十多个人的小教室扩展到100个人的会场发现还不够，后来找了个可坐500人的报告厅才差不多，如果再开放的话估计1000人也挡不住，这说明了宋老师的影响力。

浙江大学设立第一个创新研究的博士点是在1986年，创始人是中国工程院院士许庆瑞先生，那时候我们的博士点不是叫创新管理，是叫作科教管理，由此开始了浙江大学在创新领域的研究。回想20世纪80年代的创新研究者非常孤单，除了国家科委[①]的科技促进中心，以及浙江大学、清华大学、国务院发展研究中心等少数几个机构在研究创新之外，国内的企业很少听到创新这个词。到了20世纪90年代，特别是1998年，时任总书记的江泽民同志提出"创新是民族的灵魂"，我们才开始关注到创新很重要，但还是在口头上关注。21世纪之后，特别是党的十八大以来，创新驱动发展成为国家的重要战略，成为五大发展理念之首，"创新、协调、绿色、开放、共享"中，创新成为主线。

现在大家都在谈创新，但如何真正落实创新？不妨追溯到提出"创新"这个词的鼻祖熊彼特。他在1912年提出"经济发展理论"，明确了经济周期是创新带来的，就像现在以杭州为代表的数字经济，就是由数据技术、互联网技术、物联网技术、大数据、人工智能等一系列新兴技术的涌现带来的新经济模式。杭州抓住了这样的机会，成为具有全球影响力的城市，产生新的经济周期。然而，在新的经济周期过程中，我们对创新面临的挑战仍然有很多的困惑。

我想起了一个争论：到底创新来自国有企业还是民营企业？用亚当·斯密的理论来讲，国有企业是低效率的。比如中国的汽车产业是在国有体制基础上发展来的，但是，为什么那么多汽车制造国有企业没有好好创新，恰恰是20世纪末、21世纪初才被允许设立的民营企业吉利汽车成为中国领先的汽车制造商？再如，其实21世纪之前以"工农中建"为代表的国有商业银行已经启动

[①] 国家科学技术委员会，1998年改名为科学技术部。

了互联网金融,早就开发了网上银行,但是,现在在互联网金融和金融科技产业的真正创新者是蚂蚁金服、腾讯。媒体调侃说:"工农中建之间相互竞争了50年,回头一看真正的对手是阿里。"所以,我们请来了阿里钉钉的 CEO 陈航,与我们分享阿里巴巴的创新模式。今天还邀请了 C919 大飞机研发制造参与企业之一——杭州的西子联合控股有限公司董事长王水福,作为民营企业家,他竟然切入了国家控制的大飞机产业。我们没有想到商用大飞机产业中,出现一个做电梯的企业,今天它不仅"胆大包天"做 C919,而且已经给空客、波音做配套设备;它不仅仅要配套 C919,以后还可能成为 C929、C999 的重要供应商。当我们看这些案例和产业的时候,我们就会想:为什么民营企业如此具有创新精神?

但是,当反过来看高铁的时候,我们发现是国有企业在创新,当我们看到中国建材、国药集团的时候,发现以宋志平为代表的国有企业也在创新。所以,我也不知道答案在哪里。宋老师今天会讲到诺贝尔奖获得者费尔普斯的观点,创新不一定取决于制度,而是取决于创新的文化。但是,无论看外部制度还是内部机制,按照熊彼特的理论,创新的第一主体就是企业家。有个段子是这样说的:"美国用一个国家的力量对抗深圳前海的一个街道,结果没有把那个街道打掉,就掉头到了杭州滨江的西兴街道。"这里所讲的西兴街道就是海康威视、新华三①、大华技术②等企业所在地。我们又会出乎意外地发现,海康威视也是国有企业,竟然也有如此强的创新能力!于是,我们也邀请了海康威视的郑一波副总,他会告诉大家,海康威视的创新文化是深入骨髓的。

这些企业的创新归根结底是因为有有强烈创新意愿和情怀的企业家。习近平总书记讲,"走得再远、走到再光辉的未来,也不能忘记走过的过去,不能忘记为什么出发"③。这些企业家的初心到底是什么?使命是什么?希望经过此次论坛,让我们明白和理解,宋总、王总、郑总、陈总是如何打造一个创新型

---

① 新华三集团是业界领先的数字化解决方案领导者。
② 浙江大华技术股份有限公司是全球领先的以视频为核心的智慧物联解决方案提供商和运营服务商。
③ 2016 年 7 月 1 日,习近平总书记在庆祝中国共产党成立 95 周年大会上的讲话。

企业的。正是因为有他们，使得我们的国家在中美贸易摩擦背景下，在面向"两个一百年"的战略目标下，能在建设全球科技中心、创新中心的道路上昂首前行，谁是创新的中流砥柱？我们拭目以待！

※ 创新是一种创造效益的技术活动，我们要进行有效的创新。

宋志平： 非常感谢浙江大学管理学院，感谢魏江院长，也非常高兴能在这里和大家做一场交流。就像主持人所说，我凌晨1点飞机才从北京起飞，4点赶到杭州。这么多年来风风雨雨，这种事不少。我家里人劝我不要来了，飞机没有准。我说魏院长组织了好几百人，我得来。在我前面的一架航班取消了，我乘坐的这架飞机还坚持起飞了，于是成就了这场交流。

其实这场交流我和魏院长已经约了很久，源于上次和魏院长的交流。当时他和我说，浙江大学管理学院是比较早引入"创新"概念的，也比较早开创新课。人家不知道什么是创新的时候，浙江大学就提出了创新理论。但现在创新越来越热，全国人民都在讲创新，他们有时候对这个概念反而含糊了，找不到北，不知道创新讲的是什么东西。我对他这句话很感兴趣。我2018年写了一本书叫《问道改革》，2019年出了一本《问道管理》，现在正写的一本书是《问道创新》。我得来浙江问道，因为浙江是创新的高地，浙江大学是创新高地的制高点。

今天的题目是创新，我给大家讲的核心点是如何进行有效的创新[①]。现在是"创新热"，每一天可能提得最多的词汇是创新。政府提创新，企业在创新，学校在创新，整个社会都在提创新。包括浙江的企业家们，和我谈的绝大多数是最近又有什么新东西，有什么新企业，有什么新想法。但是我也看到很多企业创新失败、哀鸿遍野的场景。从做企业来讲，总是想怎么能够成功，怎么能够减少失败。创新是一个好东西，但是究竟怎样能够有效地创新，这是我一直在想的问题。所以我想和大家就这个问题来进行交流，即如

---

① 有关系统阐述详见本书第一部分。

何有效地创新。

　　创新是一种创造财富、创造效益的技术活动，和科学发明还不一样。这个月在上海有一个爱因斯坦的展览。爱因斯坦是一位伟大的科学家，1905年提出了狭义相对论，过了10年，1915年他提出了广义相对论，从过去的牛顿力学到相对论，爱因斯坦改变了我们的时空观念。他发现宇宙在膨胀，并解释了黑洞，还预示了引力波等很多理论，这些理论被后来的科学研究者们一个个发现，说明他是对的。爱因斯坦颠覆了牛顿力学体系，奠定了现在的科学理论基础。他是伟大的科学家。科学的发现、发明和两件事情有关，首先和好奇心有关，所以爱因斯坦说：其实我最大的特点是有好奇心，我总是想不能只思考我看到的东西，我必须想我看不到的东西还有一些什么。

　　爱因斯坦的目的并不一定是要盈利，他的目的是想发现规律。但是我们企业里的创新不是如此，我们企业里的创新要解决实际问题，最后要变成经济效益。科学、技术和创新都有联系，每一次科学上重大的发现或发明也会引发技术的巨大变化，引发企业的创新，比如电磁波的发现，影响深远，无线电、电动机等的发明，都是受益于发现了电和磁之间的电磁感应。最早是科学，然后到应用科学，再到企业的技术实践，主要是这样的大逻辑。

　　对做创新的企业而言，其实是处在很窄的技术领域，我们既要保持好奇心，多学习一些，同时又必须聚焦企业的问题。在企业里其实很简单，新技术、新工艺、新产品，所有的技术人员就要盯住这几样东西，这和科学家是不同的。工程师和科学家是不同的，企业里面需要的是工程师，当然，现在像日本的诺贝尔奖获得者也有在企业实验室中工作的，就是说大的企业中也有基础研究，而且有能力达到登峰造极的地步，但不是所有的企业的研究院、中央实验室都要这么做。绝大多数的企业的中央实验室要解决自己生产经营中的问题。

　　另外，上次在这里讲过"从管理到经营"，管理是永恒的主题，但是管理应该下移，一把手要把精力放在经营和变化上，经营是面对不确定性和选择。如果我们只是管理，忘记了创新和科技的变化，尤其是颠覆性的创新，我们有可能被颠覆。比如克里斯坦森在1997年的书《创新者的窘境》中讲到，过度地管理，一味地依靠过去的方法的企业会衰败，为什么？原因是没有把创新放在手中。

还有一位战略学家迈克尔·波特，他在 2002 年出版的《日本还有竞争力吗?》一书中讲过一段话，"日本有堪称世界无可匹敌的管理，但日本的创新是完全走了模仿创新的道路，没有任何自主创新的能力，所以日本的经济会衰退"。当然，这本书是在 20 多年前发行的书，提出的确确实实是日本人当时的弱点。所以，创新现在是企业里的关键事情，站在很重要的位置上，我们要研究创新。

企业的创新归根结底要围绕企业的效益，如果企业的创新没有效益，也就没有能力投入再创新。所以做创新一定要考虑效益，要赚到钱。如果创新总是不赚钱、烧钱，可能就会一直把企业烧到破产。对每个企业来讲，这个问题都要思考，创新的效益性是我们考虑的原则。

我现在是中国上市公司协会的会长，上市公司中三分之二是民营企业，大家遇到了不少的问题，除了犯极端错误，绝大多数人犯什么错误？一个是盲目扩张，什么都投，偏离主业。还有一个是盲目创新，投了一些自己也不懂的东西，或者投了一个眼前根本没有效益的东西，而且看不到曙光，花了很多钱。这样就出了很大的问题。什么是有效创新？怎么样才能有效地创新？所谓有效的创新是解决问题，赚到钱，我们能看到创新的成果，能够研究和理解这个东西，不要盲目地跟风。

最后关于创新的文化。我们的民族是很有创意的民族，我总是讲，能够写神话的民族一定是有创意和创新的民族，英国人运用想象力写了《哈利·波特》，而中国人写了《西游记》《封神演义》以及很多武侠小说。我常常想这些作品里面打斗用的宝贝就是来自创意和创新，这是从无到有想出来的东西，这是想象力和创意。所以，要给大家一个开放的、自由的、民主的文化，不要限制他们，才能够有这种创新和理念。如果上来就怀疑有特别想法的人们，这也不同意，那也不同意，创新就做不成。我们企业也是如此，有创意的时候，要把创意转变成创新，甚至由创新走向创业，不要在创意阶段就被掐死了，让员工循规蹈矩，一切按照我们的要求做，那就没有创新了。

主持人： 宋总在之前的演讲中提出什么是创新、什么是有效创新、如何进行有效创新，有6步方法：有目的、有组织、在熟悉的领域里、合适的方式、匹配的管理、创新文化等，这是他这么多年看了很多，想了很多，做了很多之后的智慧。再次感谢！

※ 未来要利用好"工程师红利"，要拥抱年轻人。

主持人： 下面有请宋总、王水福董事长、郑一波副总裁、陈航CEO、包纯田副理事长、魏江院长、黄灿主任一起上台进入对话环节！非常荣幸和这么多资深的企业家对话，当主持人有一个好处，可以制定规则，首先有请几位每个人用两分钟的时间，介绍一下你所领导的企业在创新实践和管理方面有什么好的做法。首先从王董事长开始。

王水福： 有效创新对一个企业来讲至关重要，对企业家和在座的学生也非常重要，宋老师所讲的我特别赞同，刚才讲了很多创新，我总的感觉我们是在走模仿创新的路。1976年，我开始做农机配件，1981年做电梯，2009年做航空，我都是模仿，是引进、消化、吸收再创新的过程。这是我们"没有文化的人"走得最佳的途径，我也不敢颠覆谁，主要是做前人做过的事。其实做到航空制造领域也不是这么简单，但是我看到了曙光，感谢商飞[①]让我成为C919大飞机供应商，为我们打开了进入航空制造的大门，后来我们成为空客、波音的供应商，现在全球每个月有120架飞机在制造，基本上都有我们西子的零部件。我觉得很自豪，但还是没有赚到钱，不过看到了希望和曙光。C919大飞机起飞了，媒体问我感觉怎么样，我说了两句话："第一，我为浙江省进入民用航空填补了空白，为浙江争光了。第二，我也为全国的民营企业争了气，民营企业也可以进入航空制造领域。"

这10年做下来，真正的是十年磨一剑。原来做农机配件很简单，就是一

[①] 中国商用飞机有限责任公司（简称"中国商飞"或"商飞"），2008年5月11日在中国上海成立，是我国实施国家大型飞机重大专项中大型客机项目的主体，也是统筹干线飞机和支线飞机发展、实现我国民用飞机产业化的主要载体。

个粗放型生产，1997年西子与美国奥的斯①合资之后引进了精益制造管理，这是管理的创新。现在还在持续改进，继续很多技术创新、管理创新等，现在我在研究华为的创新，以奋斗者为本的创新，我想还是要以奋斗者为本，这种创新不仅是一种方法，更是人性，我在模仿这种创新，能否模仿成功我不知道，但是2019年我引进了相关团队。

未来的发展确实是我们想不到的，原来是靠人口红利，改革开放带来很多机遇，未来有7000万名工程师，也可能有7亿人在创业，我们如何利用好"工程师红利"？我们在丁兰智慧小镇②有40万平方米的创新平台，在那儿做了一些创新设施，例如做了一个音乐厅，明年可以启用，我们会每个月举办音乐会，请世界上的演奏家来演出；同时配备了健身中心，为年轻人的业余生活创造条件。我们希望多与年轻人合作，今后年轻人没有钱没有关系，关键是你这个人是否值钱，你的项目是否值钱，其他一切都可以商量。假设创业的时候吃饭有问题，我来解决，钱不够我们一起做。做好之后，我占多少股权都可以商量。未来要拥抱年轻人，这是我们这代人应该做的事情。

创新是永恒的话题，我喜欢创新。我很愿意学习，也希望和年轻人学习。西子与美国奥的斯合资，与日本石川岛合资，与阿尔斯通、西门子合作，都是与优秀的企业一起。与优秀企业在一起才会更优秀，与优秀企业合作，我们才会成长。

有机会的话希望可以再交流，感谢魏院长给我这个机会，我是浙江大学毕业了12年的校友，学到了不少，特别是管理学院提倡的管理创新，管理创新比任何的创新都更重要。谢谢！

主持人： 谢谢王董事长，他是持续创新者。他比较谦虚，说自己是模仿创新者，但是在工匠精神和优化管理方面，王董事长做成了国内国际上有话语权的优秀公司。

---

① 奥的斯电梯公司是由世界电梯工业的发明者伊莱沙·格雷夫斯·奥的斯于1853年在美国创立，始终保持着电梯业界的领先地位，是全球最大的电梯、扶梯及人行走道的供应商和服务商，其产品占全球市场份额的27%。
② 发源于浙江的特色小镇，曾因位置偏移和经济落后被戏称为杭州的"西伯利亚"，如今吹响创新创业"集结号"，坚持产业、社区、文化、旅游"四位一体"和生产、生活、生态"三生融合"发展。

※高科技公司要有创新的文化和创新的激励，特别是要解决好人才激励。

主持人： 杭州是数字经济第一城，我们有非常优秀的企业，海康威视大家都了解，一直在行业里位列全球第一，它也有中央企业的性质，据说滨江每天下班最迟的是海康威视，这突破了我的认知，我以为是民营企业很拼，但海康威视更拼，他们是如何做创新的？我们有请海康威视的郑总介绍一下。

郑一波： 感谢主持人。听了宋总的演讲受到很大的启发，我们有中央企业的股份，也有其他的投资人，是典型的混合所有制的团队。今天的主题是创新，企业现在是创新的载体，其中很重要的是人才，人才是创新的主体，任何一个创新活动主要靠各方面的人才，最关键的是企业家。在国有成分的公司如何做创新，如何激励人才，怎么样真正地让企业家发挥关键作用，还有很多需要探索。所以，2015年习近平总书记到公司来视察的时候，我们董事长汇报了8个字：持续改革，持续创新。

我觉得最重要的是企业选择和设计什么样的治理结构以及制度的安排，如果这些做好了，同样可以激发创新的激情。特别海康威视是高科技公司，如果没有创新的文化和创新的激励，是不能持续的。在海康威视的发展过程中，我们在努力地解决人才的激励、人才的二次创业问题。当然在这个过程中也有一些问题要请教宋总：在这样一个体制下，我们的企业家如何真正地发挥企业家精神的作用？因为在国有企业无论是考核也好，文化也好，怎么样容忍失败是关键问题，毕竟创新需要面临很大的风险和挑战。所以，在创新过程中如何发挥企业家的灵魂作用以及如何容忍失败，是我们想和宋总探讨的，我主要讲这些。

※互联网思想的本质是透明和链接，这些完全数字化、在线化的企业重视每个人的创新和创造力。

主持人： 在场的朋友们，你们用钉钉的请举手。看来不错，钉钉现在爆发力非常强，短短几年时间里，用户数已经超过了2亿，企业级的用户数超过

2000万，在深刻地改变着诸位的生活和工作。这是非常有原创性的创新，请陈航介绍一下钉钉是如何做创新的。

陈航： 大家好，很荣幸来到浙江大学。当年我们这些人其实是在做一个产品，叫作"来往"，"来往"大家听说过吗？做"来往"是从上自下的创新，马老师说要做"来往"，于是我们冲上去了，但是死得很惨。所以，凭一己之力冲上去做创新是死定的，因为本质上没有搞清楚为什么要创新。我们花了一年时间头破血流，团队从20人变到300人，大公司内部创新虽然没有资金和人才的痛苦，但最大的痛苦是"阳光普照，天天浇水"。阳光普照是老板特别关心，天天看着你，太阳底下照着把我们的叶子全部烧光；然后其他人觉得老大这么关心我们，很多人过来帮助我们，所以天天给我们浇水，结果根也烂掉了。

后来我们怎么活下来的？更重要的是创新的结果。

第二阶段，当时想生活社交不好搞，工作场景可以搞一搞，于是我们想做中小企业的创新，做工作方式的变革。一开始我们并没有预测到，这想法正好踩到中国互联网最大的风口上。因为中国4300万家企业都是传统经验管理模式，但是中国顶级互联网公司现在全部进入了云和移动时代，完全是人工智能的时代。大家可以看到市值的变化，2014年，世界500强企业第一名苹果公司市值6000亿美元；2016年，经过两年多的时间，世界500强企业的前三名是第一名苹果、第二名谷歌、第三名Facebook，后面还有亚马逊、微软；2017年，世界500强企业中，前四名不变，后面增加了中国市场的阿里巴巴和腾讯，所以，世界500强企业前十强中，在短短三到四年时间里，已经有7家互联网公司。这些企业并不是有多牛，主要是其创新具有广泛性和快节奏，这些完全数字化、在线化的企业重视每个人的创新和创造力。

在座各位有很多是学生或企业家，很多人工作是在个人社交软件上，创新很重要的是专注，在所在领域中保持专注，但是在个人社交软件上工作怎么可能专注？你在个人社交软件上给他发消息，他怎么可能不去看朋友圈或者和朋友聊天？作为企业家，很重要的责任是让团队保持专注。我有一次碰到李开复老师，他告诉我他现在怎么去投资，他碰到创业者会问一句话："你们现在想法很不错，团队也不错，你们用什么工作？"只要创业者跟他说用个人社交软件工作，95%就不会投资。为什么？因为他认为，一个年轻的领导者，一个新的 CEO，如果在信息爆炸的时代，不会凝聚团队、让团队保持专注力，这个 CEO 是做不好的。

所以，第二次创业我们踩到了风口上，我们感受到最大的创新和思想的变革，是来自阿里巴巴对工作方式以及对数据化和在线化的理解。我们将阿里巴巴数字化企业的工作方式贡献给了 4300 万家企业，实现了中国企业办公一次重要的跳跃式改变，从纸质办公、经验管理模式跳跃到现在的信息化时代。我们要进入以人为本的时代，完全是数字化、移动化、智能化的智能协同时代。这里关键的因素是以人为本。数字化以人为本的透明管理，驱动生态体系中每一个人的创造创新力，当企业内部具备创造力的人越来越多后，这些人就会像动车组一样带着企业往前跑。每个人不再是螺丝钉，而成了发动机，就像动车组，每节车厢都在驱动往前。

我们把这些优秀的思想进行共享。在数字经济规模高速增长的今天，钉钉作为数字化、智能化管理思想的载体，通过打造简单、高效、安全、智能的数字化新工作方式，实现企业管理"人、财、物、事"的全面数字化，帮助企业实现在云和移动时代的组织变革，提升企业的经营管理效率。

第三个阶段，把最先进的思想带给中国大量企业之后，这些企业的创造力惊人。中国能够做老板的都是人中龙凤，所以他们理解钉钉之后，茅塞顿开。中国大量企业家的根本问题是眼界问题，不是不懂行业，而是不懂技术，不懂移动互联网技术发展到现在互联网思想到底是什么，你跟他们谈互联网，他们觉得是电商。其实互联网思想的本质是透明和链接，如何用互联网的思想武装企业？外界经常说"＋互联网"或者"互联网＋"，本质是互联网思想的渗透。如果从企业到管理层都渗透互联网思想，公司必须透明化，人才、物质全部在线化，整个创新节奏就会大幅度加快，而不在线数据收集速度非常慢。现在互联网公司创新是有问题能立刻看到、立刻汇报，大家一起探讨这样做好还是不好，不好立刻改，这是互联网公司和传统公司最大的区别。

第三次创新来自企业给我们的反馈，各行各业的企业来和我们反馈说你们应该这么搞钉钉。刚过去的暑期档电影市场很火爆，现在正在采用基于钉钉开发的最先进的制片管理系统，彻底改造整个拍片过程，让中国电影、电视剧拍摄过程全部在线化，通过数字化的方式改变整个剧组的沟通和协同的方式。一旦在线化，拍片子平均降低10%的成本，即降低四五千万元的成本，这是不得了的事情。所以，我们第三次创业是不断地将思想技术输出之后，让市场技术和行业结合，反馈给我们，我们再通过他们的经验变革钉钉。

为此，我们跟用户共创推出了新零售、医疗、教育、地产、餐饮、政务等全行业解决方案，让更多企业分享先进的管理理念和办公方式，实现最优秀工作方式的"共享"。"客户需要的，就是我们愿意提供的。"这也是钉钉推出全行业解决方案的初衷。

钉钉的全行业解决方案针对不同行业的业务特性、协作方式和管理模式，将行业共性抽离出来，提供不同的功能和服务，为企业量身定制行业最优秀的工作方式。让钉钉变成用户需要的钉钉。对于中小企业而言，钉钉已经成为水和电一般的存在。

实际上，创新让钉钉走出一条与众不同的发展道路。钉钉的5个在线，让组织内所有的人、财、物、事的流程和数据全部打通，人与人、人与事、人与物等各个环节之间从传统的协同变成了"智能协同"。同时，钉钉对于用户隐私数据的保护水平，不仅在国内遥遥领先，在国际市场上也是超一流标准。在普华永道出具的SOC2 Type1 服务审计报告中，钉钉通过了安全性、保密性和隐私性三项原则的审计，属中国首家，全世界范围内不超过5家。

截至2019年6月30日，钉钉用户数突破2亿，企业组织数突破1000万，成为全球首个用户数破2亿的智能移动办公平台。所以我们的运气特别好，踩到了时间点上。如果大家在使用钉钉的时候有问题，可以找我。

※ 改革和创新是连着的，改革创造了一个好环境，创新也就容易一些。

主持人： 谢谢，听下来之后还是有很多共同的地方，我个人有一些感觉是，王总非常重视管理创新，郑总说治理创新很重要。钉钉做了市场的创新，

微信做的是生活社交，而钉钉关注的是工作场景。下面再把话语权交给宋总。

宋志平：我刚才想到一件事，其实中国建材的创新绝大多数是联合创新，六大新材料大多数创新的来源往往都是一个高科技的企业，比如碳纤维是找到民营企业高科技公司，铜铟镓硒是收购了德国的一家公司。中国建材的发展是很有意思的，十年前可能没有水泥业务，现在变成了全球最大的水泥业务公司，主要是靠联合起来。当时浙江水泥厂很多，彼此打仗，打得头破血流，然后中国建材出现了，在西湖边上把四家水泥巨头的老总叫来喝茶，和他们会谈，说不要打仗了，中国建材把你们联合起来，于是形成了南方水泥1.5亿吨的产能。

当然，这也得符合中国建材的战略，我每次和高科技公司谈的时候，首先看它的技术是否符合我们的战略。第二看它是否需要我们，如果需要我们的话，我们就愿意和它联合，控股参股没有关系，总之把事情做起来。我总是讲把中央企业的实力加上民营企业的活力就是企业的竞争力，活力就是有创新精神、企业家精神。这是中国建材这些年业务规模扩大、创新领域成功的原因，中国建材是联合重组者，完全靠自己创出来的东西还不多。所以，如果大家有什么技术，或者在发展过程遇到什么问题了不要忘了还有宋总，可以一起结合着干。

另外，我知道海康威视是国有企业，他们老总曾经讲了一句话，他说如果当时不从太原搬到杭州就没有现在的海康威视。浙江的创新土壤成就了海康威视，也就是说环境是多么重要。所以，浙江创新创业的环境不仅培育了很多民营创新企业，同时使得混合所有制的企业在这个地方也迅速地发展。我们集团在桐乡有一个中国巨石上市公司，是20多年前联合民营企业一起做起来的，2018年年底净利润也有20多亿元，在行业内全球做得最好，在美国也开了分公司。

刚才讲到企业家精神和市场化机制是国有企业的短板。中国现在绝大多数的国有企业是上市的，是混合的，不是纯的国有企业。我相信海康威视、中国巨石不是老的机制了，他们员工的收入也是放开了一些，不然员工无法生存，人就留不住。但是，如果海康威视和阿里巴巴比，他的机制肯定是差的，至少在员工持股、技术分红、管理层股票计划等方面没有完全落实。

郑一波： 海康威视这几年已经做了员工持股和股权激励。

宋志平： 海康威视如果做了的话那很不错。我们中国建材还在做，下一步把员工持股、建立股票计划等机制引入进来，那就完成了混合所有制真正的意义所在。因为混合所有制不是为了混而混，而是要把民营企业的市场机制引入到国有企业中来。这样的话，才能真正地有动力，当然这是改革的内容了。改革和创新是连着的，改革创造了一个好环境，创新也就容易一些。如果没有机制，大家就没有积极性，甚至人员流失掉。比如三大电信公司都是中央企业，但是排在前面的五家互联网公司没有一家中央企业，说明了什么？说明了我们没有互联网基因，或者我们的机制不能满足于互联网企业的要求。下一步中央企业改革的目标是市场化改革，向民营企业学习，学习民营企业的市场意识、企业家精神以及天然的所有者机制。

※ 战略创新方面，以目标为导向，不一定有什么做什么，而是缺什么找什么。

主持人： 宋总在持续的技术变革方面做得非常好。您带出了两个世界500强企业，我们一般认为是企业家做了战略创新，因为创新本身是顶层设计的过程，请您分享一下如何在战略上把控、定位创新管理思想？

宋志平： 我就说得比较广泛。我们所讲的创新谈得比较多的是集中在技术创新和商业模式创新上，如果把创新两个字推而广之的话我们有战略创新，还有管理创新、制度创新，这些是在大创新的范畴中。今天讲的是小创新，主要是技术创新的领域。

关于大创新，比如战略方面的思考，我的打法是这样的：在制定战略的时候，不一定有什么做什么，局限于现有的资源，而是缺什么找什么，以目标为导向。比如我们想做水泥，在浙江一个水泥工厂都没有，但浙江的水泥行业在打仗，这时候机会来了，于是中国建材成了价格战打得遍体鳞伤的民营企业的"救世主"，我跟他们说：你们不要打了，大家联合起来。之后水泥价格恢复到每吨 400 元，银行解脱了，民营企业也解脱了，我们也赚了钱。我是一个重组者，是通过不停地重组资源来发展的。我不是太赞成从零做起，为什么？因为在中国现在这个时代，除了互联网等新的产业，传统产业绝大多数都是过剩行业，在这个过剩行业中没有必要再建新线，在激烈的竞争中打败对手，而应把老的生产资源、要素重组起来，减少恶性竞争，恢复产品的价值。过去这些年，我们是依靠这个战略想法赢得了成功。

※中美贸易摩擦让我们更加紧迫地加大创新，寻找新的市场。

主持人： 非常感谢！现在进入到非常好的对话状态了，我们特意邀请了三位在创新管理领域的学者，他们听得非常认真。

包纯田： 我接着宋总的话，当时水泥是无序竞争，背后的事情也很多，浙江出现这个重组机会的时候，水泥整个产业的工艺、技术、管理、供应链采购等各方面，的确是大大上了一个台阶，因为浙江的产业太分散，小老板太多，管理落后，技术跟不上。中国建材的重组对行业发展的确有很大的贡献。

我想讨教的问题是，浙江经过这些年发展之后，我们有 44 家 A 股上市公司，也有几家大的企业，海康威视这么优秀，但不是浙江的企业，而是落地在浙江的企业，阿里巴巴这么优秀，是国外控股、国外挂牌，真正自己本地的很少。他们对浙江的贡献巨大，但是本土力量的确偏小。少数冒出来的浙江本土企业在境外投资布局，请国外最优秀的团队，但这类企业不多。这批企业原来准备在国外布局重大活动，现在受阻碍。中美贸易摩擦对我们的伤害很大，因此想请教宋总，在中美贸易摩擦局势不清楚的情况下，怎样推进中国，特别是浙江的民营企业在境外的投资布局？

宋志平： 这个是大问题。刚才说到了浙江的企业，其实我给浙江贡献了一个上市公司，中国巨石股份有限公司，总部在北京，后来希望搬到桐乡，当时桐乡也想要一家上市公司。北京有很多上市公司，我觉得可以搬过来。西方很多大的制造业公司总部在中小城市，很少在华盛顿、纽约这些地方，所以就根据这点搬到了桐乡。这也是很大的一件事，很多企业都是从小地方往大地方搬,而我把上市公司从首都搬到一个县级市,所以我们愿意做"小庙里的大神仙",不愿意做"大庙里的小神仙"。我们在搬的过程中北京市也没有问,可是在桐乡大家张灯结彩地欢迎我们,给我们很多支持。浙江是一块好土壤,也有好的政策,我们可以把越来越多的上市公司的总部搬往浙江。

关于如何国际化的问题,现在中美贸易摩擦也看不到结局,有很多不确定性。作为企业在这个局面下要对两件事有所警醒:第一是过去过多依赖美国市场,因为美国是大市场,消费力强;第二是过于依赖美国的技术。中美贸易摩擦让我们发现原来美国可以不卖给我们技术,还可以加这么高的税,这也教育了我们。有时候很多人的进步是被迫的、被倒逼的,不逼迫人很难进步。当然,贸易摩擦带来了很多困难,尤其是江浙、广东等向美国出口比较多的区域,企业的压力很大。这个时刻,好在我们国内有近14亿人口的大市场,同时全球还有欧洲、日本、韩国市场,"一带一路"市场。浙江的企业需要重新思考,过去产品出口到美国价钱不错,客户也不错,我们可能就一直这么想过来了。这次要调整战略布局,美国出了问题,欧洲国家和日本呢?"一带一路"的市场还是很大的,比如印度、东南亚国家等,只不过转化过程有一些难度。美国在这个转化过程中要找替代品,也没有这么简单,都需要一个过程。这个过程是双方的,如果摩擦这么继续下去,不能重归于好的话,美国会找一些国家替代我们,他们给我们加了25%的税,使其他国家货物进入美国的成本会低。对我们来讲,也要找低关税国家出口,找新的市场,这方面现在必须进行选择。同时,要加大国内消费,美国人消费得起,我们也消费得起。

总的来讲,不要在一棵树上吊死,过程是艰难的,日本人经历过这个过程,但是前途和前景是光明的,不要被它吓住。我的建议是这么想问题。

※上市公司面临团队更新、技术突破等新挑战,把初心、定位、本分基本立场建立起来,质量会再提高一大步。

主持人: 谢谢宋总为浙江企业未来的发展出谋划策。在我旁边的是魏院长,年纪不大,但是用了几十年做学术创新,提出了"非对称创新"理论,今

天会以什么角度总结或者是提问,下面欢迎魏院长。

魏江:谢谢。我本来有很多问题,但因为时间问题我谈一个观点。2018年是改革开放40周年,在浙江省内和北京的几个论坛上,我谈了几个观点,最主要的一个词是:忧虑。我对浙江的忧虑,讲几个数据,首先是研发投入。全浙江省2017年研发投入总和是1680亿元,而华为一家企业投入近1000亿元,这是我很忧虑的一个地方,浙江的民营企业到现在为止其实不重视创新。第二个数据,浙江省在国内前500强的民营企业数量从170个左右降到150个左右,后来降到120个左右,再降到现在的91个左右。浙江省在国内前500强的民营企业份额从将近40%降到现在只有20%左右,这是第二个忧虑。第三个忧虑,浙江省的个人财富500强的人数,从过去的160人左右降到现在只有两位数。所以当我们天天讲浙江省很了不起的时候,现在被江苏省全面超越,广东省也跑在前面,山东省紧跟在我们后面。浙江省最缺什么?缺真正意义上的技术创新。西子、海康威视要做创新,也很不容易。

海康威视有非常好的运气。我和他们董事长、总经理聊的时候,他们跟我说:运气在于前面有两个同班同学在一起,如果没有陈宗年[①]可能就没有胡扬忠[②],如果没有胡扬忠可能就没有陈宗年,而没有胡扬忠和陈宗年可能就没有现在的海康威视。海康威视是国有企业的一个另类。而我们国药集团和中国建材也是"运气"好,碰到了把企业发展作为第一追求的宋志平,你们想想,如果宋志平追求的是"正部级领导"的话,会是这样吗?

这是我的忧虑,而实际上再看这两年,包老师有很多数据告诉大家,真正的民营企业有转型的,有被借壳的,有破产的,有逃掉的,有资金链断裂的,真正的民营企业举步维艰,这是我最忧虑的事情。怎么办?答案只有一个,再回到创新的老祖宗讲的话,创新是破坏性创造。破坏性创造者是谁?只有一个,没有第二个,那就是企业家。企业家的英文是 entrepreneur 或 entrepreneurship(创业家精神),他在颠覆一个行业,颠覆一个产业,改造新的经济周期。

[①] 陈宗年,中国电子科技集团有限公司中电海康集团有限公司董事长、党委书记。
[②] 胡扬忠,杭州海康威视数字技术股份有限公司总经理。

当我们回头看新时代，浙江的企业家所面临的最大挑战是什么？有的问题不好说，但有的问题好说，那就是浙江什么时候能出现一批像宋志平、任正非一样的企业家，能够有一批像胡扬忠、陈宗年、王水福一样安心做创新的企业家，这个问题是我的担忧，也没有很好的答案，我想请教一下宋老师。

宋志平：刚才你讲了两个问题，目前浙江在创新方面遇到的问题，如果我们认识到它的话，我们离解决它就不远了。如果不认识到刚才讲的数字，比如在北京，拿我以及很多人为例，会觉得浙江是创新的沃土，浙江出了马云，浙江，尤其是杭州是互联网的热土，浙江的民营企业快速成长，涌现了一大批的企业家。但从你刚才所说，今天的浙江遇到了很多新困难，我觉得这些困难是转型中的困难，只要浙江人认识到，回归到本原，当年是怎么做的，重温过去的创业梦和创新梦，浙江还会再度辉煌，我很相信这件事。用不着宋志平和任正非过来，浙江一定有一大批比宋志平和任正非还要优秀的企业家，关键是大家的方向、环境、政策要能做好。浙江是整个中国在改革开放里市场最早发育的地方，在全世界范围内浙江人，尤其是温州人、宁波人是有名的。我也是第一次听到魏院长提出的数字。同时，我觉得浙江还有辉煌的未来，不用压力太大。

魏江：宋总，对于有效的创新这个提法，我有个比较困惑的问题：是不是有效创新的标准就是经济效益？比如，西方很多企业在做基础研究和应用基础研究，并不直接追求经济效益，而这些企业成了全球的领袖企业，如波音、微软、贝尔……它们为国家贡献了前沿技术。而我们国家的大型国有企业，如果仅仅是追求短期经济效益，就出现了企业长期创新动力的不足。相反，民营企业规模小，缺少持续投入的实力和能力，也不可能从事应用基础研究或者基础研究。那未来"从0到1"的时代，我们国家还有希望吗？

我一直在批评大型国有企业，他们是理应承担前沿技术创新的国家队，但是，国有企业长远战略导向的创新动力和活力非常不足。那么，习近平总书记所强调的原始创新、基础研究，如果没有像国药集团、中国建材这样的企业来承担，谁还有可能承担呢？比如，在我们国家，制药业是最落后的产业之一，一个新药的原始创新需要10年左右的时间，如果像国药集团这样的企业过于强调经济绩效导向的"有效的创新",我国的制药业不就没有希望了吗?

刚才宋总讲了一个非常重要的观点,"国有企业的实力加民营企业的活力就是企业的竞争力"。我觉得总结得非常到位,我们注意到无论是5G产业、安防产业、汽车产业,还是金融服务业等,都是这样的现象。但是,我们反过来想,资产和规模几万亿的国有企业,在创新上如果还不如规模只有几十亿、几百亿的民营企业,国有企业是不是缺少建设创新型国家的使命责任担当?创新是企业家的首要使命,德鲁克所讲的"有效的创新",我去查过原著,强调的也是长期与短期两个方面。

我还要特别提出的,原始创新、颠覆式创新本来就是有很大风险的,"从0到1"的创新,97%的概率是失败的,但一旦成功,就为国家贡献了巨大的财富和创新能力。那么,是不是失败的创新就是"无效的创新"?那我们去看爱因斯坦、爱迪生,他们的创新90%以上是失败的,如果按照"有效的创新"的经济定义去看,是不是就是错的?我的观点是,我们国家过于强调"有效的创新",导致了我们在原始层面的创新突破严重不足。我们的创新文化应该包容失败的创新。

包纯田:魏院长说的的确是一种忧虑,我建议下次在这个场合和同学们交流之后,在同省领导小范围讨论时一定要提出来。浙江现在最主要的所谓战略性转型的问题很急迫,能够达到少数领先者的地方很少。上市公司中三分之二面临新挑战。第一,创业者一般是五六十岁,少数还有70多岁在一线的奋斗者。第二,团队更新比例不高,于是决策能力下降。第三,面临业务关系的变化,技术方面,原来是模仿跟踪,现在需要突破,没有办法自我突破。第四,员工的补充远远没有完成,即使日子比较难过,但没有完成行业整合。中国上市公司协会今后是推动上市公司上一个台阶、实现高质量发展的推动力,作为新任的上市公司协会会长,您感觉哪些方面最需要强化呢?

宋志平:我是2019年5月11日任职中国上市公司协会的会长,因为我63岁了,中央企业里63岁是到了退休的时候,所以安排我到上市公司协会去任职,也是因为目前上市公司遇到了不少的问题,这时候需要一个人做这件事。这个人应该具备一些条件,首先是对民营企业有深刻的理解,因为上市公司中三分之二是民营企业，或者是民营企业比较拥护他。另外，这个人需要对上市公司的工作很有经验，我做了 A 股和 H 股上市公司 17 年的董事长，对上市公司的规则比较了解，历经风雨也得到了上级单位和社会上的认同。

但我老婆不这么看，我回去跟老婆说领导让我做上市公司的协会会长。她说：很好，当年北新建材吃不上饭让你去做厂长，后来中国建材揭不开锅让你去做一把手，再后来国药集团搞不好，让你到国药集团兼董事长，一个人做两个职位，现在上市公司老爆雷，大家又想到了你。我跟老婆说：就是这样，人的价值体现在需要你的时候，而不是多舒服美妙的时候。现在这个差事虽然辛苦，但是这个地方真的需要我。

从上市公司协会来说，我们的中心环节是抓上市公司的质量。因为我们的资本市场取决于两件事，第一是经济的基本面，比如中美贸易摩擦，经济下行压力加大，这些都属于经济基本面。第二，取决于上市公司的质量，上市公司盈利的水平、治理的水平，这些公司到底在什么样的水准上？中国有 3668 家上市公司，中国企业上市有 29 年的历史，总市值是 58 万亿元，获取的利润是中国企业利润的 40%，缴的税收是中国企业税收的 30%。所以，中国的上市公司总体来讲是优等生，支撑了中国的经济，是中国经济的压舱石和定盘星，这是我们要充分肯定的地方。但是也有不少的问题，尤其是 2018 年发生了不少的事情。

我作为上市公司协会的会长怎么定位？我想出来一个定位，证监会有点像裁判员，不行就亮黄牌或者是红牌罚下，主要是靠规则，而且必须严格执行规则。我做会长，3668 家企业都是会员，不能简单地拿红牌、黄牌到处跑。我有点像教练员，看着他们在场地上哪一个人快违规了，哪一个人有毛病了，告诉他们该怎么做。我做了 3 个月的会长已经给上市公司的董事长、高管上过 5 次课。最近我也在写点东西：如何提高上市公司的质量，上市的初心是什么，敬畏是什么，底线是什么，如何做到本分等，从最基本的讲起，让上市公司的董事长每个人心里知道，上市和不上市不一样，公众公司、家族公司和传统国有企业不一样。因为你有特别的责任，因为你的钱是股民的，所以你在投资的时候，应该是战战兢兢、如履薄冰地做，而不是特别地豪气，尤其是不能做一些非主业和盲目的投资,因为这不是你的钱,而是广大股民的钱。很多上市公司目前没有明白这一点。

最近我在和上市公司的董事长进行面对面的交流,3000多位董事长,用一年的时间我想就可以给每个人讲一遍,就像我在中国建材和国药集团"布道式"地管理一样给他们"布道"。我当面给3000多位董事长很快地讲清道理,把窗户纸捅破,什么是上市公司,上市公司怎么做,把初心、定位、本分及基本的立场建立起来,那时候上市公司的质量会提高一大步,我不会辜负大家的热切期待。

※ 有目的的创新可以回避风险。

主持人: 谢谢,台上还有一位重要的嘉宾,他的麾下有国内创新管理之父,有几任院长。他是黄灿教授,一直做创新管理,专门研究飞利浦和华为。时间关系,请黄老师做一些总结点评。

黄灿: 已故的美国斯坦福大学教授詹姆斯·马奇于1991年在《组织科学》期刊发表了一篇经典的论文,至2019年8月已经在谷歌学术被引用了2.3万多次。他在这篇论文中提出探索式学习和利用式学习的概念。探索式学习是指尝试全新事物,希望能找到更好的、可以替代旧有事物的全新事物。与此相对,利用式学习是指将既有的想法、技术、战略或知识常规化、完善化、精细化,利用其来努力提高效率。这两个概念也被用来研究创新的战略。学者们关心到底是探索式的创新,即"从0到1"的原创对于企业的绩效提升大,还是利用式创新,即"从1到100"的创新对企业的绩效促进大。

宋总在总结中国建材创新的时候,我感觉强调利用式创新比较多。提到中国建材有资源,其他的合作伙伴有活力,联合起来创新;又强调有效的创新是带来经济效益的创新,企业必须要做能赚钱的创新;还说考虑研发项目投资的时候要问世界上有没有人做过,如果有人做过,才会投资。如前所述,利用式创新无可厚非,本身探索式创新和利用式创新都是创新的重要方式。世界上很多大公司都是激进的重组者。我想请教宋总和在场的其他企业家,作为中国建材或者大型企业，包括阿里巴巴、海康威视、西子联合，拥有大量资源，你们的创新战略是否偏重利用，把探索的事情留给初创公司做，自己的企业做好"从1到100"的事情？我觉得这是管理学理论上一个经典的问题，而您又有丰富的实践经验，希望能够聆听您的高见。

宋志平：你讲的是核心的问题，其实刚才魏院长问的也是这个问题。我的标题是如何做有效的创新，突出了效益。对中国企业来讲效益很重要，"从0到1"，无中生有地做，需要大量的投入，而且需要很长时间。"从1到N"，拿到技术扩展规模赢得效益，因为中国的市场无限大，这是很多企业选择的方式。华为赚钱比我们多很多，他们可以拿八九百亿元投入创新，我们3500亿元的收入中只有4%左右的技术投入和创新投入，所以我们没有这么多。我是做厂长起家，脑子里想问题都是从成本、效益出发，愿意捞干货，大家手上有什么，我看好就加一把。所以我是一个联合重组者，帮助大家一起发展的，而不是原创主义者。但是，我也非常羡慕和支持这些原创，他们是英雄，不容易，在"从0到1"的过程中很多人倒下了，成功者是很少的。比如2000年左右大家一窝蜂去做互联网，但后来能坚持下来的很少，大部分倒掉了，马云也是从那个时候坚持了15年才成功的。马云的成功有特别的东西，即支付宝，也就是说，相比别的电商网络公司有了支付的工具。假设没有支付宝，其实马云也很难成功。为什么当时都选择做互联网？因为道理对，互联网是未来趋势，但是当时缺了移动设备和电子支付，这两个东西在2000年没有。现在手机比当时的电脑还要强大，互联网企业就能做起来。那时候几乎全军覆没，剩下活的就做成了信息网。那一幕我是经历过的，我当时也投了很多钱，基本上打了水漂。

从我做实业出发，我可能更注重利用式创新，而且有了前人的经验，可以减少创新的风险。创新有风险，但是德鲁克说，有目的的创新可以回避90%的风险。他告诉大家的就是这个方法。我认为只有少部分企业和少部分人可以从事探索式创新，而大多数企业和大多数人要进行利用式创新。这可能是个规律。我今天看到太多的企业和人进行盲目的创新，花费大量的钱财。我提出有效的创新主要是针对盲目性创新的。大家看到有些上市公司本来好好的，只做了一两次错误的选择就倒掉了。这样的例子太多了,所以我提倡有目的的创新、有效的创新。

主持人: 我做主持人做得不是特别理想,超时非常严重,但这些讨论非常有意义,对我个人和诸位都一样。宋总有一个定义是:重组者,我认为做一个成功的重组者是了不起的。我也听到了很多有智慧的话语,比如缺什么找什么,"在小庙里做大神仙",这些都是创新的智慧。宋总是浙江大学管理学院的教授,以后会有更多的时间登上我们的讲台,走进我们的教室,和学生、校友、企业朋友们有更多的交流。我们再次感谢宋总和各位嘉宾。谢谢大家!

第三部分
高端对话

01 中国式并购与整合
——对话哈佛大学商学院鲍沃教授

02 创新·未来已来
——对话诺贝尔经济学奖获得者费尔普斯

03 中美产学研创新体系
——对话麻省理工学院媒体实验室院士张曙光教授

04 创新创业的国度
——对话《创业的国度》作者索尔辛格

05 谈创新与创业
——对话爱因斯坦博物馆馆长古德菲瑞德

06 中国企业的"质量革命"
——对话北京大学国家发展研究院陈春花教授

01

中国式并购与整合

——对话哈佛大学商学院鲍沃教授

* **时间**：2019 年 3 月 7 日
* **地点**：美国波士顿哈佛大学商学院

这是一场跨越 10 年的邀请。2009 年，哈佛大学商学院终身教授约瑟夫·鲍沃到中国研究中国建材集团在水泥行业开展的大规模联合重组，时任商学院副院长的鲍沃邀请宋志平到哈佛大学做一次演讲。10 年后，宋志平赴美国，在哈佛大学商学院做案例演讲，哈佛大学商学院、麻省理工学院 100 多名学员现场聆听了演讲。演讲前，宋志平与鲍沃进行了讨论。

※ MBA 教学要讲"真道理"，商学院要积极发挥平台作用，让大家通过这个平台进行很好的讨论、联想和反思。

鲍沃： 非常欢迎，这里是一家会员制俱乐部，只面向会员开放，会员主要是艺术、文化等领域的精英，很高兴在这里见到您。

宋志平： 十分感谢教授您的热情邀请。

鲍沃： 我们是老朋友了。一直以来，您在企业管理中秉持非常开放的态度，也擅于去解决企业中存在的任何问题。现在企业有这样的问题，很多高级管理者不愿意再去阅读和学习，其实这是需要不断改进的。就好像医生这个职业一样，需要持续阅读医学读物和资料，坚持学习，来不断更新自己的专业储备。管理人员也是一样，需要不断阅读。

宋志平： 是这样的，企业管理者需要不断学习，还需要不断实践。

鲍沃： 的确如此！

宋志平： 我做了 40 年企业，近几年把自己在企业管理中的一些经验写成书记录下来，如果不做企业了，我就不打算再写了，因为企业每天都在变化，我们不知道 10 年以后企业会变成什么样子。在管理方面，我对日本企业的管理很感兴趣。20 世纪 80 年代我做厂长的时候，学习了日本企业的管理，发现他们没有太多的管理理论，主要是管理方法，日本人称之为"工法"，比如"零库存""5S"等。然而日本企业的管理大多做得都挺好，产品质量也很好，这一点引起了我浓厚的兴趣。为什么日本能把工厂管理得那么好？为什么他们的产品质量会那么好？为什么他们不太推崇管理理论？

相反，美国、中国的企业很推崇管理理论，在企业管理中很重视 MBA、EMBA 的教育。目前，中国的 MBA 教育遇到一些问题，有些不同的声音提出挑战，认为 MBA 教育没有用。我是中国 MBA 教育指导委员会的委员，周末或休息时间经常受邀到校园里和师生进行探讨交流。我也在思考，中国的企业管理到底是应该创造更多理论让大家学习，还是可以参照日本的方式，采用"师傅带徒弟"的方法。美国喜欢把所有事物都研究出理论，不研究出理论不罢休；而比起研究理论，日本更注重把东西做好。我们中国人一方面积极向美国的先进管理理论学习，另一方面也注重日本工法带来的成效。中国是有文化渊源的国家，有深厚的历史积淀，像老子、孔子等先哲都创造了很多独特的理论。这也是我经常问自己的问题："到底是应该参与创造理论，还是抛开理论、只把企业的实践和大家分享，抑或是这些都不做，动员企业的干部去日本学习管理方法？"

中国建材在实践中总结归纳了"八大工法""六星企业""增节降工作法""三精管理"等很多管理方法，通俗易懂，而且容易记、好操作。这些内容其实都很重要，是目前商学院管理教学最核心的问题：我们到底该向谁学，该怎么办？现在商学院也会请有管理实践经验的企业家到学校给学生授课。这些企业家有两种倾向，一种认为既然来到学校，就应该多讲理论，像教授一样授课。我个人认为，学校不缺教授，如果完全按学校教授的方法讲课，不是学生最欢迎的。应该是第二种，企业家讲讲真实的故事，比如企业在经营中到底是如何做的，自己有什么感受。企业家来学校应找准定位，到底要做什么样的老师，在商学院要解决什么问题，这点非常重要。不少企业家到学校，没有明晰自己的角色，以为真的需要充当教授。事实上，学校不缺教授，缺的是能够教授经验的企业家。

鲍沃：我年轻时在商学院为一位著名的经济学家做助理教授，当时这位经济学家提出，经济学教授的工作是建立模型，之后花一生的时间来研究并完善这个模型；而商人则是发现实际问题，之后有针对性地建立能解决问题的模型，一旦模型不适用，就抛弃旧模型、重塑新模型。在这个意义上，商人更像科学家，因为科学家只用那些管用的模型，一旦发现不适用，就会寻找新的模型来替代。

宋志平：是的。中国也有很多经济学家。我的一位老领导曾经说过，"我经常听经济学家讲，但是发现他们有时讲得不对"。我解释说，"他们不负责对不对，只负责通不通，因为他们提出的绝大多数是假说，并不需要求证"。我赞同您刚才所说的企业家更像科学家，因为企业家需要求证，否则无法盈利。我自己也读过MBA，参加了管理学博士课程的学习，但现在慢慢产生这样一个疑问：管理有没有理论？经济是不是科学？如果不是科学，就会产生很多问题，因为政府需要利用各种理论去指导政策。2008年爆发的金融危机，就是经济学理论无法解释的，当时很多经济学家的观点都被证明是错误的。中国有两类经济学家，一类是乐观派经济学家，认为虽然存在问题，但我们都能解决；另一类信奉悲观经济学，讲悲观故事，认为我们什么问题都解决不了。后者的听众更多，因为大家内心深处都有不安全感。

鲍沃：这个问题非常重要。中国在改革开放初期，也曾出现两种不同的发展理念。一种是邓小平理论，走开放路线；另一种是保守派理论，走计划经济之路。这两种理论既相互矛盾，又相互补充。1979年我去牡丹江，交了很多中国朋友，有普通百姓，也有中国共产党员。在回程的火车上，同行的人就中国经济发展进行讨论，当时有人问我："我们该如何解决现在的问题？"我回答：

"你们解决不了,每个人只需要解决自己手头能解决的问题。"这和邓小平先生的思路一致,走开放之路,发挥创造力、谋求发展;而另一种保守的宏观经济理论是要控制和计划。这两种理论在当时看来似乎都是正确的。现在经济学的问题是,对企业关注度不够,尤其学校里讲授的内容,注意力过多放在股市上;而另一方面,即使不考虑股市,也经营不好公司。我认为聪明的学生要能抓住不同教授的不同观点,自主进行更好的组合。

宋志平:早上我还在和朋友讨论,股市给企业施加了很大压力,要求企业永远线性上升,但很多企业都做不到,那该怎么办?我的朋友说,这就要企业不停地改变,满足华尔街对他们不断提出的要求。关于邓小平理论,中国从诸子百家起,对一个问题都会有两种不同的主张,一直善于把不同的主张组合起来,例如"黑鱼与白鱼""阴与阳"。我个人认为,邓小平理论实际上更偏重实际。他提出"发展才是硬道理",这是方言,实际不是"硬"和"软"的问题,而是"真"和"假"的问题。我们应该将这句话理解为"发展才是真道理"。

邓小平讲的是"真道理",我也希望 MBA 教学都是"真道理",商学院肯定是必要的,要积极发挥平台作用,让大家通过这个平台进行很好的讨论、联想和反思。

※ "天之道,利而不害;圣人之道,为而不争"。

宋志平:我的下一个问题是,目前美国精英阶层对中国的看法和以前比有改变吗?过去两国的精英相互喜欢,也非常接近。贸易摩擦会影响两国精英间的关系吗?如果十年前我来到哈佛大学,大家可能持一个看法;十年后的今天,我作为一名中国国有企业领导者再次来到这儿,这些精英怎么看?

鲍沃:实际情况比较复杂。美国人的想法各式各样、差异巨大。就精英阶层而言,有些人对中国的情况非常了解,例如军方人员、联邦政府人员及商人,在一些非常关键的圈子里,大家普遍认为中国在向更开放、更民主的方向迈进。有些人对现状表示满意,尽管知道目前存在很多问题。有些人对中国的情况感到吃惊,甚至觉得被背叛,因为他们希望中国走西方国家的道路。有些商人赞同政府与中国的对峙，很多人不喜欢与任何人对峙，大部分人认为与中国的对峙是错的。基于此，我无法对整个国家一概而论。提到美国的精英阶层，有些精英太过天真，他们接受不了差异的存在。可以肯定的是，中美的经济利益在竞争中保持一致，这一点最为重要。同时，美国人对军事、能源等问题更为关切。

宋志平：美国人不太了解中国深层次的文化。老子的《道德经》最能代表中国人的想法，中国人的"道"介于哲学和宗教之间，高于哲学，但也不是宗教。它的核心思想是"天之道，利而不害；圣人之道，为而不争"，意思是做事要有利于万物，不能危害别人、危害自然；做人的最高境界是有所作为，但不能和别人争抢。美国人如果理解了这一点，就会明白中华民族不会危害他人、侵略他人。例如郑和下西洋，并没有在所到之处肆意圈地、占领殖民地，而是进行贸易和交流。虽然中国的近代史是被侵略、屈辱的历史，整个民族受到了巨大创伤，但这份创伤正在恢复，恢复后还是回到中国人的核心价值"天之道，利而不害；圣人之道，为而不争"。中国学习了西方很多理论，学习过资本主义、社会主义，但核心价值仍然是中国特色的。西方认为中国的传统文化是落后的，但实际上中国传统文化的精髓是具有先进性、是思辨的，值得大家了解，我们应该用西方容易理解的方式来介绍，让大家听得懂。西方人认为中国没有真正意义上的宗教，也没有真正意义上的哲学，但中国有朴素的辩证法。比如，稻盛和夫就信奉儒家文化，信奉中国明朝王阳明的思想。王阳明的思想对日本、中国台湾都产生了巨大的影响。

2019年我在达沃斯讲话时引用了钱其琛的一句话："中美合作不是更好吗？"中美合作为中美两国带来的利益是无法取代的。正如习近平总书记所说，中美关系是我们对外关系的"压舱石"。中美两国经济是互补的。我对商业合作的认识是各方应该发挥自身优势、取长补短，通过合作实现利益最大化。比如，我们参观了一家3D创业公司，就可以通过由它负责研究和制造机器设备、我们提供材料的方式进行合作，各取所长。我与华为创始人任正非见面时，他也提到，目前美国、欧洲的优势只有技术，我们的优势是把东西制造好，不要动欧美国家的技术这块奶酪。

美国的减税在一定程度上推动了中国的减税。我一直在呼吁减税，这些年，中国企业最大的问题是承担的税务负担和利息过重。早在2012年，在国家发改委组织5位企业家召开的座谈会中，我就提出，过重的税务和利息负担会导致企业没有利润，产生三方面的后果：股价降低，企业无法融资；杠杆过高，企业无法持续；缺乏投资意愿，只靠政府投资并不可行。

以中国建材为例，2011年集团缴纳利息120亿元，缴纳税款120亿元，实现利润120亿元。事实上，以上利率可以降低一半，税收可以减少一半。这样我们就可多留下120亿元，就能够降低杠杆、提高股价、增发股票，从市场获得更多的资金，有更强的投资意愿。在中国，没有贷款的企业一般都能实现良性发展，比如格力电器、海螺集团。一旦进入借新还旧的恶性循环，必然会出现问题，这就是为什么国有企业中时不时会出现"僵尸企业"需要清理。2018年民营企业有不少倒闭的。企业繁荣，社会才能繁荣。归根结底，这就是如何在政府、银行及企业间分配收入的问题。

北京大学光华管理学院刘俏院长在他所写的《从大到伟大》一书中，认为中国企业规模大、收入高，但盈利能力差。我对他说，那是因为对中国企业没有足够的研究，中国企业的息税前利润还是不错的，但交完财务费用和税收后就所剩无几。还是以中国建材为例，2018年，我们缴纳利息160亿元，上缴税费300亿元，向20万员工发放210亿元工资，还有200亿元利润，可以说我们很会赚钱。另外，我们还承担着中央企业的社会责任，提供大量就业岗位，为国家做出巨大贡献。因此，不能把问题归结于中国企业的利润太低。民营企业的压力也很大，承担的财务费用更高。

鲍沃： 如果需要裁员，短期会造成人员失业的阵痛。但长期来看，他们会在不同领域实现再就业。在中国情况也类似。

※ *影响人们行为的是社会公序和规范。*

宋志平： 我有个问题想问您。2019年下半年我就退休了，过去我比较崇尚效率社会，比如美国，但是这样的国家两极分化严重。现在我觉得在丹麦、瑞士这些高福利、高税收的小国，也没有养懒人，出现了很多非常优秀的公司，

这类公司在中、美等大国反而没有出现。所以我在想，退休后有没有必要学习一些经济学，有没有必要了解一下如何分配财富、如何解决市场经济中有效率无保障的问题，让大家都能比较幸福。中国存在一些社会问题。企业的饼越做越大，但低收入阶层分到的饼并没有变大。过去，国有企业的职工享受公费医疗，结婚后都能分到一套房。现在，企业职工可能工作一辈子都买不起一套房子。我退休后研究这个问题有没有意义呢？

鲍沃： 您提到一个非常重要的问题。在丹麦、瑞士、荷兰、瑞典这些小国家，影响人们行为的不是法律、不是政府，而是社会公德和规范。极高的收入并不违法，但不被大众接受。在教育、医疗条件完善的情况下，大多数人能自觉表现良好。人们并不懒惰，因为大家相互认识、了解。以波士顿为例，与纽约相比，波士顿是个小城，大家互相了解、认识，知道彼此为慈善做了多少贡献、行为如何。比如这家俱乐部，如果觉得一个人不好，就不会邀请他加入俱乐部。过去20年，俱乐部接收了不同宗教、性别的会员，前提就是基于了解。因此，治理小国容易得多，治理大国和治理小国差异巨大。在波士顿发生的马拉松恐怖袭击中，伤亡之所以比较轻，就是因为在这样一个小城中，大家能第一时间前去帮忙、给予医疗救助。有民调显示，当地人民的幸福感很强。

※ 财富当然可以分配给经营者和员工。

宋志平： 最后还有一个问题。我觉得目前企业的财富全部分配给资本，这样并不对，应该适当分配给部分经营者和员工，比如给经营者一些股票、给职工一些利润分红权，让大家共享。华为目前的做法就是这样。所以我认为对共享的研究很有意义，您是否支持这种想法？

鲍沃： 我和您所见略同。现在商学院教授的理论都是以股东为中心，追求股东利益最大化，但我认为应该以公司为中心。实际上美国的法律就是以公司为中心的。财富当然可以分配给经营者和员工，对这方面的研究非常有意义。

02

创新·未来已来

——对话诺贝尔经济学奖获得者费尔普斯

* **时间**：2019 年 8 月 27 日

* **地点**：北京未来科学城北新建材科学院

由中国上市公司协会、中国企业改革与发展研究会、首都企业家俱乐部主办，北新建材承办的"未来已来·北京未来科学城创新论坛"在北新建材科学院召开，宋志平与诺贝尔经济学奖获得者埃德蒙·费尔普斯围绕创新展开精彩对话。论坛由新瑞学院院长何志毅教授主持。

※ 财富是靠大家的智慧和劳动产生出来的东西，不是你有我就少的关系。中美两国也是这样，中国人努力，中国创造的财富多，美国人努力，美国创造的财富多，大家共同努力，我们就会联合创造出更多的财富。

何志毅：现在有请埃德蒙·费尔普斯先生和宋志平先生上台。

我先讲一讲埃德蒙·费尔普斯跟他老师的关系，他的老师叫托宾，1981 年的诺贝尔奖获得者，提出了经济学上著名的"托宾 Q 理论"[①]。据说埃德蒙·

[①] 托宾 Q 理论是经济学家托宾于 1969 年提出的一个著名的系数，即"托宾 Q"系数（也称托宾 Q 比率），该系数为企业股票市值对股票所代表的资产重置成本的比值。

费尔普斯就曾挑战了他老师的理论。埃德蒙·费尔普斯教授跟宋总对文化都有很深厚的了解。埃德蒙·费尔普斯第一次来中国是 1986 年，我们大致算了一下，他来中国快 40 次了。基辛格在《论中国》一书里写到来中国 50 多次，从毛泽东一直见到习近平。费尔普斯教授来中国也见到了习近平、李克强等领导同志，对中国文化很了解，我们从书里看到他对中国很友好，对中国发展也很期待。宋总对美国文化很了解，特别关注美国各种新技术、新趋势、新经济思想和新管理思想。我想请你们两位互相评价一下两国文化有什么差异。

宋志平：我第一次去美国是 20 世纪 80 年代，大家知道当时中国的环境是比较差的，当时觉得什么都很新奇，美国机场、高速公路都是新的，那一次我所在的团队在美国还出了车祸，事故之后美国人处理得很快。我从爱丽丝岛望过去看世贸大厦，在世贸大厦上面登高远望纽约景象，当时觉得美国就是个天堂，给年轻的我心目中留下了很深的印象。经过了这么多年，中国建材上市以后我也多次到美国路演，跟美国基金公司打交道。最近一次去美国是 2019 年 3 月，在华盛顿世界银行总部进行一场演讲，主要讲的是水泥的现状和发展以及气候问题。我接着去了哈佛大学，针对中国建材重组水泥和民营企业联合的央企市营案例，在哈佛商学院演讲。我还去了麻省理工学院，研究了麻省理工学院产学研的创新体系，受到很大的感染。我们跟麻省理工学院签了个战略协议，成了麻省理工学院的联盟成员，今后享受麻省理工学院的一些技术支持，中国目前只有三个企业做到这一点。

坦率地说，20 世纪 80 年代我第一站去的是华盛顿，这次再去到华盛顿，感觉是：美国现在怎么那么旧了？尤其是华盛顿，道路都坑坑洼洼的。相比之下，中国这 30 多年发生了翻天覆地的变化，中国的机场、高速公路、城市，变成了我 30 多年前看到的美国。但是有一点我印象很深刻，华盛顿也好、波士顿也好，每个单位门口都挂着一面很大的国旗，包括饭店里也会有国旗。华盛顿的林肯纪念堂，以前只有越战纪念，现在又增加了一些军人阵亡纪念碑的铜像雕塑。看完之后会有一些感受，美国这个社会崇尚爱国主义和英雄主义。美国有 7% 的英雄，带领美利坚这个民族前进。

"创新 + 企业家精神"，是美国能够领导世界发展到今天的根源。美国这些年一直是全球创新的领导者,但现在美国无论在创新方面还是其他方面,都不及以前了。2010 年,日本的大前研一就在《再见吧,美国》一书中指出美国以前是非常先进、非常有境界的一个国家,可现在不如从前了。这就是我现在对美国的印象。

何志毅: 谢谢宋总,请埃德蒙·费尔普斯教授评论。

埃德蒙·费尔普斯: 是的,我觉得这是特别有意思的议题。我也在清华大学做过一个小的演讲,跟清华大学的学生分享了我的一些假设,讲到了日本人的品格,中国人的儒家思想。谈到孔子的时候我问在场一个特别积极的学生,我说对了吗,他说部分是正确的。对于美国人来说,完全理解中国文化是挺困难的,尤其是国学这样久远的古代文化。

关于美国的文化和价值观,心理学家和经济学家之间经常有一些争论,他们可能在这方面做了一些研究,也会有一些不同的观点。美国梦的实质具体指什么?从表面上来看可能是关于我们自己不同的信仰。美国梦曾经是什么,现在是什么?从 19 世纪到 20 世纪早期,当时的美国梦可能是这样一种梦想,不是要在什么远大的目标上取得成功,只要说你有很好的成功的机会,能够做你喜欢做的事情,这就是一种美国梦。当时也有一种观念导向,人生要留下痕迹,留下标记,尽管是很小的一个标记,这跟 19 世纪到 20 世纪早期美国价值观有很大的关系。另外,假如你努力工作了,在某方面抓住了一些机会进行了投资,你是否会得到奖励呢?是的,你会看到你所投资的大船驶过来了,这是一种比喻,开过来的大船就是要奖励你的付出和投资的。

现在我不认为会有这种导向出现了,美国年轻人有时候也会很困惑,他们不知道该做什么,他们的人生该怎么规划,他们是否要有一些假设,他们是否要做一些伟大的事情,而且他们有时候又没有很强的判断力。因此,我认为现在的美国梦跟过去的美国梦有一定的相关性,但也是截然不同的。

中国梦是什么?我不是说我要大胆猜想中国梦过去和现在是什么,我只是也在思考。假如说一个世纪以前,在中国应该没有这么多的个人主义,或者说在当时中国个人主义应该没有美国那么多,你不会找到这么多愿意实现某些事情或做出某些成就的中国人,这是一个世纪以前的情况。如果我说错了请大家指正，我很愿意学习，了解更好的中国。现在我在想，中国是否也在接近美国梦呢？而美国人在自己的美国梦中退步了。我们可以更好地讨论一下。宋总对这个问题有没有回应？

宋志平：中国和美国这两个国家，从我个人的理解，今天中国对美国的了解超过美国对中国的了解。这些年中国改革开放的过程很大程度上是向美国学习的过程，但美国人是不是很好地研究过中国？我觉得没有。有一次美国一个大投行的CEO跟我交流，我说中美两国还有沟通不够的地方，中国很多人对美国还是研究了很多的，但是美国人对中国了解不够。他说是的，最近他们都在请老师讲《论语》，研究中国的国学，研究中国根儿里到底是什么东西。后来我说光研究《论语》不够，在中国国学里核心思想不完全是《论语》，《论语》基本上是我们的待人处事、礼仪行为方面的做法，真正中国文化的核心理念和思想是老子5000余字的《道德经》。他说宋总能不能先跟他说一句《道德经》的内容，我就说了道德经第81章中的最后一句"天之道，利而不害；圣人之道，为而不争"。我们中国人信奉不去害别人，不去无谓地争抢，这既有优点，也有缺点，竞争性不是那么强，但是比较包容、和谐，主张共赢。

王玲老师是中国政法大学商学院工商管理系的系主任，她送了我一本书《清教徒的礼物》，这本书非常好，讲美国这个国家的移民是怎么来的，当年都是从英国很多小乡村里走出来，大家坐着船来到了美洲大陆。美洲大陆的冬天寒冷，有些移民没有算好食物储备量，很多人都冻死或饿死了，也有的在美国顽强地生存下来了。移民来到美国的并不是什么大款，都是一些清教徒。他们的价值观里有几点：第一，要建设天国，天国就是美国梦，美国人的美国梦就是从清教徒里来的，每个人都想要建一个新的天国。第二，有创新的精神。第三，集体主义。第四，勤俭持家。为什么美国这样一个年轻的国家能够迅速地发展起来，我看了《清教徒的礼物》这本书还是很有感触的。了解美国的过去才能知道它的现在，了解它思想根源的地方，才能了解它为什么成功。美国人也是这样，你们要了解中国，就要了解中国最核心的思想，为什么中国改革开放40年能够走完全世界其他国家要一两百年才走过的道路。其实40年前没有一个人相信中国40年后会成为这样，包括在座年纪大一点的前辈，做梦也不会想到现在有了这样的成就。中华民族，第一，很有智慧。第二，很勤奋。一旦有自由发挥的机会，民众的聪明才智就会焕发出来。大家想想当年去深圳的都是什么人？全国各地的年轻创业者，操着不同的口音，建设成了现在繁荣先进的深圳，这跟美国有特别相似的地方。人的来源不同，但是殊途同归，一旦有一个适合创新的土壤，一旦有个适合创业的环境，人的智慧和活力就会像火山一样爆发出来。财富是一个靠大家的智慧和劳动产生出来的东西，不是你有我就少的关系。中美两国也是这样，中国人努力，中国创造的财富多，美国人努力，美国创造的财富多，大家共同努力，我们就会联合创造出更多的财富。

※从一个国家生产力提升的速度来看创新，可以考虑用一个概念全要素生产率（TFP）来衡量一个国家的创新程度。

何志毅： 回到创新的定义，大家知道世界上有两个创新排行榜，都是由瑞士人主导的，一个是瑞士洛桑国际管理学院（IMD），一个是达沃斯论坛。我32年前在瑞士留学，是IMD的校友，但我对那一套评价指标不是非常认同，过于复杂，每个指标很细。其中有个指标叫人均诺贝尔奖获得者，一算出来瑞士是全世界最高，比美国还高。瑞士对创新或诺贝尔奖的贡献难道比美国高吗？我认为不能用人均表达。举个例子，瑞士总人口800多万，而中国近14亿人口，按相对指标来说中国肯定不如瑞士，这就不太合理。我跟费尔普斯教授讨论过一次，当时没有结果，我们想有没有一个简单的指标衡量一个国家创新程度，比如恩格尔系数或基尼系数，基尼系数就是用一个指标衡量贫富悬殊，恩格尔系数用一个指标衡量收入状态。我想请教埃德蒙·费尔普斯教授：在你心中有没有更简单的评价一个国家和民族创新的指标？

埃德蒙·费尔普斯： 创新是什么？这是一个问题。创新的目的是什么？这是另一个问题。大体来说，发明就是对一个全新事物的创造，如果一件事物是新的，而且这种新的事物可以用于生产，就是创新。创新就是要在我们头脑中思考和形成更好的做事方式，或者一件可以做得更好的事情。一个公司可能会寻找一些创新，目的是希望提升它的利润。我们是否能够有一些指标对创新、创新的程度和速度进行衡量？我和我的研究团队正朝着正确的方向发展，我们在近几年做了一些研究，从一个国家生产力提升的速度来看创新。创新要么是一个更好的产品，或者同样的产品带来更加高效的资源配置，用更少的劳动力或资本生产出来，这样同样的劳动力和同样的资本能够带来更多的产出，也会带来生产力的上升。

从这个角度来说，我们还可以更加精准和谨慎一点，当你看数据的时候，看到一些国家生产力上升了，但是你怎么知道生产力的上升不是因为投入了更多的资本，或者有更多的劳动力呢？比如同等劳动力下，资本密集度提升了，这样生产力就提升了，但是生产的方式根本没有改变，所生产的产品类型也没有发生变化，并没有出现创新。如果仅仅看生产率的提升，你会觉得这个国家非常具有创新性，但也可能事实上这个国家根本就没有创新，只是资本大量的投入，使得在现有劳动力基础上生产率提升了。那我们怎么做？可以用一个概念——全要素生产率（TFP），全要素生产率是劳动力生产率加上资本生产率的加权平均。我的研究团队基于此做了大量的研究，法国银行给我们提供了大量的数据，当时也特别幸运能够拿到这么多数据。这些数据涉及法国、英国、德国等大概18个国家，时间范围从1890年一直延续到2013年，我们可以看到每个国家的全要素生产率奇迹般地上升。

我们思考一下这些生产率的提升。一方面，法国生产率的提升是由全球共性知识的增长所带来的，也就是说跟法国没有关系的，这个占到多大比率？另一方面，全要素生产率的提升，多大程度上是由进口带来的？比如从德国、英国进口所带来生产率的提升。此外，从熊彼特的角度，科学发现带来经济的发展。那么，法国这个国家的生产率提升，除了能解释的国际贡献部分和科技发明部分之外，剩余解释不了的部分有多大？因此，我们用统计的方法可以测算，每一个国家生产率的提升，减掉全球知识科学发明的进步和其他国家所带来的，多大部分是这个国家本身的努力带来的，这个残值就是该国自己的贡献。我们从实验的角度，非常费力地花时间做了统计分析，看出法国和其他有数据的国家自主创新做得怎么样。数据展示了自主创新所带来的生产力的提升,在西方国家其实已经放缓了,有一些国家放缓的幅度更大一点。美国也是如此,并不是因为科学家在实验室不再创造出新的科学发明了,不是这个原因。

何志毅:现在中国在世界各领域都有所参与,也想创造一些影响力。比如过去世界大学的排行榜有 4 个,现在上海交通大学的排行榜也越来越受重视,中国也有组织机构参与世界国家的信用评价。关于创新的评价都来自瑞士,永远是瑞士排第一,有没有道理?可能有道理,可能也不全面,我们也有机会重新创造一个世界各个国家创新力的排行榜。我的母校 IMD,因为这个把名声打得很响。在费尔普斯教授的参与和领导下,宋总,我们能不能独辟蹊径,创造一个衡量国家和民族创新的排行指数,扩大我们的影响力?下面请北新建材董事长王兵先生提问题。

※文化也是在发展和演进的,美国出现了几十年以来文化的动荡时期,我认为文化在朝着很多的方向发展,在中国也是如此。

王兵:很难得的机会能给费尔普斯先生提问题,建议一下,希望能给参会的大家也有三四个提问题的机会。首先感谢费尔普斯先生光临北新建材,刚才参观了我们的展厅,讲到创新和文化的关系,我第一次知道费尔普斯先生的思想是宋总在中国建材集团的会议上多次讲了您关于创新的理论和论述。其中让我印象最深刻的是《大繁荣》里提到,创新起源于文化。我的问题是:中国文化中儒家文化是比较强调层级,而且封建专制文化对中国影响是比较深远的,中国强调儒家文化和管制的文化,是否影响中国创新方面在全球的竞争优势?我们作为一个个体或企业,如何在这样的文化环境里,在未来的全球竞争中发挥好创新的优势?

埃德蒙·费尔普斯:在对中国的了解,以及对中国儒家文化的了解上,你可能高估了我的能力。但是我的直觉和倾向认为,的确在中国存在一些儒家文化思想,当然也有其他的思潮,所以我觉得中国人所持有的价值观也是在不断发展的，在美国也是如此。几天前我看到一篇《华尔街日报》的报道，提到美国人以前相信宗教以及其他一些事情的重要性，但是现在他们不这样认为了，完全改变了。《华尔街日报》的作者对此是感到特别惊奇，也许有些人认为这项研究里心理学家运用的研究方法存在一些错误。不管怎么样，在一个国家里真实的价值观并不是静态的，不会像光速一样永远不变。文化也是在发展和演进的，美国出现了几十年以来文化的动荡时期，我认为文化在朝着很多的方向发展，在中国也是如此。

何志毅：这确实是一个很深的话题，很难回答。马克斯·韦伯曾经写过一本《新教伦理与资本主义精神》，在之前他还写了《儒教与道教》，讲中国文化里缺乏资本主义精神，宋朝的时候中国就有资本主义的苗头，后来没有发展成资本主义。我也在想这个问题，中国改革开放之前华人到世界各地都那么会经商，马克斯·韦伯的观点值得怀疑，现在中国已经用自己的经济发展成功证明了这一点。我补充一点，我觉得我们的文化里还是有创新精神的。我想起一句话，"苟日新，日日新，又日新"，这是商汤时代的帝王成汤，在大概3000年前刻在自己洗澡盆上的座右铭，后来演化为"日新月异"。中国文化在商朝，作为一个帝王就开始警惕自己要勤于省身，不断革新，他不是说要天天洗澡，他就是想要维持创新，在思想上要新。我们能从根子里找到自己民族创新文化的基因，不是说儒家文化要我们保守，不要创新，其实科举制度就是一个伟大的创新。我同意王兵董事长的建议，既然有这样难得的一个机会，北新建材的来宾们有什么问题可以问我们。

※ 中美两个国家需要更加紧密地走到一起。

听众：谢谢您给我这个机会进行提问，我是王兵的同事，负责国际事务，我很荣幸也很高兴，宋总一直是我们整个集团员工的导师，给我们很多指导。费尔普斯教授的《大繁荣》这本书在中国非常受欢迎。我的问题是，北新建材是一家具有很强创新精神的公司，有超过3545个应用专利，您可以看出北新建材是具有很强创新力的公司，而且我们的创新方法也非常的先进，采用的

"双线择优"管理模式①是管理方面的创新。但大环境上，我们面临着两大经济体中美之间的贸易摩擦。请问费尔普斯教授：是否有很好的方法通过创新帮助中国公司或美国公司缓解贸易摩擦带来的冲突和压力？

埃德蒙·费尔普斯：谢谢你的精彩提问，这一点很难做到，的确是很有挑战性的问题。我认为两个国家需要更加紧密地走到一起。全球各国现在比以前更加紧密，有一些很好的项目合作开发和促进创新，也有一些类似的尝试在美国和中国之间开展。比如雅虎公司，以及硅谷一家巨头公司，他们一直跟中国科学家进行联合研发，开发一些新的事物。美国政府对此表达了不满，当前的美国政府不希望美国公司跟中国科学家在这种创新项目上进行合作，或者说不想让美国人跟外国人进行合作，他们觉得从这种合作过程中，美国并不是能够完全受益。因此，美国当前有比较强烈的国家主义或民粹主义，这种民粹主义不会短时期就消失，尤其针对中美两国的联合研发项目。这一点很不幸，我们就处在这种现状之下。

※倡导"草根创新"，他们愿意思考如何找到改进和解决问题的办法，公司就会变得更加多元化，有更强的活力，公司更有可能取得创新。

听众：我想给费尔普斯先生提个问题：您在《大繁荣》里很强调创意在企业创新中的作用，很强调员工拥有创新的价值观对于员工创新的促进作用。我们该怎么在大企业里发挥员工的创意，增强他们的活力，最后对企业创新有更大的促进作用？谢谢！

埃德蒙·费尔普斯：我之前还没有想过这个问题，在写《大繁荣》这本书的时候我只是在设想，我觉得一家公司里有些员工他们早晨醒了就有好的创意想法，或有更好的解决问题的办法，或经营的办法。我也设想这个人可以把他的创意和想法跟公司的高管进行沟通，如果高管或经理喜欢他的创意，他们会

---

① "双线择优"管理模式，即围绕客户和区域设立虚拟区域公司，组建全产品全业务、产供销一条龙、快速反应自主经营的业务经营部门；围绕产供销和研发等关键领域设立"业务型"职能部门，组建战略性协同性业务支持系统，实现"总部精干、业务强大"。

充满感激,给这个员工一定的奖励,每个人都会感到很开心。我一直在想,每个人在公司里都有不同的职位,每个人都有一些这种一时兴起的或比较自主的倡议,都有一些好的活动和想法,这些人有好的倡议可以大胆地提出来,他们可以提出一些新的概念、创意和想法,公司应该对这些人充满感激。我经常用"草根创新"这个术语,也经常在思考或假设,有些人可能来自社会各界,或者来自不同的公司,他们在工作过程中自然而然就会思考,有时候他们就会愿意思考如何找到改进和解决问题的办法,如何改进公司运营的方法。或者从更广的范围来看,人们思考的角度更广,在不同职位或不同层级的人士有更强的思考能力,公司就会变得更加多元化,有更强的活力,公司更有可能取得创新。

※ 中华民族是很有创新文化的民族,今后还是能够继续把创新做好。

何志毅: 我最后问宋总一个问题:费尔普斯这本书里写过,一个国家的经济繁荣跟背后的文化价值观有关系,但是这里又隐含了一个困惑,因为价值观是持续的,却好像没有一个民族的价值观能够持续地使这个民族永远创新或走在创新前沿,创新中心从欧洲转移到美国,又从美国转移到中国。有人说中国最勤奋的一代人正在老去,那中国的大繁荣能持续多久?背后价值观所带来的创新能持续多久?

宋志平: 关于创新文化,对于我们国家儒家文化对创新会有禁锢的影响,我不这样看,我认为中华民族是个创新的民族,我总是想凡是能写神话故事的民族,都是创新的民族。比如英国人能写《哈利·波特》,中国人写了《西游记》。我跟干部们讲,我们平时的竞争都是普通的竞争,但你看《西游记》里,打斗打不下去就变出宝贝来了,宝贝是什么?就是创新。《西游记》里都是"从0到1"的想象,金箍棒,变小能插到耳朵里,变大能成为擎天柱,想象力是无穷的。吴承恩在连云港那儿写的《西游记》,连云港有个很小的山,300多米高,上面有些小猴子,就是他所谓的花果山,一个小瀑布,他想象就是个水帘洞,他就在那儿想象出了很多未知的东西。创意、创新、创业是连在一起的，我觉得我们的民族不缺少想象力，是很有想象力的民族，包括《封神演义》和金庸写的小说，里面全是宝贝。所谓中国武侠小说，最重要的就是作者想象出的各种宝贝，打仗打不动了就出来一个宝贝，双方斗宝，最后是宝贝制胜，这些宝贝就是创新创意。

所以我觉得中华民族是很有创新文化的民族，只要这个大环境允许，过去40年我们就是这样发展起来的。现在中国政府的政策是加大改革开放，我们今后还是能够继续把创新做好。费尔普斯先生回到美国后，我倒是有个建议，关于美国政府不愿意把技术卖给中国公司。技术不是黄金也不是钻石，为什么要把它藏起来？每天都有新技术产生，今天的技术不卖，明天又出现了新技术，老技术就一文不值了，留着它干什么？作为一个技术公司，技术是商品，得流通，流通以后赚了钱再开发更新的技术，我认为这应该是正确的逻辑。现在美国的技术不卖给中国，要封锁中国，一封锁中国就要自己干，最后中国还是有了技术，但美国的技术却没有变成钱，那新技术靠什么开发？科学家靠什么发工资？我不能理解这样的做法。黄金不给中国我能理解，但是技术不是简单的能保值的东西，技术是随着时间贬值的东西。

何志毅：时间的关系，今天的对话非常精彩，我们希望费尔普斯教授永远健康，永葆敏锐、新锐的学术思想，持续为中美友谊和人类做出贡献。我们也祝愿宋总持续带领中国建材集团创造更多的宝贝。我们跟美国一起拿出更多的宝贝来互相交换，中美两国以及世界各国一起，按照习近平总书记讲的，创造人类命运共同体。谢谢大家！

03

中美产学研创新体系

——对话麻省理工学院媒体实验室院士张曙光教授

* 时间：2019 年 10 月 8 日
* 地点：中国建材

麻省理工学院和中国建材 2019 年 8 月签署了校企合作协议。麻省理工学院媒体实验室院士、首席研究科学家张曙光教授和山姆博士 10 月 8 日来到中国建材进行访问和学术交流，宋志平与张曙光教授以中美企业和大学创新为主题展开了对话。

※ 创新要自下而上的创新，个人是创新的主体，要鼓励个人的好奇心。把不同学术、文化背景的人放在一起，往往会碰撞出火花，有利于创新。

宋志平：麻省理工学院只有 1000 多名教职员工，却为美国乃至世界培养了一批批顶尖的人才，做出了那么多的创新和贡献。我一直在想，麻省理工学院为什么会出那么多诺贝尔奖获得者，为什么能够号称"世界第十大经济体"，他们和我们教学和培养的最大的区别是什么，我们什么时候可以诞生像麻省理工学院这样的大学，和英特尔这样的企业。因此，了解麻省理工学院的创新路径和大学精神，对我们的产学研合作创新和培养企业家精神将会非常有裨益。

我的问题比较简单，都是围绕创新。您去美国这么多年，请从您的角度或麻省理工学院的角度来帮我们解答一下。我很感兴趣的问题是：美国的创新是完全市场化的，还是说美国有一个创新体系，比如在中国，叫"产学研"结合？美国作为全球创新大国，是创新的引领者，到底美国的创新有没有一个体系？

张曙光： 要回答您这个问题，我先向您推荐两本书。

第一本书叫《爆裂》，是麻省理工学院媒体实验室主任写的，里面讲了好几件事，其中之一是说创新要给一个方向，不要给一张地图，地图是非常细的，而方向是一个大的方向；还讲了要从下往上创新，不是领导说要创新就创新了，领导说要创新只是一个方向，是要鼓励人们的好奇心，这一点是非常重要的，创新应该是从个人来创新的。

第二本书叫《AI未来》（*AI Superpowers*），是李开复写的。这本书强调最重要的创新是人，钱只是起一部分作用，要来自不同领域、甚至各个地区的人。在美国，来自不同国家、不同文化背景的人，把他们糅在一块，新的火花就出来了。若是一样的人，每个人想的常常是一样的；若是不同的人，每个人的思想不一样，才能碰撞出火花。我们在媒体实验室，有人做电脑，有人做软件，有人做硬件，有人是艺术家，还有人是作曲家，这些不同的人在一起，讨论的时候就能碰撞出火花。你们要成立研究所，要招不同的人。举个例子，苹果公司办公室厨房与厕所的设计，都是有用意的，鼓励人到那儿去无意中碰上、激发出火花。所以在办公建筑里，楼上楼下还不如在一层工作，在硅谷的很多公司建筑都是平面很大，楼层很少，这是有道理的，在平面层碰上的话一会就聊起来了，以上是从建筑结构为例来说，最关键的还是要为人创造条件。

创新就是要打破条条框框，不按老的规矩做事，这一点是比较难做到的，要一层层地向领导汇报，要完成任务就很难创新，要创新就要给他们足够的空间和时间。

※美国大学支持老师开公司，建立了成果共享的激励机制，还承担专利申请费用，但老师不能担任公司CEO或主要领导者职务。很多创新来自小的公司和大学，并不来自国家实验室。

宋志平： 在美国，从国家政府的层面上来讲，对创新有没有一些政策？

张曙光： 没有，在美国有个引导政策，我打个比喻，蜜蜂或者蚂蚁，给它一点糖它就来了，在美国若有个新项目，会引导鼓励大家来做。最近机器学习（machine learning）很红，政府和公司就出钱，吸引人来做这个事情。

宋志平： 政府不也有国家实验室吗？

张曙光： 国家实验室有它自己的事情。其实美国的国家实验室人很多，但是创新能力很差，是为了完成任务，比如国家健康中心只研究癌症等与疾病有关的事情。真正的创新往往在小的公司和大学里，大学里的年轻人天不怕地不怕。比如山姆博士研究的仿生设计新型结构材料，利用传统材料获得了轻质高强等性能，可以有非常多的用途，做得非常出色。

宋志平： 我们知道麻省理工学院是一所私立大学，那么麻省理工学院这样的大学和政府之间有什么关系？

张曙光： 没有。政府就给研究经费，我们对什么感兴趣就写给政府，政府拨钱。

宋志平： 如果政府拨钱的这些项目有了成果，这些成果转化来的钱是归政府还是归学校？

张曙光： 归学校和个人所有。1980年，美国国会参议院颁发了一个新的法案，就是《贝赫－多尔法案》，也称为《专利和商标法修正案法案》，在20世纪80年代以前的发明创造归政府所有，之后的共享。所以，以前老师也没有积极性去申请专利，20世纪80年代以后，法案颁布，老师的积极性都来了。

宋志平： 那么学校和个人是什么关系？

张曙光： 老师占三分之一；学校占三分之二（其中50%放到系里或者实验室里）。

宋志平： 这就是他们的激励机制了。

张曙光： 老师的这三分之一放在个人腰包里，而且他们不用出钱申请专利，这一点很重要。假设申请1个专利老师需要出3万美元，若老师申请10个专利就需要30万美元，老师就没有钱了，学校可以给他垫，再通过公司把成果转让出去，钱就收回来了。很多大学，比如在日本、欧洲的大学，老师自己申请专利,所以他申请专利很少,他们没有钱去申请10个、20个专利。

宋志平: 在中国,我们讲"产学研","产"是指企业,企业也有创新能力,"学"指的学校,"研"是指研究院,这是"产学研"结合,但是总结合不好。政府在中间起促进作用,给予一些资金或者项目的支持,后来政府又提出来企业是创新的主体。我们对美国这方面特别感兴趣,美国的创新是以企业为主,还是"产学研"结合,政府在里面扮演着怎样的角色?美国也有国家实验室,有大企业,像麻省理工学院、斯坦福大学这样的学校也很厉害,在创新体系里面起到引擎作用。到底美国这套系统是怎么运作的,各自承担什么角色,他们是相互配合还是各做各的?

张曙光: 以前美国有一个贝尔实验室,在20世纪四五十年代为美国的电信做出了卓越的贡献,后来为了反垄断,贝尔实验室被拆散了。之后,由于经费不足,谁也不愿意投资做长期研究。英特尔公司以前也有自己的基础研究,但没做手机芯片,在这方面就落伍了。在公司里,谷歌和微软目前做研究做得最出色。Facebook和苹果也做一些,苹果做的一些研究非常专。在工业界,像制药厂以前也做很多研究,现在也越来越差,大公司出的新药越来越少,因为他们比较保守。美国有个不好的现象,就是每隔三个月要汇报一次公司赚了多少钱,有些投资人看公司三个月不赚钱了,就把股票卖了,公司就会受影响,影响了创新投入。所以现在辉瑞这种大公司,都搬到麻省理工学院旁边,把钱给学校,并且买当地的小公司,当地的小公司也是麻省理工学院的人出去开的,很多制药公司集中到一起。

宋志平: 若是中国的制药公司搬到波士顿,或者在那里建一个研究中心,你觉得怎么样?

张曙光: 制药公司关键问题是要找人,为什么要搬到波士顿去,是要把麻省理工学院毕业的学生招到那边去,以前很多制药公司在新泽西,招不到合适的人,所以把公司搬到波士顿。政府现在出了新的政策,允许教授开公司,教授同时可以开10家公司。

宋志平: 我们对这个比较感兴趣,为什么让学校老师开公司,这个影不影响他的教学、研究?

张曙光： 麻省理工学院有一个非常严格的政策，老师把专利拿出去开公司，不能当公司的 CEO、CTO 等，就是带"C"的都不能当，但是可以当顾问，一年开四次会，学校允许老师每周有一天可以干非教学的事情，一年有 52 天，老师们可以用这个时间来开公司，这一点非常重要。为什么不让老师当 CEO？因为那样的话老师只能待在这个公司，不能去其他公司了。我开了三家，都有股权。对老师的股权，原始股份没有限制，但之后还要和投资人分。我举个自己的例子，我开第一家公司的时候占了 40% 的股份，后来投资者来了，稀释再稀释，稀释到上市之后我只有 40% 股份的 1.1%，现在公司值 12 亿美元，这 1.1% 也值 1000 多万美元，稀释没有关系，关键看你的技术，投资者承认多少。后来上市了，学校卖了好几百万美元，都划算。

宋志平： 在麻省理工学院学生创业是从几年级开始？

山姆： 一年级就可以开始。学生创造的收益直接归学生，学生开公司没有限制。麻省理工学院非常希望学生去创业。

※ 要鼓励多学科的交叉，不要设置一些专业的限制。开放和包容是创新的要素，创新是一个有机生长的过程。

宋志平： 我们以为媒体实验室是做电视、通信之类的，像你们的数字材料、新材料都是在媒体实验室发明的，所以说这是一种创新，你们这种专业的实验室，并没有受到最初专业的限制，而是发散式地去做，包括你们的陈刚院士，起初是机械系的，后来也做能源、材料，他带什么学生都可以，只要学生能找到研究方向和研究经费，他就可以带。我对这个很感兴趣，这个事情你怎么看？

张曙光： 麻省理工学院是比较流动性的，没有规定你在这一个系只能做这一个方向，做生物的可以做细胞机械学，做电脑的可能去做基因工程。我以前做遗传学，现在做材料学，没有人说不可以。麻省理工学院整个学校有三分之一的人做与生物健康有关的领域。生物系有 70 个组，材料系有 100 个组，电子系也有 100 多个组。

宋志平： 现在麻省理工学院有五个学院，我听说正在筹备第六个学院，和大家都有关系的一个学院。

张曙光： 是电脑学院，正在筹备中，需要找 50 个研究组。

宋志平： 你觉得中国的学校和麻省理工学院这种学校相比，有什么地方需要改进和提高？

张曙光： 中国的工科院校跟麻省理工学院不一样，若在化工系的人不太可能去做电脑的事，限制很多。这个太重要了。为什么麻省理工学院一个系很大？就算你对其他方向感兴趣，想换题目也不会"踩到别人的脚上去"。20 世纪 60 年代有个生物系已经有 60 多个人了，他们想把它分成五个系，分成遗传系、细胞系等，很多人坚决反对。

宋志平： 清华大学现在也鼓励老师开公司了。

张曙光： 中国创新资源的配置还需要平衡，要鼓励有创意的年轻人创新。资源配置不合理的话，对创新是极大的损害。

宋志平： 刚才我们讨论了创新体制，老师、同学都有积极性，这和麻省理工学院的创新机制有关系。《大繁荣》这本书在中国影响很大，这本书的核心观点是创新和文化有关系，一定要有现代观念，这样才能够创新。在整个波士顿，围绕麻省理工学院这一核心，围绕 128 公路形成了环状创新带。我比较好奇为什么能形成这样一个创新带、创新氛围，吸引着全世界的科学家都要到那里去。中国想搞开发区，把大家弄到一起去。您看硅谷、128 公路，都是自发地慢慢聚集起一批科学家，为什么会形成这种现象？

张曙光： 这个和学校分不开，和州也有关系，这个州对移民接受度高，但其他南方的州对移民接受度低。总的来说，这个和身份、环境、移民、商业文化、城市开放等都有关，再加上学校是核心，包容性非常重要。俄罗斯的工业都挺好的，但是没有包容性，所以创新较少。

山姆： 有一本书叫《开放、包容与创新》，大家可以看看。

宋志平： 不仅和科技的能力、教育的水平有关，创新是一个商业过程，是一个把科技、教育商业化的过程，这就和环境有关系。在学校、企业里都是这样。在波士顿这个地方，税收政策上有没有一些支持？比如搞初创公司，最开始的时候在税收政策上有没有支持?

张曙光: 没有税收的支持,反倒是得克萨斯州等南方的一些州有。

※ "教育"要改成"学习",希望中国的孩子多看书,有时间想和做自己感兴趣的事情。中国在创新机制和创新资源配置上可以向美国学习。

宋志平: 中国现在也在搞创新国度,我们搞"大众创业、万众创新",我们也在学习美国。您对中国的企业、学校在创新方面有什么建议吗?我们应向美国学习什么?我们和美国的不同在哪里?

张曙光: 坦白说,这个是有关教育的事情,中国的教育和美国的完全不一样。中国孩子考试成绩很好,比美国孩子强,然而兴趣是最好的老师。中国孩子看课外书的时间比较少,也很少有时间想自己真正感兴趣的东西。而美国孩子就是玩,玩乐高、玩电脑。看书是系统化的学习,我9岁时看过一本书叫《科学家谈21世纪》,那本书就启发了我想当科学家。看书刺激孩子的想象力、好奇心,中国下一个40年的发展,要从孩子做起。

山姆: 学术研究要有自由气氛,不怕失败。这次我去了上海交通大学,发现有很多学生利用放假去工厂实习,为了兴趣去做事,这一点我觉得特别好。

宋志平: 教育是一方面,另一方面是创新过于行政化,所以这就是我刚开始问你美国创新体系的原因。政府引领创新活动的过程是从上往下的。而回想一下中国很多地方,比如义乌小商品市场的形成是自发的,"有心栽花花不开,无心插柳柳成荫"。

张曙光: 是的。为什么会有硅谷?有个叫威廉·肖克利的人,他发明了三极管,他母亲生活在加利福尼亚州,他在纽约,他母亲年纪大了他回去照顾他母亲,因此去斯坦福大学当教授了。他名气很大,很多年轻人愿意追随他,逐渐聚集在那里,这个过程是自然的、有机的,不过过程比较慢,需要40~50年。

宋志平: 中国政府希望加快创新步伐。

张曙光: 但是这样有一个弱点,就是招的都是一样的人,不是有机的。

宋志平：这不是自然形成的。比如盖一个小区，房子都一样，不像村子是自然盖起来的，每个房屋都不一样。还一个问题，中国发展速度很快，中国人多，有一定的财力，也向美国学了不少东西。对中国的创新美国人怎么看呢？是否有危机感？

张曙光：美国老百姓对中国的创新并不反感，但是政府官员有点怕，感觉中国崛起很快，有各种各样的猜测。大多数老百姓是非常欢迎中国创新的，山姆就很喜欢深圳这样的地方。

宋志平：我们这个企业是个主张创新的企业，17年前还是个资不抵债的公司，没有什么产业。这些年经过了大规模创新，包括制度创新、管理创新、经营创新、技术创新，现在全世界用的水泥、装备技术，基本上是中国建材的技术，从过去我们用跨国公司的技术，到现在跨国公司用我们的技术，只经历了短短十几年的时间。现在我们有六大新材料，也想着能够发展得更快一些。我们有26个研究所、3.8万名科学家、1.2万项专利，在中国企业中，无论在创新意识、创新文化、创新制度方面，我们都是非常鼓励创新的。2019年，我先后去了美国的哈佛大学、麻省理工学院，又去了欧洲的法国巴黎中央理工学院、德国奔驰公司，主要也是去看他们的创新。然后我又去了以色列、瑞士、瑞典、冰岛。2019年是我们集团的创新年，这也是个创新之旅。我们很热衷于创新，光去学技术也不行，也要去学习他们的创新文化、创新环境、创新体制。技术永远是追赶型的，是填补空白的，永远不会是突发奇想出来的。所以今天也是个学习过程，让我感受到了我们过去在技术、产品、装备这些方面看得见摸得着的差距，但这不是问题的本质，为什么我们没有麻省理工学院和硅谷，这是我经常忧虑的问题。所以我们不能简单地讨论技术、产品本身。就像你刚才讲的，俄罗斯的技术、教育、科学家很厉害，但是缺乏创新，较少地把技术转变成经济价值。技术这东西转变成商品、价值才有意义，因为技术随着时间在贬值，所以美国的创新技术应该及时和中国市场结合，这样有利于产生更多的价值，构建双赢。把技术卖给中国赚到了钱，有了钱再去研究更新的技术，美国不能搞关门主义，之前之所以是第一，是因为美国向全世界开放。

04

创新创业的国度
——对话《创业的国度》作者索尔辛格

* **时间**：2019 年 6 月 23 日
* **地点**：以色列

为进一步拓展中国建材以色列业务，加强与当地企业的合作，探寻以色列企业创新发展的奥秘，宋志平率团赴以色列，拜访相关企业、知名大学及研发机构，就企业创新创业开展交流。其间，宋志平与《创业的国度》作者索尔辛格以创新创业为主题进行了对话。

※全球性问题亟待革新性的解决方案。现在任何一个国家都在努力解决医疗、教育和城市交通三个问题，但总会有一个国家是这方面的先行者，未来这个先行者会是世界的领头者。

索尔辛格：首先给大家讲一下这本书为什么叫《创业的国度》，我更多是想谈谈未来、谈谈以色列是如何引领世界创新的。为什么说以色列是创业的国度？因为以色列有 6000 余家创业企业，而总人口只有 800 多万。以色列在创新研发上的投入是世界最高的，投入比重占 GDP 达 4.5%，这相当于平均到个人的创新基金是美国的 2.5 倍。放眼全球，目前只有以色列和韩国能达到这个水平，但与韩国的政府投资不同的是，以色列的投资更多来自私营企业的风险投

资。我们知道，目前世界上很多国家都存在大量创新型初创企业，中国有1000多家，其他国家也有很多。对于以色列来说，如果想在某些领域变成全球领先，仅靠目前的6000多家创新型企业还远远不够，未来需要更多。由于我们目前所面临的很多全球性问题亟待革新性的解决方案，所以最先找到解决方案的国家将在未来引领世界。我想从三个方面讲变革的需要：一是健康，二是教育，三是现代化城市。在有关教育的话题中，我会进一步解释是何种因素促使以色列成为创业的国度。

关于医疗，在美国非正常致死的原因中，比起战争、交通事故等因素，更大比例来自健康问题，比如心脑血管疾病、癌症、呼吸系统疾病、消化系统疾病等，每年大约有8%的群体因为这些原因死亡。我们希望将来能做到尽早发现和预防疾病，因为当我们察觉身体有异样的时候，往往为时已晚。如果将近晚期时发现疾病，目前的医疗系统包括医生、医院和医疗体系不仅来不及应对，而且治疗成本会很高。例如癌症，癌症晚期的治愈率或存活率只有10%。我们可以通过改革医疗系统，把发现癌症的时间曲线往前挪，这样会尽早发现疾病，留出更多时间解决健康问题。我们希望可以做到利用生物的机理特征，并配套监测装置实时监控身体某些指标。比如，我们想象10年之后或5年之后再次在这里会面，那时候我们的身体可能发生了很多机理上的变化，但是如果在这5年里，我们能对自己身体的某一些指标或数值进行实时的经常性监测，可能会更早、更及时地发现很多问题。

其实我们已经很熟悉大数据采集了，我们现在用的淘宝、微信和其他各种App，都已经在收集倾向性数据用来分析用户的喜好，根据分析结果预判用户未来的浏览习惯和消费偏好，就像我们在机械或工程行业也会定期监测设备的运行数据，对未来做预判性的检修，这个原理是一致的。但遗憾的是，我们还没有对最重要的机器——我们的身体，做类似的事情。

下面介绍一个例子。我们对比了两种人群的声音曲线——健康人群的声音曲线和心脏病人的声音曲线，对比结果差别明显。与损伤性的抽血检查相比，仅仅通过测量声音的音波就可以判断一个人的身体是否出现了问题，其意义十分重大。

接着讲一下关于教育方面的问题。教育是很重要的。为什么中国能如此成功？为什么以色列能这么成功？其原因很大程度上与我们对教育的重视密不可分。这两个国家的共同点是都非常重视教育，都认为教育至关重要。在教育方面，我相信以色列和中国乃至全球都面临着同样的教育危机，因为我们现在的教育体系还无法满足当前发展的需要，更别说满足未来发展的需要了。

我认为现在全球的教育面临着共同的问题。一名小学一年级的学生第一天进入课堂学习第一课时，是充满了好奇、兴奋，充满了各种求知欲的，是渴望学习各种新知识的。但在美国学生课堂参与程度趋势曲线图中，我们发现随着时间的推移和在校期间自我意识的成长，学生们最初的兴奋度、求知欲和参与度呈直线下降的趋势，该曲线在小学时期达到峰值，到了中学便急剧下降。

教育背后还存在着另一个问题。过去学生们毕业后能够立即找到工作，但现在情况发生了变化，大学生毕业之后不一定都能找到工作。很多毕业生面临着巨大压力，他们不知道自己能做什么，不知道自己是谁，也不知道自己想要什么，往往会发现自己已经缺失了在当今社会生存的技能。

随着社会的进步，人们对教育的需求也在不断增长。最初的农业社会时期，大家都在田间劳作，需要的教育很少。进入工业社会后，人们需要掌握知识和技能才能生存。当今是知识和信息的社会，是互联网信息时代，我们需要接受很多的教育，才能在这个社会生存和发展。但是我们的教育系统并没有随着社会的发展而演变，只是我们接受教育的时间变长了，或者读的书变多了，但即使是获得了博士学位的人，也并不意味着就是社会所需要的。可以想象一下，假如我们需要招聘一个工程师，我们可以问应聘者是哪个学校毕业的、有什么学历、有什么工作经验，但其实我们对这个工程师的要求并不仅仅如此，我们希望这个工程师有自己的思考能力、决断能力，他需要是一个很好的团队协作者，或者他是不惧发表不同意见的人，但是这些特点从简历上是看不到的。更不幸的是，在我们目前的教育系统中，学校方并不认为他们有责任培养学生的这些特质。

多年来，我们的教育是一成不变且被动的，我们走到课堂里，被动地接受老师的教育，但社会是瞬息万变的，需要我们主动去适应并随之改变，也需要我们克服其中的差异。有一本很有意思也很有价值的书，叫《人类是被低估的》，书里想象了未来的社会。在未来，人工智能在社会中承担着越来越多的角色，问题在于如果人工智能做得越来越多，人的角色是什么？作者提出的解答是人类在那样的社会中需要具备三种技能，这三种技能并不包括计算机编程或数学演算推理。一是同理心，二是团队协作能力，三是讲故事的能力。在人工智能高度发达的社会，当人工智能可以解决很多问题的时候，人类更像机器，机械性地遵循我们所学的公式或规则，而不是像现在这样拥有人性和人的特征。

现有的教育系统更多的是让学生获取知识：硕士阶段是什么知识，博士阶段是什么知识。但我们不仅仅需要获取知识，更需要懂得或掌握生存的技能。我们认为应该改进教育系统，让其更多地培养学生的生存技能，包括领导力、决策力、同理心、好奇心和沟通力。如何让现在的年轻人学习和掌握这样的技能？我们认为应给予这些年轻人挑战，让他们应对和解决问题。不是简单编造一道数学题让他们进行解题的演算，而是让他们真正面临问题，让他们寻找解决问题的方案。这就回到我为什么说以色列是一个创业的国度。目前，以色列的教育活动跟别的国家大同小异，在学校里年轻人学不到和掌握不了上述的技能，但以色列的不同之处在于学校之外。以色列这个国家能提供给年轻人"领导力培训"，年轻人可以通过应对挑战，掌握一些技能。

以色列有一些青少年的活动或者野营的活动，10~15岁的小朋友可以参加，完全没有成人的参与。这些活动会让15岁的孩子管理10岁的孩子，通过这样的过程锻炼他们的组织能力和领导力。我本人采访过很多初创企业的领导，他们中很多人提到这样的童年经历对培养他们的领导力和企业家精神是有益处的。在以色列，全民服兵役，男孩子服役三年，女孩子服役两年，在军营里得到的锻炼和学习也是很重要的。以色列的军队体系跟别的国家不一样，其他国家军队的等级体系还是很森严的，年轻人在军队里发挥不了很大作用。但在以色列是完全不一样的情况，对于一个年轻人来说，21岁、22岁或23岁就可能在军队里被授予一些很重要的职业锻炼。

下面讲讲城市，我相信这一点对中国来说也是很重要的。我们知道中国在城市化进程中面临很多困难和问题，比如停车系统。在城市化的大背景下，社会上出现越来越多的车，在确保城市面积不发生改变的情况下，如何能够停放更多的车辆？同时在道路上如何能够行驶更多的车辆？事实上，这是城市面临的一个巨大问题。以色列也有类似交通拥堵的问题，当面临交通压力的时候，我们也希望找到解决方案。人们现在想到的解决方案是无人驾驶汽车，认为可以提高行驶效率，帮助解决问题。无人驾驶汽车的技术确实很好，我们相信无人驾驶更高效一些，但我们也认为这并不能解决根本问题。马斯克曾经说过，如果我们能够把用车成本降低，肯定会有越来越多的人选择买车，这样我们面临的交通拥堵会越来越严重。当然马斯克先生也在研发无人驾驶技术，对他来说，这一点也是很重要的。

我们认为道路拥堵的问题主要是在交通路口。目前我们的交通系统是平面的，无论车辆是否有人驾驶，只要车流量特别大，车辆就会饱和。我们的解决方案是让交通系统变成立体的，这是美国公司的技术，他们现在在跟一家以色列公司合作，而且现在以色列已经有一些城市希望能够建立这样的立体交通系统。刚刚讲的是公共交通系统，但是能够适应私人出行，这个交通系统没有时刻表，它会根据大数据智能判断每个人需要出行的时间，在那个时间，车辆就会停靠在预计的出行点，在城市里可以实现 50 英里[①]的时速，城市间能做到每小时 200 英里。可能大家会问，像这样看起来小小的车辆，它到底有多大的运载能力？在这样的交通系统下的一条道路相当于三条高速公路的车道，因为它是立体的、互相交叉的，而且不会出现十字路口的拥堵或车辆饱和的情况，车辆可以一直行驶。虽然在一些地方也会有两条道路交叉，但是交叉是在不同的平面上的，而且车辆可以在不用停下来的情况下换到其他的车道上，这样的立体道路系统应该可以解决一些问题。

我们知道，现在很多城市都希望能够控制车辆数量，因为车辆相对少一些，交通拥堵就少一些，生活质量会更高，就会有更多的人愿意到那个城市定

---

① 1 英里约为 1.609 千米。

居。现在每个城市都面临出行问题,目前主要只能靠车辆出行,这是未来占领市场的机会。因为这相当于在城市建设一套新的基础设施,而且一旦有一两个城市开始使用这样的交通系统,并证实这样的交通系统确实是有效的,我们相信全球主要城市都会愿意效仿的。

我认为现在任何一个国家都在努力解决医疗、教育和城市交通这三个问题,但总会有一个国家是这方面的先行者,未来这个先行者一定会是世界的领头者。我认为目前这个转变主要的难点并不在于技术,我们有现成的技术可以对人身体的指标进行预判性的检测,可以改变教育方式,也可以改变传统交通出行的方式。如果哪个国家先行走出了一步,也就证明这个国家的体系和人民更具有开放性、突破式的思维,这样的国家在未来一定更有领导力。

以上这些是想和大家分享的内容,如果有任何疑问,我都愿意予以解答。

※犹太人骨子里确实有这样的一些文化特质,比如有争论、质疑的精神,不愿意接受现状的精神,总是在寻求解决方案、让现状变得更好的精神特质。

宋志平: 索尔辛格先生,特别高兴和您对话,因为《创业的国度》这本书在中国的影响很大,我们大家都是这本书的读者。您和我们分享的精彩观点,我听了以后非常受益。中国建材是全球最大的建筑材料公司,排在世界500强企业的第203位,有20多万名员工,产品和技术销往全世界。现在我们正在进行两件事:一是创新,研究如何发挥创新的动力让企业更有竞争力;二是转型,过去我们是比较传统的建材企业,现在研究如何转型,我们的成长方式也由过去重视速度和规模转变为重视质量和效益,要进行高质量的发展。我也代表大家向您提几个问题。

在中国人的意识里,大家都觉得以色列犹太民族是个很特别的民族,创新也好、创业也好,都成了这个民族的基因,甚至好像大家产生了一些迷信,觉得只有犹太人能做到这一点,其他人很难做得到。您在书中也讲了一些以色列的特点,包括以色列的教育制度、服兵役、基布兹等,我的问题是:以色列这套创新和创业的文化和制度是不是成了以色列犹太人的基因？

索尔辛格：我认为这确实和以色列的文化或犹太人的文化有相关性，因为犹太人的文化是历史悠久的文化，有3000多年的历史，而且对犹太人来说，在骨子里确实有这样的一些文化特质，比如有争论、质疑的精神，不愿意接受现状的精神，总是在寻求解决方案、让现状变得更好的精神特质。举个例子，学习文化是非常重要的，我也知道对中国人来说学习也是很重要的，但是犹太人是通过争论和质疑的方式学习的。我们的一些著作一直在被讨论，著作长篇累牍，可能是两三百年来学术界的思想争论、讨论或辩论。这样的特点使我们很适合作为一个创业的国度，因为创建新的公司是很需要的，但是对于公司的发展壮大反而不是很适合，所以犹太人并不是很擅长组建一个大公司。

※任何一个国家都有企业家，他们和一般人的思维方式不一样。中国企业家确实更善于长线思维，更善于将公司发展壮大的思维方式。

宋志平：在您的书里讲到了以色列和新加坡的区别，讲到新加坡的秩序带来新加坡的繁荣，但是并没有太大的创新，以色列却有非常好的创新。新加坡的管理和中国很像，过去我们希望成为像新加坡那样一个有秩序的社会。您的这本书出版之后，我们了解到更多以色列关于创新的成就，感觉到只有秩序不行，还要有创新的活力，这是我们现在思考的问题。我们这个民族有一些习惯和特点，相比以色列人喜欢提问题的习惯，我们大多数人不大喜欢提问题或被提问题，在这方面，您有什么好的建议呢？

索尔辛格：我知道中国确实有很多创业型企业，有创新也有创业，这样的企业现在数以千计，每天以很快的速度在增长。我也相信在任何一个国家都有企业家，但每个国家的企业家只是一小部分人群，他们和一般人的思维方式不一样，他们生活的环境也和普通人不一样，在中国是这样，在以色列也是如此。在这方面我的建议是，不要试图去改变大多数人，因为大多数人不是那一小部分企业家，我们创新所需要的只是那一小部分企业家而已。如果我们看看硅谷，那里的人的思维和生活方式，接受挑战和解决问题的方式和全美大部分普通人也都不一样。

宋志平：在以色列的创业、创新公司，好像把种子培育成了小苗，然后这个苗就可以卖掉了。我也到了希伯来大学，跟他们的转化公司进行了交流，感觉他们是把一些技术做成产品卖出去。在中国不是这样，大家认为创业后就要一直做下去，要做成更大的企业，做成长久的企业，并不想把这个公司卖出去，所以中国很少公司是这样做的，这是不是我们之间的差别？

索尔辛格：我确实同意您的观点，中国企业家确实更善于长线思维，更善于将公司发展壮大的思维方式，也许未来以色列企业家的经验积累起来，他们也会更想把公司发展壮大，或者上市。但对于以色列企业家来说，现在要做到像中国企业家这样的思维还有点困难。

※以色列人很难改变自身特征，中国人也是很难改变中国传统的思维方式，我们干脆不要改变了，而是大家一块儿合作，这样我们可以扬长避短。

宋志平：以色列擅长初创的技术和创新，中国有那么大的市场，中国制造业的基础又非常好，如果两者之间能够结合起来，将以色列强大的创新能力和中国强大的制造业、工业结合起来，我觉得这是非常好的结合。您是如何看待这件事的呢？

索尔辛格：我认为您说得完全正确。以色列确实有很多企业家，有很多的创新，也有很多的创业企业，但是以色列这些企业不太知道在发展过程中需要什么样的东西，或者一些技术难题需要什么样的解决方案，如果把大公司的需求和他们的能力结合在一起，应该会有比较好的潜力。

宋志平：您在书中讲到两点：一是对人的锻炼，讲到了服兵役；二是基布兹的集体主义。我想说中国改革开放40年以来，之所以有这样大的变化，也是有原因的。顺着您的思路讲，第一，中国目前的这些精英，当年他们大部分都去插过队甚至到过兵团，这一批人受过艰苦的锻炼，所以他们有一定的意志。第二，中国农民经历过人民公社，经历过高度合作化的阶段。这本书里也能找到我们的影子。

索尔辛格：设想一下中国和美国之间的不同，您就会发现，美国更多的是个人主义，中国更多的是集体主义，但是以色列是在中国和美国之间，因为以色列人的个体存在感很强，但他们相对于美国人有更强的集体意识。您知道以色列的基布兹相当于社团化的小团体，在基布兹里大家共同劳作，劳作的成果都属于基布兹所有，进行平均的分配，比如一家有电视，要保证每家都有电视。这很像极端的平均主义，但这些确实也是以色列的特点。除此之外，以色列也有很自由开放的商品经济。

宋志平：看了您这本书，以色列很多地方和中国很相似，只有一个地方不同，就是我们不太喜欢提问题。在中国，人们不喜欢被质疑，学会提问不是件容易的事情。结合这本书，给我印象最深的是，其他的都好学习，唯独提问题不太好学，但这可能也就是问题的关键，这是不是以色列创新创业文化的关键？

索尔辛格：在我看来，提问题的能力、质疑的能力确实是以色列创新经验非常重要的因素。然而我认为并不是哪个国家、哪个民族都需要有这样的特质。我相信不同的国家，不同的民族，他们在人性上的优点和缺点是不一样的，应该是辩证地看这些问题，有时候在某些方面的优点可能在别的方面会变成缺点。如果我们总是在许多事情上不停地被质疑，那么什么时候得出结论、什么时候能够结束这个问题？这样看来，质疑精神和提问主义精神不见得总是一件好事。两个民族合作起来是更好的，因为以色列人很难改变自身的特征，中国人也是很难改变中国传统的思维方式，我们干脆不要改变了，而是大家一块儿合作，这样我们可以扬长避短。

宋志平：我也这样想。如果中国也按照以色列的做法搞很多初创企业，以色列将来的技术卖给谁？我们做适当的分工可能会更好，以色列多做初创的企业、初创的技术，中国多做制造和大产业，二者之间衔接起来可能也是一个不错的答案。

索尔辛格：完全同意。

宋志平：欢迎您下次来北京到我们总部做客，我们公司年轻人喜欢读您的书。

05

谈创新与创业

——对话爱因斯坦博物馆馆长古德菲瑞德

* 时间：2019 年 8 月 1 日
* 地点：上海世博会博物馆

"爱因斯坦的异想世界"特展开幕式在上海世博会博物馆揭幕，其间宋志平与希伯来大学前校长、爱因斯坦中心主任、物理学教授古德菲瑞德教授就"创新与创业"进行对话。对话由上海交通大学安泰经济与管理学院院长陈方若主持。

陈方若：女士们、先生们，大家上午好！我是上海交通大学安泰经济管理学院院长陈方若，非常荣幸主持今天的对话。对话的主题是"创新与创业"，我们有幸邀请到了两位重量级嘉宾，下面我简要介绍这两位嘉宾的情况。

第一位嘉宾古德菲瑞德教授，希伯来大学前校长，物理学教授，曾经是希伯来大学物理研究所的所长，大部分职业生涯是在希伯来大学度过的。古德菲瑞德教授也是希伯来大学高级研究所的所长，神经计算中心发起创始人之一，目前也是该中心的责任人。他担任爱因斯坦中心主任，是负责爱因斯坦知识产权的以色列科学基金执行委员会的主任。古德菲瑞德教授目前担任爱因斯坦档案学术委员会主席，代表大学来协调全球爱因斯坦展览的项目。

爱因斯坦是希伯来大学的创始人之一，他在遗嘱中表明要将自己的著作、遗物捐赠给这所大学。目前希伯来大学一共收藏了8.2万份爱因斯坦的物件、信件、证书、奖状等。"天才相对论——爱因斯坦的异想世界"上海展是中国首站,在上海世博会博物馆举办,8月开始持续3个月的时间,将展出与爱因斯坦相关的很多物件。非常高兴邀请到古德菲瑞德教授来给我们分享关于希伯来大学的历史、爱因斯坦展览馆的一些情况。当然我们也非常期待能够听听他对"创新和创业"的见解。

第二位嘉宾是宋志平先生。宋志平先生是中国建材集团董事长、党委书记,全国MBA学位研究生教育指导委员会委员,中国上市公司协会会长,中国企业改革与发展研究会会长,世界水泥协会主席。宋总曾荣获各种各样的荣誉,有中国经济年度人物、《财富》年度中国商人、最具影响力CEO、《财富》终身成就奖等。宋总是一位杰出的国有企业领导者,他两次临危受命,带领北新建材和中国建材走出极端困境,担任中国建材和国药集团双料董事长期间,将两家企业同时带入世界500强。宋总开创并成功实践了"中央企业实力+民营企业活力=企业竞争力"的思想。宋总有很多著作,在创新和创业方面也有非常深入的思考,他的一些经验和思想已被收录到哈佛大学商学院案例。

下面有请古德菲瑞德教授给我们做演讲,大家欢迎。

※爱因斯坦不仅是位科学家,他对社会责任、社会正义的关切,对真善美理想的追求,都非常值得关注。创新是首先从一个想法、理念出发,验证这个想法是否可行、是否合理,然后在此基础上,我们寻找相应的解决方案。

古德菲瑞德: 大家早上好!非常感谢宋总、陈教授来参加本次的活动。本次特展有这个论坛,是一个非常好的平台,以此为基础,我们可以展开学术讨论,分享成果,我也非常感谢主持人对我的介绍,接下来我会介绍一下爱因斯坦。我的演讲一开始有两个问题:第一个是"爱因斯坦是谁",第二个是"爱因斯坦为什么仍然如此有名"。这两个问题是非常有意义的。

大家知道爱因斯坦是一位伟大的科学家,但这仅仅是故事的一部分,我们需要了解更多关于他的信息。我想告诉大家的是,科学家是爱因斯坦一个非常重要的身份，实际上他不仅是一位伟大的科学家，他的人格、性格等都非常值得关注。

我们要回答的第二个问题：为什么到现在爱因斯坦仍然如此有名？通常人们去世后很容易被人忘记，即使是公众关注的名人，一般情况下，在这个研究领域的学者可能仍会记住这些人，但对于公众来说，在名人逝世60年之后往往都会将其忘却。但爱因斯坦不一样，随着时光的流逝，人们对于爱因斯坦的兴趣不但没有削减，反而与日俱增，我们就要问："为什么他如此的独特？"

爱因斯坦是希伯来大学的创始人之一，他在逝世的几年前就提前写好了遗嘱，决定把所有的财产都捐赠给希伯来大学。他的遗嘱并不是财务性的，也不是捐赠房产、工厂、建筑，他的财产是他的手稿，许多他撰写的信件以及他的书籍。这些宝贵的遗产已经在爱因斯坦档案馆收藏，这个档案馆位于希伯来大学，收藏了8万多件文件，这些文件向世人很好地展示了爱因斯坦的想法和做法，这次我们也将希伯来大学爱因斯坦档案馆的很多文件带到上海，在本次特展中专门展出。

爱因斯坦最享有盛誉的是他的科学成果，除了科学，他对别的方面也都热切关注，用极大的热情表达自己的观点，包括民族和人权、战争与和平、自由和尊严等问题，他身上有非常鲜明的犹太人特征。在他的时代，核武器已经出现，曾通过破坏性的方式被扔在两座城市，摧毁了这两座城市，之后经历了冷战。在我们的档案馆中有很多和希伯来大学相关的藏品，我在这里展示的是一张比较典型的照片。

1946年，一些黑人在美国遭受到迫害，爱因斯坦当时去纽约一所黑人大学——林肯大学，面向黑人观众发表演讲。在爱因斯坦的时代，关于物理学和科学最重要的杂志期刊受到了很多科学家的关注，他在期刊发文呼吁和号召所有的科学家要基于重要的先决条件形成世界观，科学界发起倡议，哲学家、物理学家都签名支持。当时爱因斯坦还是年轻的科学家，他签名并响应这样一个倡议，也反映了他的世界观。爱因斯坦的独特之处是，他的世界观不仅从科学角度认识这个世界，也涉及科学以外其他的维度和主题。

爱因斯坦在《我的世界观》一书中罗列了他对世界的看法以及各方面的原

则，描述了他对人类本质的探索，包括社会、科学、艺术、宗教等。我认为《我的世界观》很好地体现了他对社会责任、社会正义的关注，对于真善美理想的追求，让他直面人生，享受人生的乐趣。他相信简单的人生，不管是精神还是心理的简单状态，对每个人都非常好。他对于一些奢华，包括对于物质的占有欲和外部的成功是比较鄙视的，对人生来说，如果不去探求艺术和科学，是比较空虚的。最美好的体验，莫过于我们在面对艺术和科学的时候享受其中的神秘感，也就是我们在探索艺术和科学过程中享受其中的乐趣。这些是爱因斯坦的理念，在他的科学生活和政治生活当中都得到了践行。

爱因斯坦在非常有创新性的年代有两个非常重要的成就，也是他个人生活中两个闪光点。我先讲一下1905年，在这一年，爱因斯坦提出了两个当代物理学理论，是比较革命性的理论，一个是狭义相对论，另一个是量子力学理论。量子力学理论是关于比原子核更小粒子的当代物理学的理论，而狭义相对论是能够让我们了解时空本质的重要理论。十年之后，1915年爱因斯坦又完成了另一个相对论的革新，也就是提出广义相对论。广义相对论能够解释宇宙中所有物体的运动，因此这个理论能够帮助我们理解宇宙中所有的一切。现在我们对宇宙的认识，包括宇宙的起源、宇宙的扩张、宇宙的演进以及宇宙构成的成分，包括黑洞、引力波的现象，这些独特的现象，直到最近才被科学观察所证实，而这些理论都来自爱因斯坦的广义相对论。另外，让我们感到惊讶的是，他提出这些理论，为物理学做出这么巨大的贡献时年仅36岁。

1905年时他没有在大学工作，只是在专利局担任一个小公务员，他的儿子还很小，回家以后儿子还要坐在他的怀里。大家可以看到，他在那一年处在什么样的生活状况下，但他提出了这么重要的理论。十年之后的1915年，他的工作条件也没有多么优越，情况也不是那么好，当然在科学界他已经非常知名，在大学进行教学研究工作。但1915年，正值第一次世界大战，欧洲受到了战争的摧残，德国在战争中遭受重创。当时爱因斯坦还在柏林，他也是政治攻击和批判的对象，爱因斯坦因为站出来批判德国的军国主义，受到了很多政治方面的攻击，特别是反三民主义的攻击。另外1915年他的家庭也破裂了，他和第一任夫人离婚，第一任夫人带着孩子回到了苏黎世。正是在这样的状况下，爱因斯坦提出了最复杂的学术理念，在此之前从来没有哪一位科学家独自提出过如此复杂的科学理论，这就是爱因斯坦为科学做出的重大贡献。当然，关于爱因斯坦还有很多内容要介绍，其实可以在展览里了解。关于爱因斯坦的介绍就先到这里，接下来我进入到第二部分的演讲。

大家可以看到爱因斯坦应该是世界上最知名的创新者。"创新"是人类历史中不可或缺的一部分，从人类开始有了历史，我们从来没有离开过创新。如果没有创新，大家今天可能还住在山洞里；没有创新，我们不会有火车，不会有自来水，不会有方方面面的科技进步，也不可能发明电。创新是在人类发展过程中从未间断的实践，但今天我们讲的创新可能又发生了新的变化。

关于创新，今天会讲创新文化，也会讲到创新生态。我们知道，生态系统能让我们把整个物理环境中的方方面面结合在一起，结合硬件的、设备的以及外部环境构建一个生态环境。讲到创新的生态，主要是指一个大的系统，所有的参与者以及相应的现代技术能相互作用。每次的科技创新都不是单独一个行业、一个人所取得的成功，它涉及各领域的知识和理论，共同促进新理念的产生和创新。

当然在这种系统创新过程中，包含了几个步骤。第一步，要有一个理念，然后这个理念、想法得到验证，也就是说必须要验证这个想法是否可行。第二步，在创新的生态环境中，为这个问题找到解决方案。最重要的一点是，这个方案能够解决人类日常生活中所面临的问题。比如说，能够解决现代社会所面临的重大挑战，一是如何养活世界上这么多的人，二是如何保护人类，防止我们受到自然环境恶化的影响。这些重大问题都需要我们给出解决方案，而且包括了各个小的解决方案，最后构成解决人类大问题的方案。所以，我们首先从一个想法出发，验证这个想法是否可行、是否合理，然后在此基础上，我们寻找相应的解决方案。当然并不是所有的解决方案都能够被接受。我们要知道解决方案是否可持续、能否带来利润，是否会对整个创新的参与方和整个生态环境带来益处。

在当今社会，很多理念都和创新相关，其中之一就是可持续发展。也就是说我们提出的任何解决方案一定是可以持续的，一定要着眼于未来的一代。我们的解决方案能够为未来创造更多益处，能够持续地使用自然资源，减少气候变化带来的影响，解决水源、土壤、空气等污染问题。我们现在面临的这些挑战和问题，一定要通过人类的创新来逐渐解决，通过建立创新的生态环境来解决，这也是为什么我们讲创新的文化。特别是对于年轻人来说，他们应该得到相应的教育，负起责任，成为未来创新文化中的一分子。在后面的对话过程中，我也会再继续展开讲一讲如何实现创新教育的目的，如何在大学的环境下教育年轻人具备创新的能力和创新的精神。我也会和大家分享希伯来大学在创新过程中有哪些做法。

※爱因斯坦是一个充满好奇心的人，还有以色列的创新都带给我们很大启发。中国有这么大的市场，以色列的创新可以和中国的创业结合起来，和中国的制造业环境结合起来，这也是优势互补。

陈方若： 谢谢古德菲瑞德教授的精彩演讲。下面我们有请宋总为我们演讲，宋总在创新创业主题上有非常多的经验和思考，他也访问过希伯来大学，对以色列的创新文化也有所了解。

宋志平： 感谢古德菲瑞德校长！刚才给我们演讲的是希伯来大学的前校长，他85岁了，也是爱因斯坦博物馆的馆长，这次展览特意来到上海，给我们做了一场非常精彩的演讲。今天是周六，在座有中国建材在沪的员工，有上海交通大学商学院的老师和同学，也有《解放日报》的嘉宾，大家来这里进行关于爱因斯坦、关于创新、关于创业的讨论。

我也想和大家谈谈自己的一些想法。首先关于这次展览，这次展览是《解放日报》主办的。大家可能会觉得很有意思，因为很多人认为爱因斯坦是一位大科学家，相对论是一个纯科学的理念，中国建材是以做水泥为主、很专业的企业，这之间有什么关系呢？刚才演讲的希伯来大学的前校长是物理学家，现在演讲的是中国传统建材行业的企业家，我们俩如何就爱因斯坦和创新创业同台进行演讲呢？我想说的是，其实这之间是有关系的。下面，我和大家讲三段话。

第一段话，关于爱因斯坦。2019年6月23日，我去了以色列的希伯来大学,当时我有位好朋友在希伯来大学游学,他说一定要去看希伯来大学的爱因斯坦博物馆。之前我想象那个博物馆一定非常大,但没想到是一间小房子里,只有30平方米左右,这位老校长就在那里等着我们。这个房子像个图书馆,里面都是书架。老校长说,这里的书全是爱因斯坦捐赠给学校的。在那里我们看到了爱因斯坦相对论的手稿,看到了爱因斯坦获得诺贝尔奖的奖章,看到了在民国时期中国最早翻译相对论的书。这些东西都很珍贵,能够拿出来,让我们近距离地看,还可以用手触摸,我很感动,也非常高兴。

爱因斯坦距离我们很遥远,但通过展览我们能够近距离地接触他。我们参观爱因斯坦的展览,究竟有什么样的益处呢?第一点,爱因斯坦是一位大科学家,同时他也是一个普通的人。爱因斯坦说,"其实我和其他人比没有特殊的地方,我只不过有更多的好奇心而已"。也就是说,他是一个充满好奇心的人,他的好奇、他的创意和他的质疑精神,帮助他发明了相对论,成为指导人类认识宇宙的思想基础。通过看展览,我们感觉到正是他的这些可贵之处,使他成为伟大的科学家。我们和爱因斯坦之间其实也是相通的,爱因斯坦是一位天才,但他不是神仙,这给我们很重要的启示。第二点,爱因斯坦是一位大科学家,但他热爱生活,他的理论并非束之高阁,他也热爱发明。大家可以在展览里看到,他做了很多的科学发明,比如说陀螺仪盘、特别的照相机等。他不仅是一位物理学家,他在应用技术创新方面也很有创造力。这又引起了我们极大的兴趣,大科学家和我们日常的创新之间,其实是没有距离的。我们来看这个展览,能让我们想平时很少想的事情,让我们了解爱因斯坦成为大科学家的根本原因是什么,这是我们参加展览的重要意义。

第二段话,关于以色列。2019年6月23日,我去了以色列,这是我第一次去。我在返回北京的飞机上写了一篇文章《为什么要去以色列》。以色列是像谜一样的国家,人口只有880多万,其中犹太人有600多万,阿拉伯人有近200万,2019年人均GDP将会达到4.2万美元,中国是1万美元。以色列周围险象环生,他们却有世界上最多的发明。这引起我们浓厚的兴趣,为什么在那么艰难的地方能做出这样的成绩来,究竟是什么原因?大家知道,犹太人是历经沧桑的一个民族,也有5000年的文化,但中间有1800年的流浪史,后来他们才在以色列建国，形成了现在的国家。这样的一个民族，居然有这么多的发明和发现，对人类有这么重要的贡献，出了这么多的思想家，所以中国企业都很关心以色列。以色列一位媒体撰稿人写了一本书《创业的国度》，这也引起了我们的兴趣。因为我们现在讲"双创"，是大众创业、万众创新的时代，我们把目光投向了以色列，探究为什么以色列能够创新。

其实对"创业"，我去之前还不是特别理解，为什么这本书名用"创业的国度"，而不是"创新的国度"。去了以色列才弄明白，这个地方国土面积很小，人也很少，不可能搞大工业大企业，没有条件。在以色列有很多的创意，把创意做成初创企业，以色列的产品不只有创新的科技，更重要的是有很多初创的企业。初创企业发明了新的技术，就把技术转让了，像希伯来大学最近销售了一款产品给谷歌，是一个自动驾驶的系统，卖了很多钱。现在无论从生物医药、芯片技术，还是国防技术等，以色列都有大量技术输出到美国。其实中国也很关注以色列的这些技术。

一会儿我们会请教老校长，构成以色列创新文化的原因到底是什么。这一直是个谜。去以色列的时候我是带着问题去的，我回来以后经过思考，问题就更多了，所以还得问老校长，我始终觉得以色列这个地方实在值得我们研究和学习。去以色列，大家讲得最多的是什么呢？"胡茨巴"，是犹太人的一句话，我问了很多当地的中国人，都说不太清楚翻译成中文到底应该用哪个词汇，或者是有点胡思乱想，或者是有点不切实际，犹太民族有这样一个特性，会想很多别人不想的问题。这可能也就是说我刚才讲的爱因斯坦的质疑精神，他们提出问题来，不愿意循规蹈矩，这个也是我在以色列感触很深的一点。也就是说，我们要创新，首先要有创意，我们的创意很多可能来自我们的质疑、我们的好奇，才可能有创意。这些都挺重要的，我们也要多一点"胡茨巴"精神，多一点不循规蹈矩的想法，有了创意才有可能创新，有了创新才可能创业。

第三段话，讲讲中国建材。中国建材是全球最大的水泥企业，我经常和大家讲，其实水泥是一个好东西，铜有4000年的历史，铁有2500年的历史，水泥只有180年的历史，但如果没有水泥，我们上海的城市建设靠什么？水泥在中国改革开放过程中发挥了很大作用，因为它的性价比特别高。其实像水泥这样一个产业，里面创新科技的发展也是无限的，现在做水泥的方式和 20 年前已经完全不同。30 年前，水泥每吨 400 元，现在不到每吨 400 元，但还赚钱，赚的是这么多年科技创新的钱，科技创新使我们的成本不断下降。但中国建材不只做水泥，如果只做水泥，那就没必要非得去以色列了。中国建材还做新材料，我们有六大新材料，比如有光电材料，光电效应也是爱因斯坦重大的发明，光子把电子打出来，或者电转变成光；有复合材料，像碳纤维、玻璃纤维，现在波音 777、空客 A380 飞机制造上 80% 的材料是复合材料；还有膜材料，我们现在做动力电池的电子膜，中国建材都在供应。类似这些新材料，中国建材还有很多。中国建材正在从建筑材料企业向着综合材料企业转变，其中就离不开大量的创新。

这次去以色列，我们和以色列几所知名大学及研究院所，如希伯来大学、以色列理工学院、魏茨曼科学研究所等建立了非常好的关系，也就是说能够把以色列著名大学及研究院所的一些技术和中国的企业联系起来。我们也计划每年向这几所大学和研究院所选派留学生，比如选择企业中工作满 5 年的优秀员工到希伯来大学做一年的访问学者，一年派 10 个人去学习，现在正在跟校方和研究院所联系。犹太民族很有特点，古希伯来语在流浪的过程中流失了，以色列建国以后，编出了新的希伯来语，就是现在用的希伯来语。年轻人去那里可以学习他们的创新精神，和以色列院所建立起联系，对我们企业也非常有用。

以色列是一个创新的国度，中国也是一个创新创业的国度。现在中国有这么大的市场，这么多的人，我们可以做很多大企业。但以色列缺少这样的环境，以色列的创新可以和中国的创业结合起来，和中国的大的制造业环境结合起来，这也是优势互补，也能为以色列创造财富，同时也为中国创造财富，这是我们下一步和以色列要做的工作。

※科学与教育对创新至关重要。

陈方若： 谢谢宋总的精彩演讲。我们下面进入对话环节，有请两位嘉宾到台上。

今天对话的主题是"创新和创业",其实要讨论的话题非常多,我们也可以用比较轻松、比较开放的方式来进行讨论。刚才宋总在演讲中提到以色列是一个创新的国度。因为这个原因,这么小的一个国家,这么小的一个民族,有这么多辉煌的成就,吸引了世界各地的人民到以色列去"取经",我们上海交通大学每年也有项目到以色列游学访问,就像宋总刚才讲的,去了以后可能想问的问题更多了。机会非常难得,现场有希伯来大学原校长,对犹太民族非常了解。我相信大家都有一个问题,那就是什么样的传统、什么样的文化能够造就这样一个创新的国度。第一个问题抛给老校长,请老校长谈谈以色列创新的基因到底都有哪些。

古德菲瑞德: 首先,我先跟大家讲讲以色列的历史,然后再讲讲以色列今天的情况。

在1948年,近600万犹太人在以色列建国,当时第二次世界大战刚刚结束,建国的时候我们已经有了三个科研机构。刚才提到的几家科研机构有很强的能力来培养科学家,在每个行业都培育了优秀的人才,比如说在科学、工程、教育等领域。这是怎么做到的呢?希伯来大学就是其中的一所,希伯来大学在以色列建国23年之前就成立了,这是一个很独特的现象。以色列国成立之初,以色列政府召开的第一次会议讨论的就是希伯来大学,当时特别强调了科学技术在未来国家发展中的重要作用。在第一批培养的军官毕业典礼上,没有讲任何军事方面的内容,也没有讲关于战争方面的问题,而是讲的科学的重要性,讲了教育在国家建设中的重要作用。对于初创的国家,科学和教育是至关重要的,这就是以色列的一个传统。

我们一直在讲科学技术,希伯来大学在1964年就成立了一家企业,这家企业就是一个应用公司,今天仍然在运作,主要负责把大学的科研成果进行商业化,转化成民用和社会上的应用,这样的公司在美国大学被称作技术转让公司,我们把它称作科技转让公司。在美国这类的转化公司是20世纪80年代才成立的,我们很早,20世纪60年代就有了。这也是我们以色列科技建国发展的路径,我们每个人都把以色列看作一个创业的国家、创新的国家。

陈方若: 非常感谢!以色列1948年建国,总统在给军官的演讲中讲的是科学技术的重要性，而没有讲战争，体现了这个国家对教育、人才重视，对科学、技术重视，不仅是重视，还有具体措施，比如教育机构的成立，还有成果转化的过程——他们叫作科技转让，把大学里的成果商业化。我相信创业和创新有非常多的环节，只重视一个环节是不够的，要把这些点连起来，才能产生最大的效果。

下面我想请宋总也发表一下见解。宋总对以色列的文化也很有了解，当然对中国就更加了解了。能否从以色列文化的角度，他们的特征再结合中国的"双创"，谈谈以色列与中国的创新文化区别在哪里，共同点在哪里，有什么可以互相学习的地方？

宋志平：刚才校长讲到了科技转让公司，我在希伯来大学访问的时候先去了爱因斯坦博物馆，第二站就去了科技转让公司。这个科技转让公司让我又大吃一惊，因为我觉得希伯来大学的科技转让公司一定是很漂亮的孵化公司，但我去一看，路边上是一排小房子，有点儿像我们临建的房屋，在小房子里有一块地方是大学的科技转让公司。希伯来大学是一所著名的大学，这个科技转让公司在这么一个小地方，这里原来是希伯来大学学生宿舍的所在地，这让我很吃惊。究竟两者的区别在什么地方呢？如果我们做一个公司，要先讲讲条件，先搞得像个科技转让公司，而在以色列却不太重视这些，而是更重视它的本质。我进入会谈室以后，一位老师跟我说："宋先生，我觉得您会对两项技术感兴趣。"我问是哪两项技术，他就说了两项技术，正是我最关心的两项技术，我就在想他怎么能知道的，现在我们也在围绕这个技术进行深入的交流。

讲到以色列的创新文化，刚才校长讲到了军队，这让我联想到了在以色列的时候了解的一些情况。其实军队对以色列的创新非常重要，以色列有广泛的服役制度，每个男性公民要服三年兵役，女性服两年兵役。以色列的军队是一个高科技的摇篮，一是让年轻人受到了科技的熏陶，二是军队的集体主义教育对以色列年轻人出来创业又有非常好的铺垫作用，这是很有意思的事情。这让我想到什么？中国成功的企业家，比如任正非、张瑞敏，他们都在军队受过很严格的集体主义训练，都有坚韧不拔的精神、互相配合的作风，这往往是我们企业里不可缺少的。

第二点让我感触比较深的是,我在耶路撒冷去看了一个基布兹。以色列1948年建国,但在建国以前,已经遍地都是基布兹了。什么是基布兹?有点像我们的人民公社。基布兹有食堂,有宿舍,大家一块工作。基布兹很厉害,在以色列建国前后发挥了重要作用,那么多的基布兹形成了后来以色列建国的基础,同时基布兹对于当地创新创业也有很好的铺垫作用。比如滴灌技术的发现就是在一个基布兹里,人们发现墙后面的树长得非常好,最后打开一看铁管子有渗透,靠这么一点水,树就能长得很茂盛,后来这个基布兹成立了一家公司,逐渐演变成了世界第一大灌溉公司,这也很值得我们学习。为什么说去了以色列,问题越来越多呢?因为我们会发现越来越多的东西,会提出越来越多的问题。

回到陈老师提的问题,其实我们中华民族也是一个有创新意识的民族,我们中国人会写神话小说,比如《西游记》里,孙悟空说"变、变、变",宝贝就出来了,这些东西都是无中生有的,吴承恩丰富的想象,这就是创新的根源。首先有了想象,有了创意,再看看现实中怎么做到。中华民族是富有想象力的民族,我们和以色列犹太人都有创新文化,都有五千年的历史,但我们有哪些不同的地方呢?这也是我想问的问题。我觉得不同的地方在于质疑精神,即能不能提问题。比如我们从小对小孩子的教育就有不同,我有两个小外甥,我问他们比较多的是"在班级里排在前几名",因为不知道孩子的学习状况。但以色列家长问孩子比较多的是"今天和老师提了几个问题,难倒了老师了没有"。我们的出发点不同,中国的家长给孩子最多的建议是少说话、不说错话,教育孩子哪些话能说,哪些话不能说;而以色列学生可以称呼老师的外号,可以平等地提问题,他们是开放性的思维。如果要创新、创业,思想不活跃又怎么能做到呢?我也经常在思考,这可能是我们的文化、最底层的东西,也是我们的教育方式需要改进的地方。我们中华民族是很有智慧的民族,也是很有忍耐力的民族,绵延五千年屹立在世界东方;以色列也是很了不起的民族,他们流浪了1800年,居然在以色列能重新复国,这也很了不起。我们在创新创业的时候,可以学习以色列鼓励提问题、提倡质疑的精神。

※现在国际贸易形势严峻，更要想怎样激发创新精神，这引发了我们对教育的思考，教育是我们的根。

陈方若：谢谢宋总的分享。老校长要做一个回应，在他回应之前，我也讲讲自己的感受。中国跟以色列的区别，刚才宋总讲了很多，我觉得我们两个民族可能都非常务实，但是务实的方式好像不太一样，他们成果转让公司看上去似乎规模不大，也不是很漂亮、不是很起眼，而我们中国人更有仪式感，这是一个不同；在教育方面，两个民族都非常重视教育，但教育的方式可能不同。刚才宋总讲了以色列的一句话"胡茨巴"，大概意思是胡思乱想，在中国可能会认为"祸从口出"，讲法不同，所以我们的教育方式不一样。另外也很有特点的是，以色列国土面积比较小，受到的威胁较大，他们的不安全感非常强烈，因此在服兵役等方面的要求和这些也是息息相关的，是在非常艰难的环境中不得不这么做的。那么军队的精神和这种文化，是不是和创新也有一定的关系？也能使人更加务实，更具有团队精神？这就是在我看来，两个民族不同的地方。下面请老校长做一个回应。

古德菲瑞德：首先，我想针对宋总所做的点评来做出一个回应。宋总的观察力非常强，他拜访了以色列，而且他也讲到了非常引人入胜的观点，这是我之前没有想到的。我来上海的时候，每个人包括在座的各位都会叫我"教授"，但在以色列，我的学生从一年级开始就直呼我的大名，甚至他们直接称呼我的名字，这个环境就是鼓励学生和我多交流。我们又讲到爱因斯坦，可能有人觉得爱因斯坦不是一个很优秀的学生，他在德国学校的成绩并不是那么好，因为当时在纪律性非常强甚至是军事化管理的体系中，他无法很好地学习。当他去瑞士之后，瑞士的教育体系更自由，他在瑞士的教育环境中是非常优秀的学生，学校鼓励并培养他，使他能够很好地发挥自己的才华。

我想讲的另一点是宋总在访问以色列的时候，他也看到了以色列的创新理念和以色列大学创新很多独特的地方。这里有两个关键之处：一是我们要通过成果转化和技术的革命，使创新在很多国家广泛地应用；二是创新不仅局限在科技领域，还包括社会科学以及社会制度，甚至人文领域。我们在希伯来大学提倡的教育体系就涉及这个问题：什么时候让孩子们开始上学？上学的年龄是多少？应该在孩子们出生前18年就开始教育，大家都知道这样一个理念。我们的教育理念，其实是要培养未来的母亲和父亲，能够让他们更好地教育下一代，让他们长大成人后继续培养、教育孩子。这种文化得到了很好的传承。

我想强调，创新不仅适用于科技，还适用于技术的发展，它涉及的领域非常广。另外，我想比较一下中国和以色列的情况。我对以色列是非常了解的，特别是对我们大学是非常了解的。当然对中国，我的熟悉程度还没有那么高，每次来中国也就是几天的时间，我在这么短的时间内不可能成为对中国观察非常细致的专家。所以我更多地想讲讲大学的作用，特别是希伯来大学在推进创新和创业方面有哪些做法，包括学术和管理等方方面面的一些做法，可以给大家一些借鉴。

陈方若： 非常感谢！我在美国33年，对这种文化也是有非常多的了解，称教授是直呼名字，这种文化确实跟中国的非常不一样。不过在刚才校长讲的这些话里，我印象非常深刻的一点还是和教育相关，刚才他说的小孩教育要在小孩出生前18年就要开始了，这给我的印象非常深刻，等于要教育孩子，其实不是他出生以后的事，而是从他的母亲、父亲就要开始。我以前没有听过这种说法，只是听说有胎教，那是在孩子出生之前几个月，现在是在出生前18年，确实是非常不同。宋总，您有什么感想？

宋志平： 我和您的想法一样，对上一代的教育直接关系到下一代，反映了他们对于教育的穿透力和理解力。其实我们中华民族很重视教育，我们愿意把最多的钱投入到孩子身上，父母再苦，也不能让孩子不受教育，这是中国人根深蒂固的观念。但坦率来讲，我们的教育方法确实需要反思。以色列就像一面镜子，我们大家照照，看看自己该有哪些改进。我们中华民族，既是一个优秀的民族、有创意的民族，也是一个愿意给孩子教育的民族，但为什么创新精神反而不够呢？这是我们现在想得最多的事情，尤其是在现在国际贸易形势严峻的情况，更要想怎样激发国民的创新精神，这引发了我们对教育的思考。教育是我们的根，其实我们在座的每个人都是受过教育的，从小学、中学、大学，可以说我们一生受其影响。我们本来要谈创新创业，没想到稍不留心谈到教育领域了，但教育确实是根上的事。我们台上三个人，两个人是搞教育的，我也被陈院长邀请去当老师，我还是希望我们以后的教育中能够多一点自由提问的精神。

※在我们的现实生活中，高科技、中科技、低科技、零科技都挺重要的，同样存在创新的机会。

陈方若： 刚才宋总在讲话的时候，我想起创新对人的性格要求很高，特别是创业过程中肯定有很多失败，在失败的环境当中，到底怎么样才能够再站起来，这是非常重要的一项能力。我现在还挺担心的，因为我听说现在的"90后""00后"，在承受压力方面比较差。前一段时间，上海交通大学校领导和院领导有一个暑期培训班，其中谈到了有的本科生在参加竞赛以后或者考试成绩不好时就会哭，哭了以后也不知道该怎么办。这一点又让我想到以色列在军队里面的训练、应对压力能力的培养，这些不只是高校能够做的事，还有各个家庭。

宋志平： 陈院长刚才讲到了压力，其实我在以色列还专门问了他们，初创公司成功的概率有多少。这很重要，因为在以色列，老师们也有公司，像接待我们的以色列理工学院的一位院长，他自己开了6家公司，然后鼓励学生们也去开公司，到最后一个学年的时候，学生们就开始创业开公司了。我也问了他创业成功的比例，他的回答让我大吃一惊，其实他们创业公司的成功率也没有那么高，大概10%。这就让我想到了中国人讲的"九死一生"，不只是我们，在美国也是这样的。我们讲到创业创新的时候，我们要面对失败，或者说创新创业成功的是少数，绝大多数是失败者，不是创了业就成功，是少数的人才能成功。面对这种情况该怎么办？还要不要创业？"失败是成功之母"，不可能一创业就成功，往往是失败了再创业，创业失败了再努力，最后直至成功。就像马云，2000年就开始搞互联网，中间的过程也有很多次的失败，任正非这样的知名企业家也是这样，都经历过失败，但最后他们都获得了成功。

创新也好，创业也好，确实和我们的心理素质有关，不要把创新创业当成一件很美妙的事情，不要把它当成是理所当然就能旗开得胜的事情，而是要当成非常艰难的事情，如果你想创新、想创业，可能要几十年如一日，要有"九死一生"的牺牲精神。所以年轻一代创新创业，要做好心理准备。

陈方若： 我想请校长回应一下，从大学的角度，怎么样来应对这些问题？

古德菲瑞德： 我们回到怎么接受失败，这是很重要的创新理念，在我们的创新文化中，这也是很重要的一部分。在讲之前，我想先强调一点，其实显而易见，我们所面临非常大的科技转变，在这个转型过程中，大家关注更多的可能是大的转型。在可预见的未来，现在各个行业几乎30%的工作，不管是政治领域、工业领域还是其他领域都会消失。再过几年，我们可能还会有40%新的工作岗位出现。在这种转型中，我们如何做好应对准备，如何让年轻人做好充分准备，如何为创新的生态系统、创新的文化做好准备，这是一个重大课题。所以比较清楚的一点是，为了在这种环境中，为了在这样一个全新的时代更好地获得成功，我们需要培养具有主动性、有创新精神的年轻人，这是显而易见的。而更重要的是，我们需要在培养年轻人的时候，让他们在生活中有灵活性和适应性，就是要有持续学习的能力、一直接受持续教育的能力。当然，创造力和创新力总是很重要的，尤其在目前这个时代变得愈加重要。另外，对于一些问题批判性的评估也是比较重要的。

另外，我觉得最重要的，宋总刚才已经讲到了，就是如何更好地了解风险，即使遇到风险也有承担的信心。当然还有很重要的一点，就是要了解失败是我们人生的一部分。

我们再回到爱因斯坦这个话题，正如我之前告诉大家的，在1905年的时候，他推出了狭义相对论，之后又花了10年的时间才把相对论理论进一步完善，在1915年推出广义相对论。在他人生最后20年的时间，他希望把大自然所有的力统一到同一理论框架内，这是他的尝试。他写了很多的论文，希望不断把之前论文中犯的错误进行纠正，每一篇新论文都是纠正之前的错误。

还有一点和科技革命相关，大家对于这一点非常熟悉，对细节我无须赘述，但其中有一点，特别讲一下。在过去，也就是 10 年前或者 20 年前，我们在高科技和低科技之间做出一些鉴别，高科技包括计算机、信息技术、机器人等，这些都是人们通过创造力推动的科技；低科技包括建筑、水泥、纺织品等。但我想说，如今不再有这样的区分，如果大家听一听宋总和我们分享的他们公司生产水泥的情况，现在生产水泥有什么样的工艺，有哪些质量控制，如何提高水泥生产的效率，如何补充一些重要的生产线物料，这都是高科技，所以水泥的生产放到如今不是低科技，也是有高科技的。所以我相信，对于技术革命来说，最重要的一个维度就是现在没有什么是低科技了，一切的一切都是高科技。宋总，您是怎么想的？

宋志平：校长讲得非常好，其实前天我在看展览的时候，校长就问我觉得高科技和低科技之间是否有一个界限，是留给我的一个思考。我也在想这个事情。现在大家讲得比较多的是高科技，其实在我们现实生活中，高科技、中科技、低科技、零科技都挺重要的，我们有时候认为没有什么科技，但同样存在创新的机会。比如淘宝网没什么科技，或者说有点技术，也都是通用的网络技术，它只是做了一个平台，更多是商业模式的创新。星巴克做咖啡做到全世界，一定不是高科技，可能是"低科技+零科技"，但它也做成了全球最受欢迎的咖啡品牌之一。

高科技确实很重要，因为高科技可能会颠覆一个产业，比如数码相机颠覆了胶卷相机、DVD 颠覆了录像机、U 盘颠覆了 DVD 光盘等，都产生了颠覆性的变化。但是，我们日常持续性的创新，中科技、低科技、零科技，其实也非常重要。现在很多公司都在做石墨烯，我是学高分子化学的，知道石墨烯是单碳原子排列结构的，没有极高的技术是做不出来的，但很多公司都去做。其实这些需要高科技支撑的领域，可能由一些大的科学院、研究机构进行研究比较合适，对于普通企业来说可能比较难。我讲这些是想说，对大多数企业来讲，既要重视高科技的应用，也要重视自己行业里技术创新现实的问题，不要一股脑儿全去搞高科技，这是一个误区。当然我们要重视高科技的到来，不然就容易被颠覆，但又要重视日常的中科技、低科技、零科技的创新，解决现实中的问题。传统行业里也在应用高科技的成果，我也特别赞成，我们工业企业要重视高科技，也要重视中科技、低科技、零科技。现在规模比较大的企业，大部分是做商业模式的创新。

※如果要建立创新系统，一定要依靠各个行业、各个学科的知识，这也是我们未来的一个路径。无论是企业，还是高校，都应该做跨界、跨学科的思考。

陈方若： 刚才讲到教育、科技、创新的基因，我在思考，创新很关键的一步是跨界，为什么这么说呢？刚才校长介绍时讲到，爱因斯坦有广泛的兴趣，他对宗教、艺术、伦理、政治都有自己的见解，也参与到其中，我认为这是一种跨界。还有一种，刚才宋总提到犹太民族有5000年的历史，其中有1800年在流浪。我觉得流浪非常艰苦，但流浪逼着他们跨界，他们一定接触到了不同的文化，放弃了熟悉的东西，不得不到一个新的环境里去生存，这也是一种跨界，这种跨界是不是对这个民族创新的基因有一定的影响，我不清楚，但至少也是跨界。

顺便插一句，上海交通大学安泰学院也在做跨界，我们认为原来商学院的模式比较封闭，学院派在"象牙塔"里做研究的现象比较严重，也是缺乏跨界，这样创新的思想可能就比较少。所以安泰学院现在提出"纵横交错，知行合一"，这是安泰学院未来发展的方向。我们也希望通过这样的改革，建立起一个商学院的生态圈，教授们做研究，不只是关起门来研究自己的问题，我们应密切对接行业中的一些挑战。这种新理念开始执行之后，校友们非常积极，有很多安泰的校友过来和我们讲哪些问题值得研究、还有哪些新的研究模式等。简单地说，跨界对创新是非常重要的，如果不跨界，这个生态可能就不是很健康，是一个封闭的体系。不管是企业还是大学，跨界、开放对于创新应该都是非常有意义的。我想抛砖引玉，从另一个角度看创新，不知道两位嘉宾有没有回应？

宋志平： 关于跨界，也是这几年大家说得比较多的一件事情。跨界又引发了对企业的专业化、多元化之间关系的一些思考。做企业比较多的还是主张要专业化，但是专业化不等于是对其他行业不做了解，也应该多去了解。创新有一种方式叫集成创新，也是我们现在用得比较多的，过去主要是模仿创新，后来我们提出了自主创新。自主创新其实不太容易，我曾同时在国药集团做董事长，研发一种新药要 10 年左右的时间，费用约十几亿美元，这不是一般小企业能做的事情。那么现在怎么做？集成创新就是一种很好的创新方式。

其实集成创新这个概念是和跨界有关的，就是创新的技术来源和创新思路不一定都是本行业的一些想法，可能还包括其他行业创新的想法，把这些想法引入自身所在的行业，就会促进本行业的革新和革命。集成创新重要的是一些创新要素，我们讲商业模式创新，比如最初的麦当劳、肯德基的连锁店经营模式，我们在建材行业也做连锁超市。这种学习特别重要，当一个行业发生巨大变化或者革命性变化的时候，虽然我们不在那个行业，但我们得认真思考发生这个变化的一般性意义是什么，在我们自身行业里会不会也有一定的效应，我们要不要提前研究这些问题，这是我常常思考的问题。我们主张做企业还是要有一个核心业务，但这个核心业务到底该怎么跨界？跨界到底能带给我们什么？我认为最核心的是商业模式创新，是一种创新理念，这种跨界意义非常大，我们要理解跨界的核心理念，不是说做水泥的去做药，做药的去做航空，那种跨界肯定是做不好的。

陈方若： 确实有专业化和跨界的矛盾，企业专业化程度越高，关注的领域会越窄，这样可以深挖潜力，但可能也会失去在行业重要问题上的广度。校长，您对跨界这件事情有没有一些回应？

古德菲瑞德： 讲到跨界，我们讲的这种跨学科时代已经来临，不管是在教学还是科研方面，我们都看到了这种跨学科的现象。像在希伯来大学，我们很多研究都有这种跨学科的特点，不管是研究生物学的领域，还是其他领域，都会有这样的跨学科趋势。原来大家可能是比较专业化，纵向瞄准自己的专业，但现在我们都认识到不管是什么问题，都是非常复杂的，比如说对大脑的研究，可能不只是生物学，还涉及数学、认知学、生物学、语言学、心理学等方方面面，甚至还涉及哲学的问题，要想研究某一个领域，都不可能是一个学科就能解决所有的问题，需要多学科的支持，学习跨学科的路径，这也和我们的教育目标有关系。我们的教育系统也需要进行创新，如果没有创新、跨学科的投入，是没有办法打造这样一个复杂的系统的。如果要建立创新系统的话，一定要依靠各个行业、各个学科的知识，这也是我们未来的一个路径。这些是我们未来的大趋势，没有跨学科的创新，我们是很难解决现在所面临的复杂问题的。

※未来我们面临的挑战将会越来越多，创新的重要性也就变得越来越突出。

陈方若： 希伯来大学的大脑研究院就是跨界程度非常高的研究机构。跨界、跨学科主要是交叉学科的研究，是非常重要的。我们探讨的主题是"创新创业"，从教育的角度，从文化的角度，从企业的角度来讨论创新。

下面进入最后的环节，展望未来，一方面，我想知道像以色列这样的国家，创新创业做得这么好，是不是未来也会面临挑战，他们会有什么样的思考；另一方面，宋总对未来有哪些思考和建议？

古德菲瑞德： 其实我们从过去已经看到了趋势，在学术界我们都喜欢预测未来，对于预测未来的人来说，是用自己的想象力看未来。现在我们知道，未来其实是很难预测的，即使未来学家们也没有给我们准确的预测。他们也没有勇气去预测未来到底会发生什么，所以我不想在预测未来上冒什么风险。但我们可以来讲讲关于未来的创新，比如如何应对未来的创新，或者应该为未来的创新做好哪些准备。

最近在希伯来大学，我们建立了一个创新教育中心，主要是创新创业的学术中心。其实没有什么能够代替基础研究，基础研究永远是非常重要的领域，未来也不会有什么能够代替基础的社会学研究和人文科学研究，这一点是不会变的。但在这个基础上，还要让我们的学生能够有更多的知识来应对未来，为了做到这一点，我们开发了新课程，当然不是说这些课程代替了原来的基础课程，而是锦上添花，强调我们刚才谈到的要点，也就是怎么培养学生的创新文化和创新精神，让他们更好地应对这样一个科技变革的时代。建立这个创新教育中心的目的，不只是让学生做好准备能够应对未来，同时也让我们的教职员工,大学的教师、管理者在整个大学的生态系统中能够拥抱创新文化,准备迎接创新带来的挑战。这样一个创新教育中心,对于我们来说,不只是一个展示,更多的是一个很好的实验,让我们的大学时刻意识到创新的重要性。我们这次组织了爱因斯坦展览,在接下来的 3 个月,我们会从希伯来大学带来不同的话题,和中国的学者展开讨论和对话,我们希望进行更多深入的交流。我觉得我们的创新教育中心未来也能来到我们的展览,和大家进行更好的沟通,我们将有更多的双方对话和交流机会,期待和大家开展更丰富的活动。

陈方若: 非常感谢,刚才想问校长未来到底有哪些挑战,校长非常睿智地讲到其实预测未来是很困难的一件事情,但要对未来做好准备。那么做好准备,他们一方面有各种各样的课程,在学校培养年轻的学生,这是他们觉得能够应对未来最好的办法。联系到本次爱因斯坦的特展,这其实也是一种跨界,他们希望用这种展览的形式促进跨界,以色列的一些学生代表团未来也会到中国来,和中国的相关单位或者群体进行对接探讨,这也是一种跨界。下面有请宋总展望未来。

宋志平: 展望未来,正如校长所讲,科技创新的时代确实面临很多不确定性,中国建材将调整战略迎接创新时代的来临。第一,中国建材过去建了很多生产线,目前着重要建更多的实验室,吸引更多的人员从事研发。过去企业比较重视传统制造业,投入了很大精力和财力,建设了很多工厂,现有上千家工厂。过去很多人是体力劳动者,现在由于智能化的普及和推广,将来可能会有 30% 的员工离开工作岗位,那么这些人会不会因此失业呢?其实我们需要大家用更多的脑力从事创新、从事研发。

第二,我们通过大量的培训,让员工能够跟上时代的步伐。过去一个大学生毕业到单位工作后,所学的知识好像能用一辈子。现在社会变化很快,知识和技术更新也很快,在学校学的知识可能也就用几年时间,这就需要我们的员工不停地学习,不只是业余学习,还需要到学校学习新专业。人的职业生涯,并不取决于大学所学的知识,我们可以根据社会的变化学习不同的内容,企业领导者应该想到这些。我们每个人相当于一台电脑,我们要在里面安装不同的程序,让大家变成有不同技能的人来适应未来。也就是说,我们的企业要变成一个更新知识、不断学习的平台，我们的员工要适应职业的变化，要转换两三个不同的岗位，可能会用到完全不同的知识。

第三，作为企业来讲，我们要特别注意这种颠覆性创新，几乎每个行业，每隔15年到20年就会有一场颠覆性的技术创新，对此我们必须给予高度关注，不能不在乎。作为企业家来说，我现在想得比较多的问题，就是下一个颠覆我们的技术创新是什么，必须得有这些心理准备，这在我脑海里挥之不去。

陈方若：非常感谢，我们讨论的话题跨度很大。2018年我回国到了安泰学院，真的有创业的感觉，在不同的岗位做不同的事情，其实对思维的影响是非常大的。

我们谈了很多关于创新创业的话题。从以色列的文化到中国的文化、教育方式、创新思维等，跨学科、跨领域、跨界。创新创业是个永恒的话题，未来会越来越重要。刚才校长在演讲里提到人类未来的几大挑战，其实他已做了预测。第一，人类怎么养活这些人口，这是一大挑战；第二，如何应对这些人口疾病的治疗，这是医疗领域面临的挑战；第三，如何保护我们人类，免受环境、宇宙变化带来的影响。未来我们面临的挑战将会越来越多，创新的重要性也就变得越来越突出。我相信，今天的话题在今后各种不同的场合都会作为重要话题来谈论，大家会更加重视创新创业，不断推出新的技术、新的基础研究、新的商业应用，进而不断推动社会的发展。

时间关系，对话就到此为止，我们以热烈的掌声感谢两位嘉宾的分享。

06

中国企业的"质量革命"
——对话北京大学国家发展研究院陈春花教授

* 时间：2018年3月25日
* 地点：北京大学国家发展研究院朗润园

宋志平与北京大学国家发展研究院BiMBA商学院院长、管理学教授陈春花在朗润园的玉兰树下展开了"朗润企业家高端对话"。对话由北京大学国家发展研究院管理博士项目主任张宇伟主持，百余位师生及媒体代表到场聆听。

※我国经济已由高速增长阶段转向高质量发展阶段，围绕高质量发展，企业面临新挑战，要调整战略，明确措施，努力培育具有竞争力的一流企业。

宋志平：非常高兴来朗润园和大家进行交流，也很高兴能和陈春花教授一起与大家讨论问题。这次交流的主题是"中国企业的'质量革命'"，主要探讨在高质量的发展阶段，我们企业的一些发展思路和战略。

上午我在钓鱼台参加中国发展高端论坛，韩正副总理发表了主旨演讲。论坛的题目就是关于高质量发展的。高速增长的时代已经过去，现在已经来到高质量发展的时代。中午我和另一家世界500强企业——爱尔兰CRH公司的CEO一起开会，讨论的也是关于水泥工业进入高质量发展时代的话题。此刻，我们在这玉兰树下，讨论的还是在高质量发展时代，企业应该如何做的问题。

现在到任何地方去，大家讨论的大多都是高质量发展，这的确是一个很好的话题。

我国经济已由高速增长阶段转向高质量发展阶段，围绕高质量发展，结合中国建材的实践，我和大家共同探讨进入高质量发展阶段，企业面临哪些挑战、制定怎样的战略、采取哪些措施。我从以下几方面和大家分享。

第一，从高速增长到高质量发展。 改革开放40年以来，我国经济高速增长解决的是"有没有"的问题。早期我国建材企业规模都很小，像水泥生产线的装备和技术都从德国、日本等地购买。现在我国建材行业的技术和水平都处于全球领先水平，很多跨国公司都来购买我们的装备和技术。改革开放初期，我国水泥产量只有1亿吨左右，2017年达23.2亿吨，占全球总量的60%左右。高速增长是经济发展的必经阶段，我国经济迅速发展成为全球第二大经济体。2002年我国GDP首次突破10万亿元，2017年达到82.08万亿元，GDP增速维持在6.5%左右，虽然增幅有所下降，但仍保持在较高的增长水平上。放眼全球各国，经过高速发展后能快速转向高质量发展的国家，大多转型比较成功，以避免掉入"中等收入陷阱"。现在大家已形成共识：继续保持经济高速增长不现实，合理利用资源、保护环境气候等对企业提出了新的要求；我国经济总量已经很大，需要从重视速度和数量转向重视质量和效益。大企业的发展和国家经济形势息息相关，过去在解决"有没有"的问题时，大企业"一马当先"，同时自身也受益。现在进入高质量发展阶段，大企业也要快速转型。

第二，高质量发展阶段面临的挑战。 一是产能过剩。市场经济是过剩经济，凯恩斯主张政府采取扩大公共工程等方面的开支，增加货币供应量，以增加国民收入，实现充分就业。过去我们用投资、消费和出口"三驾马车"拉动经济增长，在解决问题时，通常是"水多加面、面多加水"。现在几乎每个行业都有过剩，需要把"面"和"水"都舀出一些。2017年我国水泥产能35亿吨，产量23.2亿吨，企业要通过供给侧结构性改革，推进"三去一降一补"，积极从供给端去产能。二是技术革命。智能化时代来得特别快，超乎人们想象。很多人对建材企业的印象可能还停留在过去，认为是"砖瓦灰沙石"。其实中国建材的工厂已经日新月异，被称为"花园中的工厂、草原上的工厂"。

过去一个日产5000吨的水泥工厂需2000人，现在仅需50人左右。中国建材有很多智能化工厂，有些新材料工厂全部使用机器人。看到智能化带来的变化，我时常被这些企业所感动。三是绿色环保。"我们既要经济发展，也要坚持环境保护。"气候变化引发人们越来越多的关注，雾霾严重影响了人们的生活，我们应该从根源上解决问题，绝不为经济发展而破坏环境。中国建材在北京市密云区建设的绿色小镇是很好的示范，北京周边地区如果都改用北新建材的加能源5.0房屋，工厂安装脱硫脱硝和双收尘系统，雾霾问题可能就会得到有效缓解。

第三，高质量发展的内涵。企业要转向高质量发展，那么如何才能称得上高质量？一是企业的结构高质量，二是技术水平和创新能力高质量，三是产品和服务高质量，四是组织团队高质量。培育具有全球竞争力的世界一流企业，是适应新时代高质量发展的需要。企业实现世界一流要具备五点：一是创新能力一流，二是经营管理一流，三是经营效益一流，四是品牌竞争一流，五是人才队伍一流。

第四，高质量发展的措施[1]。一是做强主业，二是瘦身健体，三是强化管理，四是创新转型，五是机制革命。

※有质量的企业要在经济效益、促进生活进步、承担责任和贡献责任三个层面经受检验，要有成长性、技术驱动创新、与环境匹配、领导者、形成价值网络、产品或技术具有竞争力、全球化、治理结构八种能力。

陈春花：两年之前有约，请宋总在玉兰花开的树下，谈谈中国企业的问题。今天下午我们就在玉兰花开之时和宋总进行对话，感谢玉兰花开，感谢宋总。

我们选这个话题是源于三个最主要的原因。第一个的确是中国进入了一个新时代。改革开放40年，让中国有机会真正站在世界舞台上，不仅仅是国家，

---

[1] 详细阐述见本书第一部分创新课堂。

中国企业也站上了世界舞台。第二个是驱动这40年成长的原因，其中有一个是跟中国企业家相关的，企业家精神使得在过去40年当中，中国企业有了长足的发展。第三个是因为我们接下去还面临非常多的挑战，怎样去应对这些挑战？所以我们商定，本次对话围绕一个特殊的概念展开——质量革命。

1. 检验企业可持续发展的三个层面

一家企业真正要在市场中持续发展，它要拥有什么样的特质？如果它不能拥有这些特质，就没有办法在市场中存活下来，就没有办法真正地实现它所设立的目标，我们来倾听宋总的分享。我们知道，他带领两家企业进入世界500强。中国企业在早年的时候最大的梦想就是进入世界500强，很多企业在设定自己目标的时候，把它作为最重要的目标。很多企业也会说，进入世界500强可能要花100年、一两代人的时间。但是我们回首望去，宋总在中国建材和国药集团的实践里都把这一目标变成了现实。中国企业有能力跟世界对话，背后的原因到底是什么？我通过研究知道，企业在市场上真正存活下来，必须要接受三个层面的检验。

第一个是效率和竞争力。 效率和竞争力其实就是能够检验企业的最主要标准。做企业受到的最大挑战，其实在于它是由外部来评价和检验的。如果企业没有能力得到市场公认、行业公认、顾客公认，我们就没有办法衡量企业是好还是不好。

第二个是企业是不是真的推动了进步。 它不光要是一个赚钱的企业，还要是一个推动进步的企业，对人类的生活、人们的成长有帮助的企业。我看到非常多的公司，可能是生产一个很小的产品，但是确确实实因为生活中拥有了它，人们会觉得生活是美好的。就像宋总介绍的中国建材，今天看到它是绿色的、环保的，而且尽量在减少环境损耗，我们就会发现它其实就是在推动进步。

第三个是企业在市场中承担的责任到底有多大。 这个责任涵盖非常多，比如社区责任、领域责任、对世界所承担的责任。

2. 质量革命需要的八种能力

沿着前面的思路我们来看，一家我们称之为有质量的企业，到底要怎么做呢？通过研究我们发现，做一家有质量的企业其实真的很难。因为它至少需要八种能力，少一个企业质量就是有问题的，我简单跟大家介绍一下。

一是企业的成长性。也就是我们习惯上说的可持续性。一家企业的大与小是动态的过程，我相信宋总在刚去中国建材的时候，对企业的发展也会有很高的想象，但是我觉得企业实现这么巨大的成长，他一定是后来才确定的。所以我不是特别关心企业的大小，我真正关心的是企业的成长性。

企业的成长性离不开三个要素，一是顾客。为什么很多企业觉得很困难？其实真正困难的原因就是顾客变了，企业还没有变。当企业的成长跟不上顾客的成长时，最简单的方法就是将企业淘汰，这是顾客的权利。二是行业的进步。我相信中国建材走到今天，能够作为全球领先的企业，很大的原因是这个行业的进步是在它的引领下实现的。如果这个行业的进步是在别人的引领下，那恐怕中国建材就没有机会了。三是员工的成长性。我们会发现有一部分企业并没有很认真地关心人的成长。有时候别人问我会选什么企业，我说就是对人投入、对人才关注的，这个是非常重要的。做好这三点，企业才具有可成长性。

二是技术驱动创新。我们今天之所以谈质量革命，是因为过去40年中很多企业完全用资源、用市场的机会去获取增长，以前叫作高增长，因为资源足够多、市场足够大，两个叠加起来，的确就可以化作高增长。但今天为什么不能再走这条路？核心的原因就在于增长不能再仅仅依靠资源和市场了，而是要在创新当中驱动价值成长，创新已成为有质量企业很重要的内在动力。

最近我们会看到，以前不愿意讲技术的人都认真地去讲"要变成一家技术公司"。以前我最怕听到一些老板们讲"我没读过什么书""我是个农民"，一旦说这两句话，基本上就是认为自己是比较有钱的，认为读书的肯定没多少钱。大家最近不怎么说这两句话了，常常说的是"我这个地方有很多新东西，你来看看"。还有更多的人会告诉我说"我去了好多地方读书"，今天我们会看到知识、学习跟创新是紧密相关的，离开知识和学习就不可能创建有质量的企业。

三是企业与环境匹配的能力。今天的环境有几个很大的特点，一是非常强调绿色，金山银山不如绿水青山。我们在共同的地球上，在一个大环保概念下，一定要很清楚地知道，企业必须是绿色的企业、环保的企业，必须是理解遵循全球环境游戏规则的企业，这就是与环境匹配的能力。二是不确定性成为常态，如果企业与环境匹配的能力很强，就有能力把不确定性变成机会。今天的环境还有一个很有意思的地方，就是环境基本上是指向未来的，所以我们就不断地要求企业具有面向未来的能力，不能回到过去。对一个好的企业来说，很大的挑战就是要自己放弃自己，要不断地把自己的经验和习惯放下。宋总没有在乎他的年龄，一直讲到 2050 年，我还想着是不是 2050 年找个机会跟他树下对话。从这一点，我们就觉得中国建材这个企业一定是有质量的，因为他在讨论未来，他没有跟我们讲过去怎么样，最多说个数据对比，变化在什么地方。

四是领导者。我们看一个企业的质量，第四个维度就是看领导者，我相信中国建材能有这样的成绩，一定是跟宋总和宋总带领的领导团队有关系。为什么领导者这么重要？领导者有三件事情对企业影响非常大。一是价值观。就像我们来到朗润园，之所以喜欢这个地方，因为在这个地方我们会产生对于中华民族的家国情怀，在这个地方很难只讲我们自己。只要坐下来，人就会静下来，因为有文化价值沉淀在这里。我一直对我们的商学课程有一个很独特的感受，我们希望大家来到这里学习是有收获的，除此之外还有价值沉淀，让大家形成独特的气质。我相信这也是宋总喜欢这里的原因，不仅因为这里好看，更是因为这里有一种沉淀。当 6 位创始教授从国外回到中国，用全球视野面对中国问题，朗润园就永远地跟中华民族的命运组合在一起。为什么领导者很重要？就是因为价值观。二是企业家精神。我们现在甚至会讨论国有企业家，确确实实企业家精神就在里边，这是领导者赋予的。三是战略思维和视野。我们在谈有质量的企业的时候，对领导者的要求其实非常高。

五是形成价值网络。我第一次听宋总报告也是在朗润园，他打动我的地方有很多，其中有一个就是他怎么对待企业里 25 万名员工，让我内心非常震动。一个领导者心里边装着员工，我们称之为命运和价值共同体，用口号说是容易的，但真心实意地去做没那么容易，尤其是要对二十几万人，但是他就做了。他有很多影响我的东西，但是我就讲这一点，我就知道中国建材一定是一个很好的企业。企业必须形成一个价值网络，跟投资人、上下游伙伴、顾客，甚至跟社会成为命运共同体。能构建价值网络和价值链的企业，我相信一定是非常有质量的企业。

六是产品和技术在市场中具有竞争力。我在华南理工大学交流的时候，日本学者来做调研，他说根本不用紧张，因为那个地方根本没企业也没产品。我们是通过产品和技术来触摸企业的脉搏，如果产品和技术不能够被顾客触摸得到，就没有办法去讨论这是不是一个好企业。有人问我企业和顾客之间到底是什么起桥梁的作用？我说一定是产品和服务，产品和服务能让顾客触摸到的时候，企业跟顾客之间就会有一个桥梁。产品和服务对于顾客来讲就是一个心与心的交换，顾客通过产品知道企业是什么心，知道企业用什么心来对待顾客。

七是全球化。就是企业可不可以在全球市场被检验。国内很多企业的朋友跟我说他们其实不用出去，在这儿做到最大就是全世界最大了，在这儿做得最好就是全世界最好了。我说前一句成立，后一句不一定成立。在中国做得最大的企业有可能全球最大，但是在中国做得最好不一定是全世界最好，这取决于企业是不是用全球标准来检验自己。

八是治理结构。就是是不是真的用一个非常规范的、有效的治理框架来发展企业，有质量的企业很重要的一点就是可持续，组织治理结构是可持续的保障。

我非常认同宋总说这很不容易，这八种能力也印证了宋总做了两家世界500强企业的卓越不凡，这非常值得我们给予热烈的掌声。

※*世界一流不只是大企业的目标，也是中等企业和小企业的目标，如果能把一件商品做到极致，也是世界一流。*

张宇伟：欢迎两位嘉宾。宋总是一手打造出两家世界500强企业的传奇企业家，被称为中国的稻盛和夫。记得2016年北京大学国家发展研究院举办第一届国家发展论坛的时候，宋总被安排在下午发言，但他上午就到了，恭恭敬敬、认认真真地听完了每一位嘉宾的发言，从始至终没有离场，他的这种学习

精神对我触动非常大。陈春花教授是一位集教育家、企业家、作家三位一体的传奇女性，出过 30 多本专著，能跑全程马拉松，还是一位"哈佛妈妈"，培养出了一位就读于哈佛大学的优秀女儿。我先来问一个关于世界一流的问题，现在有些观点认为一流只是大企业的事情，请问两位，你们觉得中小企业可以成为世界一流企业吗？

宋志平：党的十九大报告提到了"世界一流"的概念，里面有几段话，前面一段是讲推动国有资本做强做优做大，后面是"深化国有企业改革，发展混合所有制经济，培育具有全球竞争力的世界一流企业"。从这段话里感觉到，它主要是指那些大型企业。但世界一流不只是大型企业要追求的目标，同时也应该是很多企业追求的目标。

我曾在电视台《总裁读书会》节目里讲过一本书《隐形冠军》。什么是隐形冠军？书的作者赫尔曼·西蒙给出三个标准：市场份额排名全球前三、销售额低于 50 亿欧元、没有很高的知名度。他认为，德国制造崛起的秘密就在于这些成为隐形冠军的中小企业。书里举了很多例子，比如有一家做狗链子的公司，居然做到全球市场占有率 70%，这是很了不起的。还有一家做铅笔的公司，也是在全世界排名第一。可见，世界一流不只是大企业的目标，也是中等企业和小企业的目标，如果能把一件商品做到极致，也是世界一流。

中国建材现在虽然很大，但我不认为它现在做到了世界一流，可是我们有两家企业已经接近世界一流。一个是北新建材，一个是中国巨石，这两家企业效益非常好，市值也非常高。世界一流企业不一定非得是大企业，当然大企业也要制定一流的目标，比如中国建材到 2025 年要基本建成世界一流，到 2035 年要成为世界一流。现在中国建材不再在规模、数量、速度上下功夫了，而是绕着质量和效益下功夫。一旦你锁定了这个目标，形成了这种价值观，你每天想的也不一样了。过去我们每天早晨醒来想的就是营业额是多少，在行业内排在第几，在全球排在第几，离世界 500 强还有多远等。现在我们想的是我们距离世界一流还有哪些差距，哪些方面还要加强等。

世界一流是个很高的目标，是很不容易做到的。现在中央提出来了，一是去找现实中谁做得最好，就从他那里总结学习；二是深入去想，终极想象，做到什么样才算世界一流。世界一流这个命题，企业界和学术界都要深入地思考，它不光是大企业自己的事情。

陈春花：我同意宋总的意见，其实我们谈的世界一流跟企业规模的大小没有关系，它主要是提出一个新的标准。我们可能先解决生存的问题，然后再来解决在行业或者在市场中的竞争力问题。但是走到现在，我们把这个标准提高了，这个标准就是世界一流。所以第一，它跟企业的规模没关系，大企业也好，小企业也好，现在的标准就是你得站在世界一流的高度看企业。第二，现在所做的事情都应该按照世界一流的角度往回看，以未来决定现在。第三，这个标准要求，无论大企业还是小企业，全球性的企业还是区域性的企业，都要站在世界的角度来看。

※ 国有企业家和民营企业家共同的特质就是创新创业、坚守责任。

张宇伟：请问国有企业家和民营企业家有什么区别？

宋志平：2017年9月，党中央和国务院《关于营造企业家健康成长环境 弘扬优秀企业家精神 更好发挥企业家作用的意见》里提出了"国有企业家"。在这之前，大家也讨论过，企业家泛指那些致力于创新创业、为世界创造巨大财富的企业领导者。有人认为，国有企业的领导者不是白手起家，创造的财富也不是自己的，而且还是红字头任命的，所以不能算是企业家。但是2017年9月，中央的文件非常明确地提出了"国有企业家"。如果再往前追溯，在2016年10月召开的全国国有企业党的建设工作会议上，习近平总书记指出："要大力宣传优秀国有企业领导人员的先进事迹和突出贡献，营造尊重企业家价值、鼓励企业家创新、发挥企业家作用的浓厚社会氛围。"

德鲁克讲，在公营部门里面有创新精神的人也是企业家。在国有企业里有一大批企业家，他们往往是从基层起步，一路历练过来的，他们既创新也创业，还创造了财富。企业从股本结构看，有的是民营，有的是国有，但是如果把资本放一边，单看经营者做的事情，我觉得是有共性的，企业家共同的特质就是创新、坚守、责任。

如果说他们的不同，我觉得民营企业家的市场创新能力和拼搏能力更强一些，国有企业家的奉献精神更多一些。国有企业家不是为了自己创造财富，而是为国家创造了巨大的财富，和民营企业家比，他们自己得到的是很少的。但是这么多国有企业家还在坚守、拼搏，作为"国家队"到国际市场上去竞争。为什么？是内在的责任和精神使然。

有记者问我，现在国有企业总想把民营企业吃掉，"国进民退"。我认为国有企业和民营企业都是我们国家重要的经济力量，而且两者之间是互补共赢的，在市场上既是对手又是朋友，如果说有竞争，也是市场里的一般性竞争，而不是所有制下的歧视性竞争，而且在国际市场上，实际是"国家队"带着"民营队"共同竞争，已经不分国有企业、民营企业了，就是中国军团。

所以说，国有企业家和民营企业家，在大方向、大的特点上是一致的，如果一定要讲不同，我觉得可能就是在拼搏上民营企业家更大胆一些，在奉献上国有企业家付出更多一些。

陈春花： 中央文件提出"国有企业家"这个词的时候，我还跟宋总电话聊了一下。如果按德鲁克的定义，什么叫企业家，那些总是能够对变化比较敏感，又能把变化变成机会的人基本上可以称作企业家。改革开放40年，非常多的国有企业领导者，实际上就是把这个变化变成了机会，而且带领着企业，走到世界上去。这是企业家的定义。企业家精神应该有这几种，比如学习、冒险、担当、合作、初心等。从定义本身和精神本身上来讲，民营企业家所有权很明确，但是国有企业领导者，反而是有很强的主人翁意识，要把这个企业做好，我觉得这是很独特的地方。

※ 在知识时代，人成了重要的资本，人的知识、人的能力、人的经验、人的创造力是推动企业进步的源泉。

张宇伟： 知识经济到来以后，对人的管理越来越重要，企业家如何面对新时代的员工？如何理解新时代的人口资源？

宋志平： 知识时代来临，我们首先要根本地改变过去对资本的看法。过去我们比较多地关注厂房、机器等固定资产。而在知识时代，人成了重要的资本，人的知识、人的能力、人的经验、人的创造力是推动企业进步的源泉。可是，现在公司的财务报表，没有反映人的资本，反映的是现金、存货，是一些固定资产。那么，在企业中我们怎么去看人力资本，就成了一个很大的问题。我感觉，民营企业比较早地认识到人力资本、人才知识等的重要性，现在的创新创业公司，尤其是独角兽公司，很多都是这样产生的。而且关键是他们把人力资本作为企业重要的资本参与了分配中，对于国有企业来讲，我们也在想这个问题，就是让人力资本参与到企业分配。只有这样，才能留住人才。举个简单的例子，一名研究院的技术人员发明了一项专利，如果按照过去的想法，研究院是国有资本，研究院投的资，所以这项专利应该归研究院所有，和技术人员个人没关系，因为他是拿着工资做研发的。可大家再想，他不做不也可以吗？有的人做出来了，有的人没做出来，他们之间有没有差别？我认为应该承认这个差别，应该承认他们在技术上、在知识上的不同，应该把获得的财富分给他们一部分。

现在如果我们只看到厂房、设备、货币资金，而看不到人力资本，看不到人的价值，那么我们在新一轮经济大潮中肯定会失败，也不可能锤炼出高科技的市场化公司，获得高的市场估值。

陈春花： 这一轮我们可以称之为知识革命，最重要的价值产生来源于创造力。如果我们要以创造力作为驱动力量来获取新的发展，很重要的是对于人的价值的肯定。现在有非常多独角兽公司的员工平均年龄非常低。我不太在意年龄，我比较在意的是两件事情，一是组织管理当中怎么能够让员工持续拥有创造力。如果想让一个企业持续拥有创造力，我们要保证员工的持续创造力，就是要保证这个组织能够真正让员工贡献他们的价值。二是我们每一代人的责任感、使命感、创造力都是很强的，否则不会有这么大的进步。如何管理员工，不要只看他们跟我们有什么不同，而要去看他们和我们共性的东西，可能唯一不同的就是沟通、交流的方式不一样。

听众： 我的问题提给陈老师，我们现在都说"中国的质量革命"，我想知道中国完成质量革命大概需要多长时间？

陈春花：一方面，我们现在更多的努力是在供给侧结构性的调整上，如果要完成这个质量革命，实际上要把很多落后的产能淘汰掉。另一方面，按照未来的竞争来讲，新兴部分的质量革命的实现速度会比较快，因为我们实际上是在更高的起点上来做的，开场是快的。

听众：刚才宋总讲到，在国有体制之下，激励的因素还是比较欠缺的，是不是可以认为国有企业与高度市场化的企业相比，对人的动力机制完全不同？是不是有两套动力系统，比如国有企业靠主人翁意识，而高度市场化的企业就可以用比较多的激励手段？

宋志平：我觉得无论是国有企业，还是民营企业，激励机制是共同的。其实国有企业改革从最初开始，就是想把市场机制引入企业，让国有企业也能够有激励机制。也就是说，国有企业的股本里有国有出资，但是从运行上讲，应该是市场化的。市场化的这些共同的东西，都是国有企业在改革中能够引入的。

现在国有企业在搞混合所有制，也就是和民营企业去混合。其实混合的一个重要想法，是通过混合来改变国有企业的内部机制，让机制进一步市场化。当然，国有企业也有一些独特的优势，比如更强的党的领导、主人翁精神，这些是源于国有企业的特殊背景，与它多年来的成长路径和历史沿革都是有关系。所以对于国有企业，一方面，我们要发挥国有企业自身原有的长处；另一方面，我们也必须要解决它在机制上的一些弊端。也就是说，一定要把市场的这些激励机制引入国有企业，这样国有企业才能做得更好。

听众：陈老师曾在一本书里写到，需求不是用来满足的，而是创造出来的。我特别想要了解，在现在中国企业的质量革命中，我们的企业该如何去寻求这种市场机会，去创造更好的需求？

陈春花：现在因为技术的出现，发生了一个比较大的变化。在之前大部分的企业都是要去满足需求的，但是现在很多顾客，其实是在学习和被推动的过程当中。之前我们并不知道手机可以作为智能终端，也不知道出行用滴滴和共享单车，这些都是由企业通过技术创造出来并呈现给我们的。在大部分领域当中，有一个很大的变化，就是要学会创造需求。这个变化导致了非常多的新兴企业的成长是几何量级的。为什么以这么快的速度释放出来？原因就在于他们创造了一个需求给你，你一定要接受，如果不接受就感觉好像要被淘汰了。今天我们谈的是整个企业的综合维度，把创造需求的部分放在创新里边，就没有单独列出来。我们从更多的维度上来讲，可能要求有更多的维度完成质量的成长，其中一个维度放在创新里面，创新里面就涵盖需求的创新。

※大学是反思的地方。其实我每一次来学校，多数是让我来讲课交流，我真正的想法是在这里得到一些思想，进而去联想、去反思。

张宇伟： 由于时间关系，我们最后请两位主嘉宾每人用三分钟来做今天的小结。

宋志平： 特别高兴和大家一起讨论质量革命，实际上这里的质量并不是简单的产品质量，而是指企业的整体质量。我给大家分享了中国建材的一些想法和做法，陈老师也进行了非常好的解析，同学们也提出了好的问题和建议。我特别欣赏明茨伯格的一句话，他说大学是反思的地方。其实我每一次来学校，多数是让我来讲课交流，我真正的想法是在这里得到一些思想，进而去联想、去反思。虽然让同学们提的问题不多，但是你们的问题都是由衷的，是大家心里想的。而且关键是陈老师把我当成了案例，从理论角度、教学角度、案例分析角度给大家进行了高度概括和归纳，所以我特别珍惜这一场对话。我期待着下一次和陈老师就新的话题再来对话。谢谢大家。

陈春花： 我有两点感受，一是在这个时代，在这个时间点上，我们真的要静下心来学习，因为确实有太多变化了。有四个词很重要：数据、信息、知识、智慧。数据就是没有被加工过的事实，大家在任何地方都会拿到非常多的数据，它没有被加工过，可以随意获取，但是它是一个事实。什么叫信息？信息就是你加工过的数据。从这个意义上讲，信息是有用的，但它还没能帮助到你。知识是什么？就是被你判断过的信息。如果没有被判断过和个人化，它就还是信息，能不能够真正地去分析和进行个人判断，这个过程是要学习的。什么叫智慧？就是运用知识并取得成功。你运用了知识并取得成果的时候，你就拥有了智慧。这四个词是非常关键的。我们要把整个行业的数据、管理学的信息，经过团队的知识积累，最后运用到企业当中，让这个企业拥有一种开放成长的智慧，所以我非常希望大家能够回到学校来学习，完成数据、信息、知识、智慧的升华。二是学习需要更多交流。回到学习的场景当中，我们彼此智慧的交流，会让你更快地提升，更好地升华。

张宇伟： 好课总有结束的时候。我希望用原国家经济体制改革委员会主任高尚全同志说的话结束今天的话题，"不管你对当下的环境也好、处境也好，如何不满意，这里毕竟是你的家园和归宿，值得用你的智慧使它变得更美好"。感谢两位嘉宾，感谢所有听众。